6개월에서
7세까지

우리 아이 첫 해외여행

6개월에서
7세까지

우리 첫 아이 해외 여행

엄마도 아이도 행복한 해외여행 가이드

전혜원 지음

시 작 하 며

떠나지
못할
이유는
없다

5년 전, 나는 10년 다니던 회사를 그만두었다. 첫째 아이가 태어난 지 18개월에 접어들던 때였다. 당시 눈물의 주말 엄마 생활을 1년 6개월째 하고 있었고, 둘째 아이를 계획하고 있던 차였다. 그맘때 엄마들이 그렇듯 미안함과 책임감의 연장선 어디쯤에서 더는 이산가족 생활을 지속할 수 없다는 절박한 심정으로 아이를 택했다.

아이는 존재 자체가 기쁨이었다. 할머니, 할아버지만 따르던 첫째가 처음으로 내 눈을 마주치며 환하게 웃었을 때, 모유를 양껏 먹은 둘째가 내 품에서 쌔근쌔근 잠이 들었을 때, 아이들과 함께 흙바닥에 주저앉아 줄지어 가는 개미를 구경했을 때… 나는 세상을 다 가진 듯했다.

그러나 익숙한 회사를 떠나 만나는 세상은 마치 전쟁터와도 같았다. 아이를 매일 보는 것은 행복했지만 가사와 육아를 동시에 해야 하는 만만치 않은 일상이 반복됐다. 엄마로서 나는 마치 신입 사원 같았다. 서툴었고, 아무리 열심히 해도 늘 그 자리였다. 아이들은 그 어떤 단어로도 표현할 수 없을 만큼 사랑스러웠지만 나는 점점 지쳐갔다. 그런 나를 보는 남편의 마음도 무거웠다. 우리는 휴식이 필요했다.

아이를 낳기 전, 우리 부부는 '태사랑'과 '아쿠아' 등 여행 커뮤니티에 빠져 살며 틈만 나면 배낭여행을 떠나는 베짱이족이었다. 한동안 바쁘다는 핑계로, 경제적인 부담 때문에, 아이가 너무 어리다는 이유로 가족여행은 시도해볼 엄두도 내지 못했지만 어떻게든 다시 떠나고 싶다는 생각이 들었다.

아이와 함께한 첫 해외여행은 첫째를 집으로 데려오던 해에 떠난 대가족 푸껫 여행이었다. 비록 예전같이 무작정 떠나 내키는 곳에서 쉬어가는 그런 여행은 아니었지만, 한번 떠나 보니 몸은 힘들어도 확실히 기운이 났다. 이듬해에는 태교 여행으로 크루즈 여행을 다녀왔고, 둘째가 태어나고 나서는 돌도 되기 전부터 두 아이를 데리고 괌, 세부, 보라카이, 방콕, 도쿄, 캐나다 로키, 스페인 등으로 거침없이 떠났다. 함께 떠났던 여행기는 차곡차곡 정리해 블로그에 남겼고, 블로그는 다시 새로운 여행의 기회를 만들어주기도 했다.

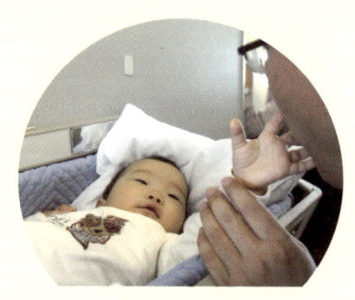

어느 시점부터는 아이들과 함께라는 이유로 휴양지를 전전하지 않아도 되었다. 그러나 여행 횟수가 늘어갈수록 내 욕심에 아이들을 여기저기 끌고 다녀서는 안 된다는 사실을 깨닫게 되었다. 아이들도 떠날 때는 계절과 장소에 맞게 짐을 싸야 하고, 여행 중에는 각자 좋아하는 것을 찾아 즐겨야 하며, 여행이 끝나면 다시 일상으로 돌아가기 위한 휴식이 필요하다는 것을 어렴풋하게나마 느끼는 것 같았다.

자연스럽게 우리만의 소소한 룰도 생겼다. 그중에는 아이뿐 아니라 어른에게 해당되는 것도 있다. 이를테면 아빠가 맥주를 1잔 주문하면 아이들도 아이스크림이나 단 음식을 하나 시킬 수 있다거나, 자신의 짐은 가급적 자신이 직접 들고 다닌다거나, 여행을 다녀올 때마다 각자 좋아하는 기념품을 하나씩 사서 모은다거나 하는 것들 말이다. 아이들의 심리적 안정과 여유로운 여행을 위해 한 숙소에서 최소 3일 이상 머무는 것도 우리 가족만의 여행 룰이 되었다.

물론 매번 만족스러운 여행이었던 건 아니다. 때로는 아이들 때문에 포기해야 하는 일정도 있었고, 너무 힘들어서 그냥 집으로 돌아가고 싶었던 적도 있었다. 하지만 다행히 여행을 할수록 우리는 함께하는 법을 배웠고, 아이도 그 시간만큼 훌쩍 자랐다.

몸으로 터득한 지혜는 고스란히 몸에 각인되었고, 우리가 함께 보낸 시간은 일상을 더 단단하게 채우는 비옥한 거름이 되었다. 그중에서도 가장 행복한 건 일상을 특별하게, 당연한 것을 낯설게 바라볼 수 있는 눈과 마음이 열렸다는 것이다. 오늘을 즐겁게 여행하고 나니 내일도 즐거울 수 있다는 희망과 여유도 생겼다. 무엇보다 내가 즐거우니 아이들도 즐거웠다.

이 책은 여행에 목말라 있지만 어린 자녀와 함께여서 선뜻 떠나지 못하거나 혹은 어디로 가야 할지, 어떻게 준비해야 할지 고민하는 부모들을 위해 준비했다. 안 되는 이유를 먼저 생각하면 정말 아무것도 할 수 없다. 반대로 해봐야지 하는 마음만 먹으면 방법은 얼마든지 있다.

생후 6개월에서 7세까지 어린 자녀와 함께 떠나볼 만한 해외여행지와 주요 스폿 정보, 아이와 함께 여행할 때 도움이 될 만한 실전 팁 등을 이제 여덟 살, 다섯 살이 된 두 아이와 여행하며 겪은 생생한 경험을 바탕으로 담아냈다.

전혜원

목 차

시작하며 4
일러두기 10

PART1

**아이와
해외여행,
이것만은
알아두자!
Best**

1 | 아이와 해외여행, 언제부터 떠날 수 있을까? 16
2 | 어디로 갈까? 연령별 추천 여행지 18
3 | 패키지여행 vs 자유여행, 우리 가족에 맞는 여행 스타일은? 22
4 | 여행 준비의 첫걸음, 내 아이 생애 첫 여권 만들기 24
5 | 가족 항공권 예약하기 27
6 | 아이와 함께 머물 숙소 예약하기 31
7 | 짐 싸기 A to Z 37
8 | 아이를 위한 특별 서비스, 공항에서 기내까지 42
9 | 여행 중 아이의 먹거리 해결 비법 50
10 | 온 가족이 더 즐겁게, 더 행복하게 여행하는 법 54

TRAVEL STORY 01
생각만 해도 웃음이 나는 여행의 추억 57

PART2
24개월까지,
아장아장 휴양여행

Guam
휴양과 유아용품 쇼핑을 동시에, 괌

한눈에 보는 괌　62
아이와 함께 괌 여행, 이것도 놓치지 말자　65
괌 여행 3박 4일 추천 일정　68
어디서 머물까?　70
뭘 타고 다닐까?　71
어떻게 즐길까?　74
무엇을 먹을까?　83

SPECIAL PAGE 01
섬 전체가 면세점? 지름신을 부르는
괌 쇼핑몰 공략법　86

SPECIAL PAGE 02
축제의 밤, 차모로 야시장　90

TRAVEL STORY 02
괌, 엄마 딸 여행을 떠나다　92

Cebu
이토록 달콤한 휴식, 세부

한눈에 보는 세부　102
아이와 함께 세부 여행, 이것도 놓치지 말자　105
세부 여행 3박 4일 추천 일정　108
어디서 머물까?　110
뭘 타고 다닐까?　111
어떻게 즐길까?　112
무엇을 먹을까?　118

SPECIAL PAGE 03
세부에서 꼭 먹어봐야 할 12가지 필리핀 음식　122

TRAVEL STORY 03
다섯 빛깔 치유의 색, 세부의 매력에 빠지다　126

TRAVEL STORY 04
특별한 세부 여행의 추억 남기기,
아일랜드 수비니어　128

TRAVEL STORY 05
방카 타고 흔들흔들,
보홀 섬 아일랜드 호핑 투어　130

PART 3
3~4세, 천방지축 물놀이 여행

Boracay
천국이 있다면 이런 모습일까, 보라카이

한눈에 보는 보라카이 142
아이와 함께 보라카이 여행, 이것도 놓치지 말자 145
보라카이 여행 4박 5일 추천 일정 150
어디서 머물까? 152
뭘 타고 다닐까? 154
어떻게 즐길까? 156
무엇을 먹을까? 163

TRAVEL STORY 06
다섯 아이와 함께 떠난 세부-보라카이 여행 스케치 168

TRAVEL STORY 07
보라카이 패셔니스타?! 진아의 레게머리 도전기 174

TRAVEL STORY 08
탄성을 자아내는 풍경, 화이트 비치에서 만든 특별한 모래성 178

TRAVEL STORY 09
보라카이의 석양 속으로 181

Phuket
한번쯤 대가족 여행, 푸껫

한눈에 보는 푸껫 186
아이와 함께 푸껫 여행, 이것도 놓치지 말자 189
푸껫 여행 4박 6일 추천 일정 194
어디서 머물까? 195
뭘 타고 다닐까? 200
어떻게 즐길까? 202
무엇을 먹을까? 209

SPECIAL PAGE 04
대가족 해외여행을 계획할 때 고려해야 할 다섯 가지 214

SPECIAL PAGE 05
태국에도 짜장면과 짬뽕이 있다? 216

TRAVEL STORY 10
뱃길따라 펼쳐지는 신기한 풍경, 팡아 만 투어 218

Hawaii
사실은 엄마의 로망, 하와이

한눈에 보는 하와이 226
아이와 함께 하와이 여행, 이것도 놓치지 말자 229
하와이 여행 4박 6일 추천 일정 232
어디서 머물까? 234
뭘 타고 다닐까? 236
어떻게 즐길까? 240
무엇을 먹을까? 268

SPECIAL PAGE 06
맛으로 추억하는 하와이 260

SPECIAL PAGE 07
알로~하, 하와이! 아이와 함께 하와이로 떠나야 하는 다섯 가지 이유 262

TRAVEL STORY 11
궁극의 햄버거, 쿠아 아이나 266

PART 4
5~7세, 생각을 키우는 도시 & 자연 여행

Bangkok
눈과 입이 즐거운 도시 여행, 방콕

한눈에 보는 방콕　276
아이와 함께 방콕 여행, 이것도 놓치지 말자　279
방콕 여행 4박 6일 추천 일정　282
어디서 머물까?　284
뭘 타고 다닐까?　286
어떻게 즐길까?　290
무엇을 먹을까?　300

SPECIAL PAGE 08
방콕 식탐 여행,
31가지 태국 음식을 맛보다　306

SPECIAL PAGE 09
세상에서 가장 운치 있는 시장탐험,
담넌사두억 수상시장　314

TRAVEL STORY 12
쇼퍼홀릭, 태국 마트를 털다　316

Canadian Rocky Mountains
대자연 속으로, 캐나다 로키

한눈에 보는 캐나다 로키　324
아이와 함께 캐나다 로키 여행,
이것도 놓치지 말자　327
캐나다 로키 여행 7박 9일 추천 일정　330
어디서 머물까?　332
뭘 타고 다닐까?　334
어떻게 즐길까?　338
무엇을 먹을까?　352

TRAVEL STORY 13
젖먹이 데리고 로키까지,
9박 11일 캐나다 렌터카 가족 여행 스케치　358

TRAVEL STORY 14
내 생에 가장 아름다웠던 날,
페어몬트 샤토 레이크 루이스에서 즐긴
오후의 홍차　368

TRAVEL STORY 15
빙하에 대한 편견을 깨다,
콜롬비아 대빙원　374

PLUS PAGE 01
또 한 번의 허니문, 태교여행　380

PLUS PAGE 02
10문 10답 아이와 해외여행,
고수에게 물었다!　382

맺으며　388
찾아보기　390

일러두기

아이와 함께 떠나기 좋은 7곳의 해외여행지

이 책은 아이와 함께 떠나는 해외여행을 위한 가이드북입니다. PART 1에서는 아이와 함께 해외여행 시 알아두면 좋은 다양한 팁과 준비 방법을 꼼꼼하게 소개하고 PART 2~4에서는 추천 여행지에 대한 정보를 자세하게 소개합니다.

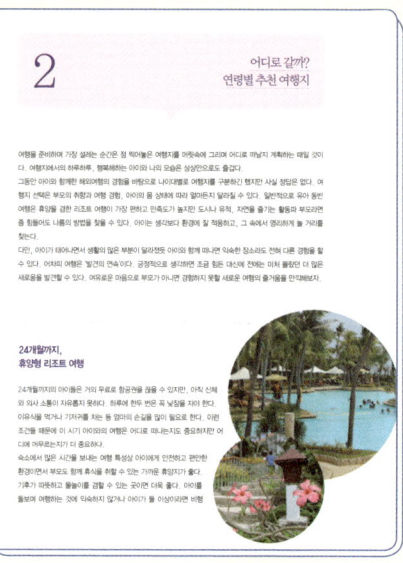

한눈에 보는 여행지 기본 정보

해당 여행지까지의 비행시간, 시차, 날씨 등의 기본 정보는 물론 저자가 추천하는 여행지에서 꼭 해봐야할 것, 쇼핑 리스트를 소개했습니다.

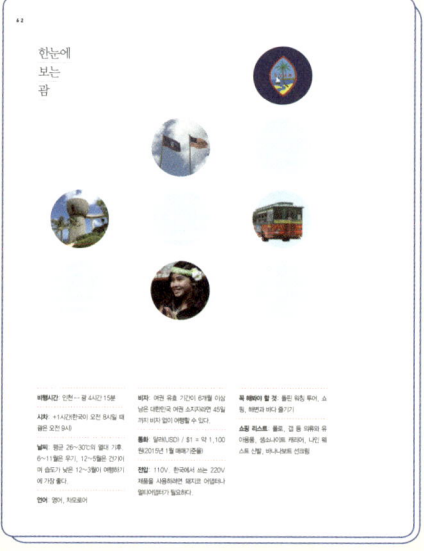

예쁘고 자세한 일러스트 지도

본문에서 소개하는 스폿의 위치와 코스 여행의 동선을 꼼꼼하게 표시한 일러스트 지도를 수록했습니다. 지도에는 아래와 같은 기호가 사용되었습니다.

★ 주요 명소   H 호텔   M 마사지 숍
R 레스토랑   S 쇼핑

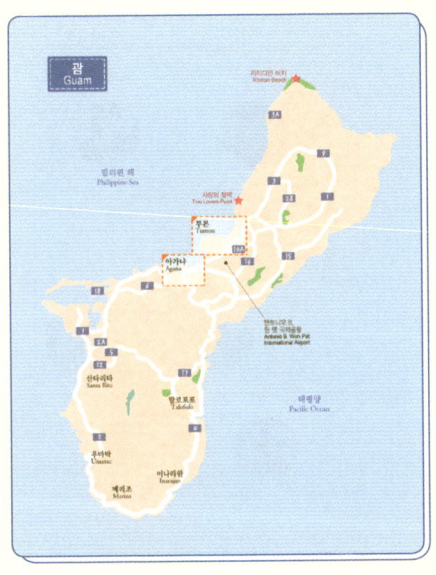

놓치지 말아야 할 여행지 알짜 정보

항공편, 필수 준비물, 주요 병원 정보 등 해당 여행지에 대한 알짜배기 정보를 가득 담았습니다. 또 여행 계획과 준비에 도움을 줄 인터넷 사이트, 여행사 등의 정보를 소개했습니다.

노하우가 듬뿍 담긴 추천 일정

아이와 함께 하는 해외여행의 경험이 풍부한 저자가 최적의 동선을 고려해 보다 편하고 효율적으로 여행할 수 있는 추천 일정을 제안했습니다.

친절하고 자세한 여행 스폿 정보

각 여행지의 다양한 여행 정보를 상세하게 소개했습니다. 여행 스폿 정보는 '어디서 머물까?(숙소) 〉 뭘 타고 다닐까?(교통) 〉 어떻게 즐길까?(명소·쇼핑·액티비티) 〉 무엇을 먹을까?(레스토랑)' 순으로 정리되어 있습니다.

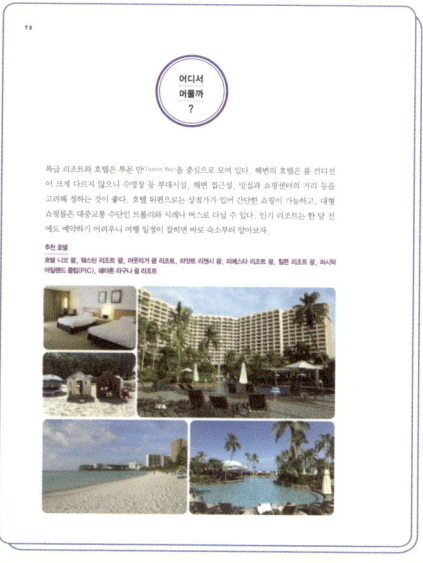

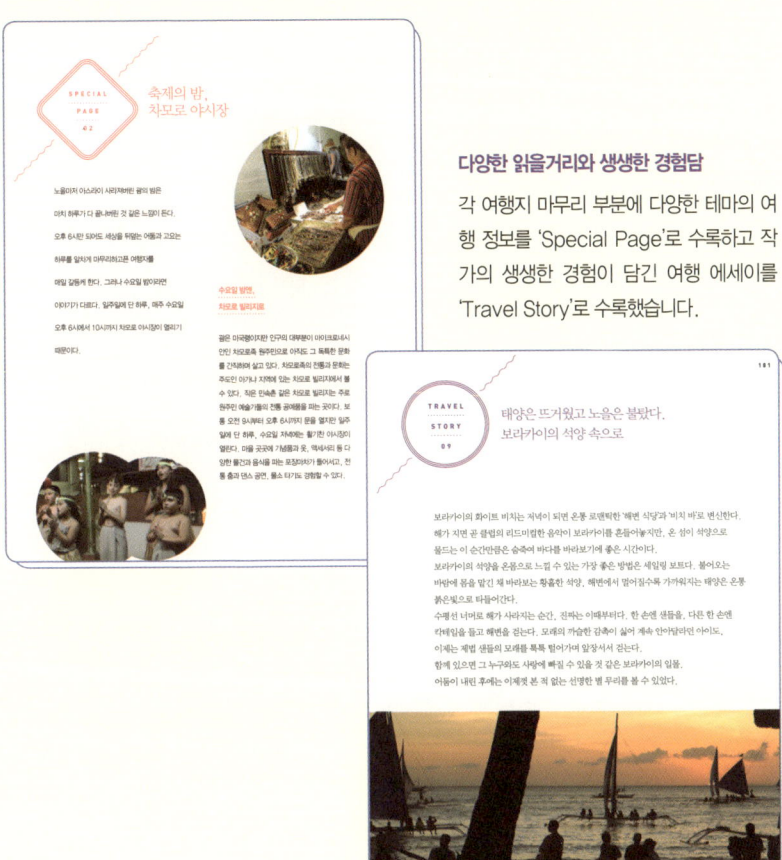

다양한 읽을거리와 생생한 경험담

각 여행지 마무리 부분에 다양한 테마의 여행 정보를 'Special Page'로 수록하고 작가의 생생한 경험이 담긴 여행 에세이를 'Travel Story'로 수록했습니다.

※ 본문의 지명과 상호명은 외래어 표기법을 기준으로 하되, 현지 발음과 외래어 표기법의 차이가 큰 경우, 현지 발음대로 표기하는 것을 원칙으로 했으며 혼용되는 단어는 보편성에 따라 표기했습니다.

이 책의 모든 내용은 지은이가 직접 가서 보고 느낀 사실을 토대로 집필한 것입니다. 여행에 관한 모든 정보는 2015년 4월을 기준으로 한 것이며, 최신 정보를 싣고자 노력했으나 출간 후 독자의 여행 시점에 따라 변경될 수 있으므로 주의할 필요가 있습니다. 만약 새로운 정보나 바뀐 내용이 있다면 알에이치코리아 편집부 혹은 저자에게 알려주시기 바랍니다. 많은 여행자가 좀 더 정확한 정보로 편리하게 여행할 수 있도록 빠른 시일 안에 수정하겠습니다.

알에이치코리아 편집부 02-6443-8932 | 전혜원 greendaysmail@gmail.com

아이와 해외여행, 이것만은 알아두자! BEST 10

1 아이와 해외여행, 언제부터 떠날 수 있을까?

2 어디로 갈까? 연령별 추천 여행지

3 패키지여행 vs 자유여행, 우리 가족에 맞는 여행 스타일은?

4 여행 준비의 첫걸음, 내 아이 생애 첫 여권 만들기

5 가족 항공권 예약하기

6 아이와 함께 머물 숙소 예약하기

7 짐 싸기 A to Z

8 아이를 위한 특별 서비스, 공항에서 기내까지

9 여행 중 아이의 먹거리 해결 비법

10 온 가족이 더 즐겁게, 더 행복하게 여행하는 법

1 아이와 해외여행, 언제부터 떠날 수 있을까?

출산의 고통이 희미해지고, 도저히 적응할 수 없을 것 같던 엄마라는 역할에 점차 익숙해질 무렵, 아마 그때부터가 슬슬 여행 병이 도지기 시작하는 시기인 것 같다. 아기를 기준으로 보면 이유식을 시작하는 생후 4~6개월 즈음, 백화점 문화센터로 나들이를 시작하는 때도 아마 이때부터일 것이다.

항공사의 규정만 보면 아이는 생후 7일째 되는 날부터 항공 여행이 가능하다. 하지만 이것은 말 그대로 '가능한' 시기지 권장 시기는 아니다. 육아 카페의 여행 게시판을 보면 많은 부모들이 6개월 무렵부터 괌이나 세부 등 비교적 가깝고 따뜻하고 안전한 동남아시아 휴양지로 해외여행을 시도한다. 7세 이하 어린 자녀를 둔 지인들에게 '아이와 첫 해외여행은 언제부터 가능할까?'라는 질문을 해보았더니 역시 6개월 이후라는 답변이 가장 많았다. 나도 아이가 6개월일 때 준비하기 시작해 9개월 되었을 때 첫 해외여행을 떠났다.

보편적으로 생후 6개월 이후의 아기는 스스로 신체를 제어할 수 있는 능력이 생겨 혼자 앉아 놀고, 먹고, 자는 리듬이 일정해진다. 아이의 시간에 맞춰 여행 스케줄을 조정하고 유모차를 사용하면 비교적 수월하게 데리고 다닐 수 있다. 그러나 분유와 이유식을 함께 먹일 시기이니 챙길 것이 많고, 아직 너무 어리기에 무리하는 것이 아닌가 걱정도 든다.

그러면 돌 지나서는 어떨까? 이 시기의 아이들은 스스로 걸으며 보고 어른과 같은 음식을 먹으니 함께 여행하는 즐거움을 맛볼 수 있다. 하지만 호기심이 가장 왕성할 때라 한시도 가만히 있지 않으려는 돌쟁이를 통제하며 다니는 건 확실히 부모의 체력을 필요로 하는 일이다.

비용 면에서 보면 아이와의 해외여행은 적어도 두 돌 전에 시작하는 것이 좋다. 24개월 미만의 영아는 보통 항공료의 10%와 세금만 부담하면 비행기를 탈 수 있기 때문이다. 호텔 숙박료, 식비도 따로 들지 않는다. 부모의 여행비만 결제하면 아이는 덤으로 따라갈 수 있다. 많은 부모들이 두 돌 직전에 해외여행을 꿈꾸는 이유가 바로 여기에 있다. 다만, 여행이 육아의 연장이 되는 것은 여전히 피할 수 없다.

이것저것 고려하다 보면 사리분별을 하는 여섯 살(만 4세) 이후 정도는 되어야 해외여행이 가능할 것 같다. 그래야 오래 기억하고, 함께 여행하는 즐거움도 느낄 수 있을 테니까. 그런데 이때까지 우리는 기다릴 수 있을까? 떠나지 말아야 할 이유는 떠나야 할 이유보다 훨씬 많고 복잡하다. '언제 떠날 것인가'는 아이와 주변의 다양한 상황이 맞물려 있어 쉽게 결정할 수 있는 문제가 아니다. 생각하기에 따라 일곱 살, 열 살이 너무 어릴 수도 있고 오히려 걷기 전에 여행을 다니는 것이 더 편할 수도 있다. 따지고 보면 아이와 해외여행을 하기에 적당한 때는 아이가 아닌 어른이 준비됐을 때다. 물론, 어느 시기에 떠나더라도 힘든 건 마찬가지다. 그러나 때때로 만나는 가슴 따뜻한 순간이 나와 아이를 행복하게 할 것이다. 중요한 것은 내 마음가짐이며 나의 행복이다.

수많은 '떠나지 말아야 할 이유'를 떠올려봤는데도 그럼에도 불구하고 떠나야겠다면, 머리로만 비행기를 타지 말고 일단 비행기 티켓을 끊자. 막상 떠나기로 결심하면 그때부터는 '어떻게'만이 존재할 뿐이다.

2 어디로 갈까? 연령별 추천 여행지

여행을 준비하며 가장 설레는 순간은 점 찍어놓은 여행지를 머릿속에 그리며 어디로 떠날지 계획하는 때일 것이다. 여행지에서의 하루하루, 행복해하는 아이와 나의 모습은 상상만으로도 즐겁다.

그동안 아이와 함께한 해외여행의 경험을 바탕으로 나이대별로 여행지를 구분하긴 했지만 사실 정답은 없다. 여행지 선택은 부모의 취향과 여행 경험, 아이의 몸 상태에 따라 얼마든지 달라질 수 있다. 일반적으로 유아 동반 여행은 휴양을 겸한 리조트 여행이 가장 편하고 만족도가 높지만 도시나 유적, 자연을 즐기는 활동파 부모라면 좀 힘들어도 나름의 방법을 찾을 수 있다. 아이는 생각보다 환경에 잘 적응하고, 그 속에서 영리하게 놀 거리를 찾는다.

다만, 아이가 태어나면서 생활의 많은 부분이 달라졌듯 아이와 함께 떠나면 익숙한 장소라도 전혀 다른 경험을 할 수 있다. 어차피 여행은 '발견의 연속'이다. 긍정적으로 생각하면 조금 힘든 대신에 전에는 미처 몰랐던 더 많은 새로움을 발견할 수 있다. 여유로운 마음으로 부모가 아니면 경험하지 못할 새로운 여행의 즐거움을 만끽해보자.

24개월까지, 휴양형 리조트 여행

24개월까지의 아이들은 거의 무료로 항공권을 끊을 수 있지만, 아직 신체와 의사 소통이 자유롭지 못하다. 하루에 한두 번은 꼭 낮잠을 자야 한다. 이유식을 먹거나 기저귀를 차는 등 엄마의 손길을 많이 필요로 한다. 이런 조건들 때문에 이 시기 아이와의 여행은 어디로 떠나는지도 중요하지만 어디에 머무르는지가 더 중요하다.

숙소에서 많은 시간을 보내는 여행 특성상 아이에게 안전하고 편안한 환경이면서 부모도 함께 휴식을 취할 수 있는 가까운 휴양지가 좋다. 기후가 따뜻하고 물놀이를 겸할 수 있는 곳이면 더욱 좋다. 아이를 돌보며 여행하는 것에 익숙하지 않거나 아이가 둘 이상이라면 비행

거리가 4시간 정도로 짧고 시차가 많이 나지 않는 동남아시아와 서태평양의 리조트를 추천한다. 대표적인 곳이 괌, 사이판, 세부다. 특히 괌은 아웃렛에서 유아용품 쇼핑이 가능해 태교 여행, 영·유아 동반 가족 여행지로 인기다. 요즘은 중국의 하이난, 일본의 오키나와, 베트남의 나트랑과 다낭, 필리핀의 보라카이도 유모차 부대들이 눈독 들이는 휴양지로 뜨고 있다.

3~4세, 천방지축 물놀이 여행

항공 요금부터 '소아'로 분류되는 24개월 이상의 아이들은 비행기 좌석 하나를 차지할 수 있어 좀 더 편안한 항공 여행을 할 수 있다. 기저귀를 갓 떼었거나 떼는 연습을 하는 시기이기에 여전히 기저귀를 챙겨야 하지만, 분유와 이유식을 준비하지 않아도 되므로 가방은 훨씬 가볍다. 아직 오랜 시간 걸을 수 없어 역시 휴양지로의 여행을 추천한다. 색다른 휴양지, 조금 더 먼 곳으로 여행을 떠나보고 싶다면 가벼워진 가방, 가벼워진 마음으로 비행 거리 5시간 이상인 휴양지 코타키나발루, 푸껫, 발리, 하와이를 시도해볼 만하다.

5~7세, 생각을 키우는 도시 & 자연 여행

아이가 먹고, 입고, 걷는 것을 스스로 하고 의사 표현도 어느 정도 할 수 있다면 휴양지에서 벗어나 좀 더 다양한 여행지로 떠나보자. 아직 취학 전이라도 아기 티를 벗은 '어린이'와의 여행은 선택의 범위가 훨씬 넓다. 아이는 이국의 문화를 체험하고 어른은 쇼핑, 관광의 즐거움을 누릴 수 있는 일본으로의 도시 여행도 좋고, 온 가족이 함께 맛있는 음식을 맛볼 수 있는 태국, 싱가포르로의 식도락 여행도 좋다. 동화 속 캐릭터들과 함께 뛰어노는 홍콩 디즈니랜드 등 테마파크로의 여행도 색다른 추억이 될 수 있다. 취학 직전에는 한 번쯤 큰마음 먹고 지구 반대편인 미국이나 유럽으로 장거리 해외여행을 떠나보는 것도 특별한 경험이 될 것이다.

아이와 여행지,
한눈에 보기

생후 6개월부터 7세까지의 아이와 함께 여행하기 좋은 주요 여행지와 공항 코드(IATA), 비행 소요시간을 한눈에 볼 수 있도록 정리했다. 비행 소요시간은 인천 국제공항 직항 기준 최소 시간이며 자세한 사항은 각 항공사 사이트에서 확인할 수 있다.

단거리 여행지 - 5시간 이내

일본 : 도쿄(NRT) 02:10
　　　오키나와(OKA) 02:20
중국 : 홍콩(HKG) 03:30
미국 : 괌(GUM) 04:15
　　　사이판(SPN) 04:30
필리핀 : 세부(CEB) 04:30
　　　보라카이(KLO) 04:10
베트남 : 나트랑(CRX) 04:25
　　　다낭(DAD) 04:30

중거리 여행지 - 8시간 이내

말레이시아 : 코타키나발루(BKI) 05:00
태국 : 방콕(BKK) 05:35
　　　푸켓(HKT) 06:20
싱가포르 : 싱가포르(SIN) 06:15
인도네시아 : 발리(DPS) 07:00

장거리 여행지 - 8시간 이상

미국 : 하와이(HNL) 08:50
　　　로스앤젤레스(LAX) 10:40
호주 : 시드니(SYD) 10:00
캐나다 : 밴쿠버(YVR) 10:25
영국 : 런던(LHR) 11:20
프랑스 : 파리(CDG) 12:00

알짜 여행 정보는
여기에 다 모았다!

요즘에는 누구나 인터넷 검색 몇 번이면 손쉽게 여행 정보를 얻을 수 있다. 각국 관광청, 여행사 사이트에서 가이드북을 받고, 스마트폰에 여행 관련 앱을 설치해 미리 지역 정보를 살펴보자. 현지에서는 구글 맵 등 지도앱이 길 찾기에 많은 도움이 된다.

각국 관광청

관광청 홈페이지에서는 PDF 버전 가이드북을 무료로 다운로드받을 수 있다. 배송 비용만 부담하면 인쇄 책자를 보내주기도 한다. 공식 블로그와 트위터, 페이스북 등 SNS에서는 실시간 업데이트되는 믿을 만한 지역 정보를 볼 수 있다.

▼ 괌 관광청
welcometoguam.co.kr

▼ 마리나 관광청(사이판)
www.mymarianas.co.kr

▼ 필리핀 관광청
www.7107.co.kr

▼ 태국 관광청
www.visitthailand.or.kr

▼ 하와이 관광청
www.gohawaii.com/kr

▼ 캐나다 관광청
www.keepexploring.kr

여행 정보 사이트

지도부터 숙소, 맛집, 주요 관광지 정보 등이 소개되어 있다. 필요한 부분만 프린트해 나만의 가이드북을 만들거나 태블릿, 스마트폰에 담아 가면 현지에서 유용하게 볼 수 있다.

▼ 투어팁스
www.tourtips.com

▼ 트립어드바이저
www.tripadvisor.co.kr

여행 카페

▼ 아이와 여행을
cafe.naver.com/travelwithkids

다년간 아이와 여행해온 고수가 많아 아시아뿐 아니라 미주, 유럽 등 다양한 지역의 여행 정보가 많다.

▼ 맘스홀릭 베이비
cafe.naver.com/imsanbu

육아 전문 카페로 여행 후기 게시판에서 태교 여행부터 영·유아 동반 여행까지 다양한 후기를 참고할 수 있다.

▼ 스사사(스마트컨슈머를 사랑하는 사람들)
cafe.naver.com/hotellife

항공권, 호텔 예약 및 각종 마일리지 적립 사용 노하우와 아이와 여행 시 유용한 팁을 얻을 수 있다.

괌 관광청 　　　　　　　　　　투어팁스

3

패키지여행 vs 자유여행, 우리 가족에 맞는 여행 스타일은?

언제 어디로 떠날지 정했다면 진짜 고민은 이제부터 시작이다. 패키지여행 vs 자유 여행, 우리 가족에 맞는 여행 스타일을 찾아보자.

패키지여행

항공, 호텔, 식사와 전문 가이드까지 여행에 필요한 모든 것이 포함되어 있는 패키지여행은 여행을 준비할 시간이 부족하거나 첫 여행지라 일정이나 교통이 부담스러운 경우, 현지에서의 의사 소통에 스트레스를 느끼는 사람에게 알맞다. 특히 여행 비수기에는 자유여행보다 저렴하게 다녀올 수 있고, 핵심 코스만 쏙쏙 짚어주니 짧은 일정에도 알차게 여행할 수 있다. 그러나 정해진 일정과 루트를 따라다녀야 하고, 현지에서 옵션이나 쇼핑을 강요받을 수도 있다는 단점이 있다.

아이가 어릴 경우, 일반 패키지여행 상품은 추천하고 싶지 않다. 낯선 사람과 함께 빠듯한 일정에 따라 움직이는 여행은 아이와 부모, 함께 여행하는 사람 모두에게 힘든 시간이 될 것이 분명하기 때문이다. 대안은 조금 비싸도 '맞춤 패키지여행'을 이용하는 것이다. 하루 이상 자유 일정이 있는 상품 또는 '영유아 맞춤 패키지'만 집중해서 기획, 판매하는 여행사를 알아보자. 하나투어의 '플라잉 베베'는 3개월 이상 만 4세 미만의 영·유아를 둔 가족 전용 상품이다. 유모차, 아기 욕조, 방수 기저귀, 이유식, 젖병 소독기, 장난감 등 아기용품을 제공하며, 필요 시 베이비시터도 요청할 수 있다.

자유여행

여행 계획부터 예약까지 모든 것을 스스로 알아보고 결정해야 하는 자유여행은 번거롭긴 하지만 우리 가족의 여행 스타일에 맞춰 여행을 계획할 수 있다는 장점이 있다. 가장 좋은 점은 아이의 컨디션에 따라 일정을 조정할 수 있다는 것. 밤에 잘 자는 아이라면 밤 비행기를 이용할 수 있고, 현지에서는 낮잠 시간에 맞춰 호텔에서 휴식을 취할 수 있다. 아이가 자는 시간은 부모에게도 마사지나 맥주 한잔을 즐길 수 있는 여유로운 해방의 시간이다.

요즘은 스마트폰이 있어 여행이 어렵지 않다. 구글 맵으로 목적지와 교통수단을 찾고, 날씨 앱으로 오늘 입을 옷을 정할 수 있으며, 블로그에 올라온 '최근 맛집 후기'를 보고 당장 점심 먹을 식당을 결정할 수도 있다.

전 일정 자유여행이 부담스럽다면 현지 여행사의 일일 투어나 픽업 서비스를 적절히 이용해도 좋다. 현지에 사무실을 두고 인터넷 카페나 홈페이지를 만들어 지역 특화 상품을 판매하는 전문 여행사를 알아보자. 지역에 따라 호텔과 렌터카, 각종 편의 시설을 예약할 때 도움을 받을 수 있다.

'여행에서 가장 즐거울 때는 여행을 계획할 때'라는 말이 있다. '아무것도 하지 않을 자유'와 '모든 것을 다할 자유'를 저울질하며 우리 가족에 맞는 최적의 일정을 짜보자. 아이와 함께 현지 맛집을 찾아다니고, 재래시장에서 작은 기념품도 골라보자. 때로는 이런저런 변수 때문에 계획이 틀어질 수 있지만, 그 또한 자유여행의 재미가 아니겠는가.

에어텔

에어텔은 여행 계획에 있어 가장 큰 비용과 노력이 드는 항공권과 호텔만을 연계한 상품이다. 현지에서의 일정은 개인이 계획할 수 있어 자유여행에 가깝다. 일부 상품에는 현지 공항-호텔 왕복 픽업 서비스가 포함되어 있어 큰 짐을 들고 아이와 함께 택시를 잡지 않아도 된다. 상품 가격은 보통 성인 1인 기준이다. 가족 여행인 경우 방을 어떻게 써야 하는지, 유아 요금은 얼마나 할인되는지 상세히 알아보고 예약하자.

4. 여행 준비의 첫걸음! 내 아이 생애 첫 여권 만들기

해외여행의 첫걸음은 여권을 만드는 것에서부터 시작된다. 갓난아이라도 예외일 수 없다. 예전에는 '동반여권제도'라는 것이 있어서 만 8세 미만 아동은 부모 중 한쪽 여권에 함께 올릴 수 있었지만 아쉽게도 몇 년 전 폐지되고 '1인 1여권제'가 도입되었다. 이제 해외여행을 떠나려면 나이와 관계없이 누구나, 반드시, 개인 여권을 신청해야 한다. 그렇다면 내 아이의 생애 첫 여권은 어떻게 만들어야 할까?

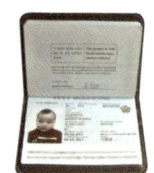

유아 여권 사진 찍기

우리나라 외교통상부에서 규정한 여권 사진은 '가로 3.5cm, 세로 4.5cm인 6개월 이내에 촬영한 천연색 상반신 정면 탈모 사진'이다. 여권 사진에는 몇 가지 상세 규정이 있는데, 특히 유아 여권 사진은 특성상 성인과는 다른 항목이 있다.

여권 사진 규정

	성인	유아
사진 크기	3.5 X 4.5cm	3.5 X 4.5cm
머리 길이(정수리에서 턱까지)	3.2~3.6cm	2.3~3.6cm
상세 규정	· 바탕은 흰색 · 양어깨가 나란히 위치 · 입은 자연스럽게 다문 상태 · 눈동자는 정면을 응시 · 두 귀가 노출되어 얼굴 윤곽이 뚜렷이 드러나야 함	· 기본 사항은 성인 규정과 같음 · 유아 단독으로 촬영해야 하며 의자, 장난감, 보호자 등이 보이지 않아야 함 · 눈을 뜬 상태로 정면을 주시 · 3세 이하의 유아는 입을 다물고 촬영하기 힘든 경우가 많으므로, 입을 벌려 치아가 조금 보이는 것은 무방함 · 신생아의 경우 똑바로 앉기 어려우므로 흰색 이불에 눕혀서 얼굴을 찍어도 됨

※ 출처 외교부 여권 안내 홈페이지(www.passport.go.kr/issue/photo.php)

집에서 여권 사진 찍기

아이에게 최고의 사진사는 엄마, 아빠다. 평소 사진 찍기를 즐긴다면 집에서도 직접 아이의 여권 사진을 찍을 수 있다. 3세 이하 유아의 증명사진은 어쩌면 컴컴한 사진관보다는 익숙한 집에서 촬영하는 것이 현명한 선택일지도 모르겠다. 실제로 나는 두 아이의 여권 사진을 모두 집에서 찍었는데 아이에게 익숙한 환경과 의자, 장난감 등이 도움 되었다.

사실, 한시도 가만히 있지 않으려는 아이의 사진을 까다로운 규정에 맞춰 찍기란 만만치 않은 일이다. 우리 둘째 녀석은 생후 6개월 무렵 캐나다 여행을 앞두고 여권 사진을 찍게 되었는데, 그때 한창 뒤집기에 재미를 붙인 터라 사진 찍는 내내 버둥버둥, 뒤집기를 반복하며 엄마를 골탕 먹였다. 하지만 아이의 가장 예쁜 모습을 잘 아는 부모가 직접, 생애 첫 여권 사진을 찍어준다는 건 확실히 의미 있는 일이었다.

① 도리도리 NG

② 뒤집어서 NG

③ 웃어서 NG

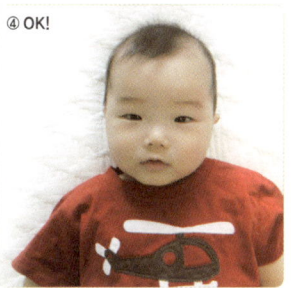
④ OK!

유아 여권 사진 잘 찍는 방법

- 자연광이 예쁜 아침이나 오후에 볕 좋은 창가에서 흰색 벽이나 이불을 배경으로 찍는다.
- 중요한 것은 아이의 컨디션! 자고 일어났을 때가 가장 좋으며 낮잠 시간은 피한다.
- 손에 좋아하는 장난감을 쥐어준다. 새로운 장난감을 준비하면 더 좋다.
- 세팅이 끝나는 순간, 재빨리 찍는다. 시간을 끌면 끌수록 좋은 사진을 얻기 어렵다.
- 순간적인 시선 집중을 위해 분무기를 활용하는 것도 좋다. 먼 곳에서 아이의 얼굴을 향해 살짝 물을 뿌리면 이슬처럼 내리는 차가운 기운에 잠시 '얼음' 상태가 된다.

유아 여권 신청 및 수령 방법

유아의 여권 발급은 성인과 마찬가지로 외교부 여권사무대행기관(서울은 구청 민원여권과, 지방은 시·도 민원실)에서 받을 수 있다. 온라인 신청은 안 되며 직접 방문하여 신청해야 한다. 부모, 친권자, 후견인 등의 법정대리인이 신청할 경우 필요한 서류는 다음과 같다.

유아 여권 신청 시 구비 서류

- 여권발급신청서
- 여권용 사진 1매(6개월 이내에 촬영한 사진)
- 기본 증명서 및 가족관계증명서(행정 전산망으로 확인 불가 시)
- 법정대리인의 신분증 사본
- 여권 발급 수수료: 복수(5년) 24면 30,000원 / 48면 33,000원, 단수(1년 이내) 15,000원

※ 여권발급신청서는 각 여권 발급 접수처에 비치, 외교부 여권 안내 홈페이지(www.passport.go.kr)에서도 출력할 수 있다. 단, 원본 그대로 컬러로 출력해야만 사용할 수 있다.
※ 법정대리인이 신청하지 않는 경우에는 여권발급동의서와 동의자의 인감증명서가 추가로 필요하다.

신청 전에 알아두자!

- 유아 여권은 특성상 복수여권이라도 유효기간 5년까지만 신청할 수 있다(성인은 10년).
- 아이의 영문 이름, 주민등록번호를 알아두면 신청서 작성시 도움이 된다.
- 영문 이름은 가족관계등록부에 등록된 한글 성명을 음절 단위로 표기하는 것이 원칙이다.
- 여권 발급 처리 기간은 평일 기준 평균 4일 정도 걸린다. 토·일요일·공휴일에는 발급하지 않는다.

유아 여권 수령하기

지정된 날짜에 법정 대리인의 신분증, 접수증을 가지고 접수처로 가면 본인 확인 후 여권을 받을 수 있다(법정 대리인이 아닐 경우 위임장, 대리인의 신분증 필요). 받은 여권에는 꼭 소지인 서명란에 아이의 이름을 쓴 다음 그 옆에 법정대리인의 서명을 해두자. 등기우편으로도 수령할 수 있다. 단, 여권 발급 이후 약 2~3일이 더 소요되며 비용은 착불이다.

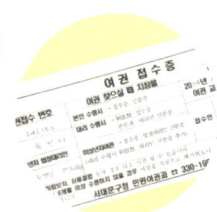

5 가족 항공권 예약하기

최소 3인 이상 움직여야 하는 가족 여행에서 항공권은 경비의 가장 큰 비중을 차지한다. 얼마나 저렴한 항공권을 확보하느냐에 따라 얼마나 경비를 아낄 수 있는지가 결정되는 셈. 반가운 소식은 24개월 미만 유아는 성인 운임의 10%만 내면 된다는 것, 그리고 저가항공의 동남아시아 휴양지 노선이 늘고 있다는 사실이다.

유아 항공권의 모든 것

24개월 미만 유아 항공권은 거의 공짜

대부분의 항공사는 만 24개월 미만의 아이에게 유아 요금(Infant Fare)을 받는다. 유아 항공권은 보통 성인 정상 운임의 10~20%(세금 별도)로 책정된다. 대신 별도의 좌석이 제공되지 않아 보호자가 아이를 안고 타야 한다. 혹시 아이의 좌석이 따로 필요하다면 소아 요금으로 항공권을 구입하고, 별도로 기내용 카시트를 장착해 앉힐 수 있다.
보호자 1명이 데리고 탈 수 있는 24개월 미만 유아는 1명뿐이다. 2명 이상의 유아를 동반할 경우 나머지 1명은 소아 요금을 내야 한다. 유아 수하물로 접이식 유모차, 운반용 요람, 유아용 안전의자(카시트) 중 1개와 항공사에서 규정하는 크기와 무게의 가방 1개를 부칠 수 있다.

만 2~12세는 소아 항공권

만 2세 이상 12세 미만은 소아 요금(Child Fare)을 내야 한다. 만 2세 생일부터 적용되며, 하루만 지나도 예외는 없다. 소아 요금은 일반적으로 성인 정상 운임의 75%로 책정된다. 할인 폭이 큰 특가 항공권이나 저가항공을 이용할 경우에는 성인 요금과 같은 경우도 있다.

 공항에서 항공권 발권 시, 자리 배정을 담당하는 항공사 창구 직원에게 '옆 자리가 빈 좌석'을 요청해보자. 만석이 아닐 경우, 아이가 있는 가족에게 우선 배정해주기도 한다.

마일리지 적립과 사용

- **마일리지 적립:** 탑승 전에 항공사 마일리지 카드를 만든 경우, 소아 항공권에 한해 적립할 수 있다. 할인율 50%가 넘는 24개월 미만 유아 항공권은 대부분 적립이 안 된다.

- **마일리지 사용:** 유·소아 항공권 모두 마일리지로 항공권을 예매할 수 있다. 24개월 미만 유아의 항공권은 성인 마일리지의 10%만 공제하며, 소아 항공권은 항공사 규정에 따라 75~100%까지 공제율이 다르다.

저가항공으로 아이와 해외여행하기

기내 서비스를 최소화하고 항공권 가격을 낮춘 저가항공은 미리 예약할수록 저렴하게 이용할 수 있다. 특히 이벤트 기간에 예약하면 국내선보다 저렴하게 국제선 항공권을 살 수 있다. 저가항공권은 대부분 각 항공사 홈페이지, 콜센터, 여행사를 통해 구입할 수 있으며 한 번에 결제까지 해야 예약이 완료된다. 예약 시 좌석 배정이 가능한지, 무료로 짐을 부칠 수 있는지 등을 미리 확인하자.

아이와 함께 여행하기 좋은 저가항공사 취항지

항공사	홈페이지	인터넷 좌석 지정	주요 취항지(직항)
제주항공	www.jejuair.net	가능(유료)	괌, 세부, 홍콩, 방콕
진에어	www.jinair.com	불가	괌, 세부, 방콕, 코타키나발루, 홍콩
이스타항공	www.eastarjet.co.kr	불가	방콕, 코타키나발루, 홍콩
티웨이항공	www.twayair.com	불가	방콕
에어부산	www.airbusan.com	홈페이지 예약 시 가능	세부, 홍콩, 다낭
세부퍼시픽	www.cebupacificair.com	가능(유료)	세부, 보라카이
에어아시아	www.airasia.com	가능(유료)	세부, 보라카이, 방콕

저가항공 이용 시 유의 사항

한번 결제한 티켓은 변경·취소가 어렵다
일정 변경·취소 시 대부분 추가 비용이 든다. 특히 할인율이 높은 프로모션 티켓은 환불이 어렵다. 따라서 충동구매는 금물! 티켓을 구매하려는 기간에 여행이 가능한지 반드시 확인하자.

좌석 간격이 좁고 아기 바구니 설치가 어렵다
아이와 함께인 승객에게는 좌석 간격이 넓은 앞자리를 우선 배정해주지만 사정이 여의치 않은 경우에는 보호자가 좁은 자리에 앉아 아이까지 안고 가야 한다. 조금 더 편한 자리 혹은 가족이 함께 앉기를 원할 경우, 추가 비용을 내더라도 좌석을 지정하는 것이 좋다.

연착이 잦은 저가항공, 되도록 직항을 이용하자
저가항공은 연착이 잦다. 경유편의 경우, 비행기를 갈아타야 해서 번거롭기도 하지만 연결편이 연착되면 자칫 다음 비행기를 놓칠 수 있다. 아이와 함께라면 되도록 직항 이용을 추천한다.

음식은 물론이고 수하물, 좌석 선택까지 모두 추가 비용이 든다
항공권을 예약할 때 기본 포함 사항이 아니라면 기내식은 물론 수하물, 좌석 선택 등에 별도의 비용을 내야 한다. 기내식이 제공되는 경우, 소아 탑승자에게는 성인 식사가 나온다. 유아 기내식은 제공되지 않는다.

헷갈리는 항공 요금 규정, 이럴 땐 어떻게?

Q1 항공권을 예약할 때는 24개월 미만이었는데, 여행을 떠날 때는 두 돌 생일이 지났다. 유아 요금일까? 소아 요금일까?
A1 소아 요금이 적용된다. 기준 시점은 발권일이 아닌 탑승일이다.

Q2 여행을 떠날 때는 24개월 미만이었는데, 여행에서 돌아올 때는 두 돌 생일이 지났다. 유아 요금일까? 소아 요금일까?
A2 항공사마다 규정이 다르다. 저가항공사는 왕복 항공권을 편도 요금으로 책정하는 경우가 많으므로 갈 때는 유아 요금, 올 때는 소아 요금을 내는 경우도 있다.

가족 항공권, 저렴하게 구하는 다섯 가지 팁

결정적인 기회가 된다. 일부 항공사는 매월 또는 분기마다 프로모션을 하기도 하니 이벤트 패턴을 분석해두는 것도 좋다. 홍보 목적의 프로모션 항공권은 가격이 저렴한 대신 수량이 많지 않다. 빨리 발견하고 먼저 예약하는 '스피드'가 생명이다.

조건이 많을수록 싸다

항공권은 유효 기간이 짧을수록 저렴하다. 또 환불 불가, 일정 변경 불가, 스톱오버 불가 등 조건이 많을수록 가격이 내려간다. 따라서 여행 시기와 기간, 일정을 미리 정해두면 조건에 맞는 싼 티켓을 구하는 데 도움이 된다. 카드사별 할인 이벤트가 있는지도 꼼꼼히 살펴보자.

비수기, 평일에 떠나라

연휴나 휴가철, 방학, 연말은 어디든 성수기다. 이즈음의 항공권은 제값을 주고도 구하기 어려울 정도다. 여행객이 몰리는 금요일 저녁이나 주말 항공권도 할인을 기대할 수 없다. 휴가철 항공권은 성수기 직전이나 직후인 7월 초, 8월 말에 평일 출발로 예약하는 것이 그나마 저렴하다. 해당 시점에 방문 지역이 성수기인지 비수기인지에 따라 또 항공권의 가격이 달라지기도 한다.

항공권도 직구! 얼리버드 항공권을 노려라

얼리버드 항공권이란 미리 여행을 계획하는 고객에게 할인된 항공권을 제공하는 서비스다. 항공사에서는 15일(단거리)~6개월(장거리) 전에 미리 좌석을 판매해 현금 유동성을 확보할 수 있고, 고객은 미리 비용을 지불하는 대신 큰 폭의 할인을 받을 수 있는 제도다. 예전에는 유럽 등 장거리 노선에서만 볼 수 있었지만 요즘은 단거리 저가항공 노선에서도 흔히 볼 수 있다. 얼리버드 항공권의 판매 시기는 해당 시점에 항공사 사이트에 고지되며 예약 및 결제도 해당 사이트에서만 가능하다. 인기 노선은 판매가 일찍 마감되니 서두르는 것이 좋다. 1년 중 1~3월에 얼리버드 항공권이 가장 많고 가장 저렴하다.

프로모션 항공권을 잡아라

여행지를 결정했다면 관심 지역에 취항하는 항공사의 이메일 뉴스 레터나 SNS를 구독해 업데이트되는 소식을 챙겨 보자. '1페소 특가', '3일만 반짝 세일', '신규 노선 취항 기념 세일' 등 예고 없이 찾아오는 프로모션 항공권을 잡을 수 있는

경유지를 활용하라

아이와 여행은 보통 직항편을 이용하지만 장거리 노선이거나 일주일 이상 장기 여행일 때는 오히려 경유지를 한 번 거치는 것이 더 좋다. 아이가 비좁은 비행기에서 내려 몸을 풀 수 있고, 경유 노선을 잘 짜면 스톱오버로 두 지역을 한번에 여행할 수 있기 때문이다. 경유 노선은 대개 직항보다 운임이 싸다. 스톱오버는 항공권을 구입할 때 미리 요청해야 하며, 조건에 따라 10만 원 정도의 추가 비용을 내야 한다. 가까운 휴양지로는 방콕-푸껫, 세부-보라카이 노선을 추천한다.

6

아이와 함께 머물 숙소 예약하기

아이를 낳기 전까지 숙소는 말 그대로 그저 '잠을 자기 위한 곳'이었다. 수영장이니 헬스장이니 하는 부대시설은 거추장스러울 뿐, 깨끗한 침대에 합리적인 요금이라면 어디든 괜찮았다. 그러나 아이와의 여행에서 숙소란 '여행의 모든 것'을 의미하기도 한다. 그럴듯한 수영장은 숙소를 고르는 첫 번째 기준! 공항 및 주요 관광지와의 접근성은 물론이고 아침식사가 포함되는지, 방에 아이가 놀 만한 여유 공간이 있는지, 심지어 샤워기의 종류까지 고려해야 한다.

어떤 숙소에 묵는 것이 좋을까?

휴양을 위한 여행이라면, 리조트

바닷가 휴양지로 떠나 숙소에서 많은 시간을 보낼 계획이라면 호텔의 개념에 휴식이 더해진 리조트가 알맞다. 숙박과 식사뿐 아니라 베이비·키즈 프로그램, 해양 스포츠를 위한 각종 장비 대여까지 모두 제공되는 '올 인클루시브 리조트(All Inclusive Resort)'라면 더욱 좋다. 휴양에 필요한 모든 것이 포함되었다는 의미의 올 인클루시브 리조트는 괌, 세부, 푸껫, 하와이 등 유명 휴양지에 있는 클럽 메드, PIC, 아웃리거 체인이 대표적이며, 좀 더 럭셔리한 환경을 원한다면 샹그릴라 같은 최고급 리조트의 전망 좋은 객실도 욕심낼 만하다.

관광이 목적이라면, 깨끗한 중급 호텔

아이와 함께라면 대도시도 때로는 휴양지가 되곤 하지만 여행 목적과 지역에 따라 숙소를 선택하는 기준은 확실히 다르다. 관광지로의 여행을 계획한다면 깨끗하고 교통이 편리한 중급 호텔도 괜찮다. 호텔의 시설보다 중요하게 살펴야 할 점은 바로 접근성! 아무리 관광 여행이라도 아이의 컨디션과 낮잠 시간에 맞춰 일정 중간에 한 번쯤은 호텔로 돌아가 휴식을 취하는 것이 좋기 때문이다. 이때 호텔에 유아 수영장이나 키즈 룸이 있으면 아이의 기분 전환에 도움이 된다. 근처에 맛집과 쇼핑몰까지 갖춘 곳이라면 금상첨화다.

주방이 있는 콘도형 숙소, 레지던스

주방이 있는 레지던스를 예약하면 이유식을 조리하거나 아이 입맛에 맞는 음식을 만들어 먹일 수 있어 편하다. 숙소를 예약할 때 가스레인지 또는 전기레인지가 설치되어 있고, 냉장고와 냄비 등 취사도구가 갖춰진 풀 키친(Full Kitchen)인지 확인하자. 일부는 커피포트와 전자레인지 정도만 있는 간이 주방(Kitchenette)인 경우도 있다.

호텔 내 유아 편의 시설 100배 즐기기

아기 침대

호텔 객실은 기본적으로 성인 2인 1실이 규정이지만 대부분 12세 미만의 아이 1명까지는 한방에 묵을 수 있다. 이때 아기 침대(Baby Cot)나 엑스트라 베드(Extra Bed)를 대여하면 조금 더 편하게 잘 수 있다. 보통 24개월 미만 유아가 사용하는 아기 침대는 무료, 성인까지 사용할 수 있는 엑스트라 베드는 추가 비용이 든다. 일반 침대에서 아기를 재울 때는 베이비 가드(Baby Guard)를 설치해줄 수 있는지 물어보자. 호텔마다 규정이 다르니 예약 전 확인은 필수다.

유아 수영장

물놀이를 좋아하는 아이들의 특성상 수영장은 숙소를 고르는 가장 중요한 기준 중 하나다. 수영장에 유아용 풀(Baby Pool)이 따로 있는지, 규모와 수심은 얼마나 되는지 미리 확인해보자. 일부 리조트에는 워터파크급의 놀이 시설이 갖춰진 곳도 있지만 유아에게는 적당한 규모의 수영장이 오히려 안전하다.

키즈 룸

블록이나 소꿉놀이, 색칠공부 등 어린이 장난감을 갖추어놓은 호텔 키즈 룸(Kids Room)은 숙박객이면 대부분 무료로 이용할 수 있다. 호텔에 따라 키즈 프로그램을 운영하는 곳도 있으니 미리 일정을 확인해보자. 키즈 룸에서는 다른 나라의 친구를 사귀는 색다른 경험도 할 수 있다. 모습과 언어가 서로 달라도 아이들이기에 어울려 놀다 보면 금세 친해진다.

베이비시팅 서비스

베이비시팅 서비스를 제공하는 호텔에서는 시간당 일정 금액을 내고 베이비시터를 고용해 아이를 맡길 수 있다. 세부, 보라카이 등 필리핀 내 리조트에는 이 서비스가 보편화되어 있고, 이용 금액도 한국에 비해 무척 저렴한 편이다.

호텔 예약 전, 이런 것도 따져보자

조식 포함 여부

챙길 것 많은 아침, 여유로운 하루의 시작을 위해 아침은 호텔에서 먹는 것이 좋다. 보통 만 3세까지의 유아 조식비는 무료다.

세탁 시설

세탁 시설이 있는 호텔이라면 수시로 옷을 갈아입혀야 하는 아이의 빨래를 손쉽게 해결할 수 있다.

소파 베드

가족이 3인 이상일 경우 침대 외 엑스트라 베드나 소파 베드(Hide-a-bed)가 제공되는 곳을 이용해 보자.

대리석 바닥

기어 다니는 아이, 호흡기가 약한 아이와 함께라면 카펫보다 대리석이나 나무 바닥이 좋다.

핸드 샤워기

욕실에 고정식이 아닌 손잡이식 샤워기가 있으면 아이를 씻기기 편리하다. 욕조가 있으면 더욱 좋다.

얼리 체크인 & 레이트 체크아웃

현지 도착이 이르거나 귀국 비행편 시간이 늦다면 얼리 체크인과 레이트 체크아웃 가능 여부를 알아보자. 출·귀국일은 여행 중 가장 피곤한 날이다. 추가 비용을 내더라도 아이들과 거리를 헤매는 것보다 호텔 수영장에서 쉬는 편이 낫다.

가족 투숙객의 평가

아무리 좋은 호텔이라도 단체 관광객이 몰려다니거나 정장 차림의 비즈니스 투숙객이 많은 호텔은 불편하다. 우리와 같은 가족 단위 관광객이 많이 묵는 호텔인지, 평판은 어떤지 인터넷 후기를 확인하자.

숙소 예약은 어떻게 할까?

첫째, 호텔 정하기

출발일이 3개월 정도 남았을 때 마음에 드는 호텔 3~4개를 골라 위치, 가격, 평판을 비교해보자. 트립어드바이저 등 호텔 리뷰 사이트의 순위와 후기를 참고하면 쉽게 결정할 수 있다.

둘째, 최저가 검색하기

다양한 호텔 예약 사이트에서 최저가를 검색해보자. 같은 호텔이라도 사이트마다 가격이 조금씩 다르고 가격 할인, 1박 무료, 룸 업그레이드 등 프로모션 조건이 다르다. 검색 발품을 많이 팔면 팔수록 유리한 조건을 찾을 수 있다. 단, 아고다, 익스피디아 등 해외에 본사를 두고 있는 호텔 예약 사이트를 이용할 때는 별도 세금과 수수료가 붙는다는 점을 염두에 두자. 결제 전 최종 가격을 꼭 확인하고, 인터넷 검색을 통해 사용할 수 있는 쿠폰 코드가 있는지 알아보자. 결제 통화는 한국 원화가 아닌 미국 달러로 설정해야 추가 환전 수수료를 지불하지 않는다.

호텔 예약 시 유용한 사이트

호텔 리뷰 사이트
트립어드바이저 www.tripadvisor.com

해외 호텔 예약 사이트
아고다 www.agoda.com
익스피디아 www.expedia.com
부킹닷컴 www.booking.com
호텔스닷컴 www.hotels.com

국내 여행사 호텔 예약 사이트
하나프리 www.hanafree.com
인터파크투어 tour.interpark.com
모두투어 www.modetour.com

셋째, 여행사와 비교하기

한국 관광객이 많은 동남아시아 지역은 수수료 없는 국내 여행사나 현지 한인 여행사에서 제공하는 숙소 가격이 더 저렴할 수 있다. 여행사 홈페이지나 인터넷 커뮤니티에 올려놓은 가격표를 참고해 견적을 받아보자. 단, 인터넷 카페를 통해 예약 결제 시 대부분 신용카드를 사용할 수 없다. 숙박료 총액을 현금으로 송금한 후 이메일 바우처를 받는 방식으로 진행되므로 여행사가 믿을 만한 곳인지 먼저 확인해야 한다.

아이와 여행할 때는 지역을 옮기거나 특별한 이유가 없는 한, 숙소 한곳에서 최소 3일 이상 혹은 전 일정을 묵는 것이 좋다. 아이가 숙소에 적응하는 시간이 필요하기도 하고, 짐을 싸고 푸는 데 시간이 많이 걸리기 때문이다. 1~2시간 거리의 관광지를 여행할 때는 숙소를 옮기지 않고 하루 코스로 다녀오는 것이 더 효율적이다.

현지인의 빈집에서 하룻밤?
숙박 공유 서비스 에어비엔비
airbnb

여행 중 빈집을 빌려 현지인처럼 살아보는 것은 많은 여행자들의 로망이다. 집주인은 머물 곳이 필요한 이들에게 남는 공간을 제공해 수익을 얻고, 여행자는 합리적인 가격으로 현지인의 집에 머물며 그들의 문화를 체험할 수 있다. 여행을 좋아하는 사람들에게 이보다 더 신나는 일이 있을까?

숙박 공유 플랫폼, 에어비엔비

190여 개국의 35만 개 이상 숙소가 등록되어 있는 세계 최대 숙박 공유 사이트 에어비엔비는 단순히 '숙소 중계'가 아닌 '특별한 여행 경험'을 제공한다. 아이와 함께라도 문제없다. 에어비엔비에는 아파트의 남는 방, 독채 풀빌라, 심지어는 유럽의 고성 같은 독특한 곳까지 이용자들이 각자의 예산과 필요에 맞게 골라 묵을 수 있다.

에어비엔비 이용방법

인터넷이나 모바일을 통해 에어비엔비 사이트(www.airbnb.com)에 가입한 후 여행지와 숙소 형태, 편의 시설 등을 고려해 내게 맞는 곳을 고르면 된다. 이때 집주인 프로필, 이용객 리뷰 등 세부 정보를 꼼꼼하게 확인해야 한다. 아이와 함께 여행할 때는 여럿이 함께 쓰는 다인실보다 '주방과 세탁기가 갖춰진 독채(혹은 아파트) 숙소'에 묵는 것이 좋다. 잘 고르면 호텔보다 훨씬 좋은 조건의 숙소에 머물면서 우리 가족만의 특별한 추억도 만들 수 있다.

에어비엔비 이용 시 주의 사항 10가지

1. 집을 고를 때, 숙소 사진과 설명이 성실하게 등록되어 있는지 보자.
2. 집주인의 프로필, 숙소의 평점과 사용 후기를 꼼꼼하게 살펴보자.
3. 숙박비에 청소비와 보증금이 별도로 추가되는지 확인하자(청소비는 전체 숙박비에 영향을 미칠 수 있고, 보증금은 추후 부당 청구의 소지가 될 수 있다. 되도록 없는 곳을 고르자).
4. 예약 전 집주인에게 문의 메시지를 보내 신속하게 대응하는지, 신뢰할 만한 사람인지 판단해보자.
5. 도착 최소 하루 전에는 집주인에게 연락해 체크인 시간, 열쇠 수령 방법 등을 협의하자.
6. 체크인 시 집주인과 함께 객실이 청결한지, 약속된 편의 시설과 물품들이 제대로 제공되고 있는지 확인하고 필요하다면 사진을 찍어두자(추후 분쟁 발생 시 대처 가능).
7. 집주인에게 언제나 연락이 닿을 수 있는 연락처를 받아두자.
8. 체크아웃 시간과 방법, 청소와 쓰레기 처리에 대해 협의하자.
9. '남의 집'인 만큼 시간을 잘 지키고, 객실을 청결하게 사용하는 등 매너를 지키자.
10. 혹시 숙소 예약 시 보증금을 걸어두었다면 체크아웃 후에도 에어비엔비 사이트에 접속해 청구 내역이 있는지 확인해보자(48시간까지 청구 가능).

7 짐 싸기 A to Z

아이와 함께 하는 해외여행이 화려한 외출이 될지, 지옥의 고행이 될지는 짐 싸기에 달려 있다고 해도 과언이 아닙니다. 장난감에 기저귀, 유모차까지 이런저런 상황에 대비하다 보면 챙길 물건은 한없이 늘어난다. 그렇다고 아이 방을 통째로 짊어지고 갈 수는 없는 일. 무엇을 챙겨 갈지는 아이와 가족의 성향에 따라 다르니 '이것이 정답'이라고 말할 수는 없다. 하지만 두 아이와 함께 7년간 여행하며 짐을 싸고 풀었던 경험을 바탕으로 후회 없는 여행 가방 싸기의 노하우를 정리해봤다.

어떤 여행 가방을 준비할까?

먼저 여행지에서의 모습을 상상해보자. 어른 둘에 유아 1명이 함께 여행하는 가족이라면 어른 중 1명은 항상 유모차를 밀거나 아이를 돌봐야 한다. 무거운 짐을 운반할 사람은 나머지 1명뿐인 상황. 이건 곧 가방 크기를 좀 키우더라도 짐의 개수를 줄여야 한다는 의미다.

여행용 캐리어는 보통 20인치(기내용), 24인치, 29인치 이상으로 나눈다. 3박 4일 이상의 가족 여행을 계획한다면 수하물로 부칠 24인치 이상 캐리어 하나와 기내에 가지고 탈 수 있는 배낭, 손가방 정도만 가져가는 것이 좋다. 여행 중 쇼핑을 대비하려면 더 큰 가방을 준비해야 한다. 여분의 접이식 보조 가방을 준비하면 현지에서 쇼핑을 해 늘어난 짐이나 물놀이를 한 후 젖은 수영복과 튜브 등을 따로 넣을 수 있어 유용하다.

아이 가방은 장난감을 넣을 수 있는 작은 배낭이 실용적이지만 아이에게 캐리어 끄는 재미를 느끼게 해주고 싶다면 어린이용 여행 가방을 따로 준비하는 것도 괜찮다. 말처럼 타고 놀 수 있는 종류도 있어 공항 대기 시간에 장난감으로 활용할 수 있다. 단, 아이가 흥미를 잃으면 그 순간 가방은 어른 차지가 된다는 치명적인 단점이 있다. '가방'보다는 '장난감' 개념으로 보는 것이 속 편하다.

이것만 있으면 준비 끝! 꼼꼼 체크 리스트

여행지도 다 사람 사는 곳이기에 웬만한 아기용품은 현지에서 살 수 있다. 하지만 '가서 사면 되지' 하고 방심했다가 막상 구하기 어려운 것이 있다. 아이가 어릴수록 이런 물품이 더 많다. 분유나 기저귀, 상비약 등이 대표적이다. 아기에게는 갑자기 변한 환경과 생활 리듬이 이국적인 매력이 아닌 그저 낯섦으로 느껴질 수 있다. 그래도 자신의 물건을 사용하면 심리적 안정이 되니 매일 익숙하게 사용하던 물건은 챙겨 가자. 기저귀나 먹거리는 여행을 마치고 돌아올 때는 없는 짐이니 가지고 가도 괜찮다. 유모차는 아이의 이동식 침대이자 짐을 실어 나르는 캐리어로 쓸 수 있으니 여러모로 유용하다. 감기약, 해열제 등 비상약은 여행 하루 전 아이와 함께 소아과에 들러 진찰을 받은 후 맞춤 조제 약으로 준비하자. 가방의 크기와 무게를 고려해 우리 가족에 맞는 짐을 싸보자.

체크 리스트

기내용 손가방
- 여권, 지갑, 항공권, 카메라, 가이드북, 필기구, 홑이불, 비상약
- **먹거리**: 분유, 젖병, 이유식, 아이 수저, 보온병, 빨대 컵, 물, 막대사탕, 과자
- **여벌 옷**: 얇은 점퍼, 갈아입힐 옷, 양말
- **위생용품**: 기저귀, 물티슈, 비닐백
- **놀거리**: 장난감, 스티커북, 색연필, 색종이, 헤드폰 등

위탁 수화물용 캐리어
- **위생용품**: 여분의 기저귀, 물티슈, 세면용품, 목욕용품, 손톱깎이, 비닐백, 비닐장갑
- **의류, 액세서리**: 속옷, 양말, 내복, 여벌 옷, 모자, 헤어핀, 빗, 선글라스
- **물놀이용품**: 수영복, 방수 기저귀, 튜브, 구명조끼, 아쿠아 슈즈, 모래놀이 도구, 유아용 자외선 차단제, 방수팩
- **상비약**: 체온계, 해열제, 감기약, 정장제, 벌레퇴치제, 발진연고, 1회용 밴드
- **먹거리**: 분유, 이유식, 즉석 밥, 즉석 국, 조미 김, 후리가케, 주방 세제, 수세미, 주머니칼(과도), 빨대, 턱받이, 전자레인지 용기
- **기타**: 충전기, 배터리, 멀티어댑터, 멀티탭, 우산, 빨랫줄

기타 물품
- 아기띠, 유모차, 보냉 가방

 현지에서 사도 되는 것

• 벌레퇴치제

기온이 따뜻한 휴양지 여행에는 모기퇴치제가 필수. 그런데 외국 모기에는 외국 모기약이 더 잘 듣는다는 말이 있다. 현지 마트나 약국에 전자 모기향이나 뿌리는 모기퇴치제가 다양하게 구비되어 있으니 참고하자. 한국에서 휴대용 전기 파리채를 가져가는 것도 도움이 된다.

• 모래놀이 도구

휴양지에서는 쉽게 모래놀이 도구를 구할 수 있다. 부피가 큰 모래놀이 도구는 현지에서 저렴한 것으로 사서 쓰고 필요한 사람에게 주고 오는 것도 괜찮다.

아이의 발달 개월별 준비물

여행은 단출하게 떠날수록 좋다고 하지만 챙길 것 많은 아이와 함께하는 여행에는 해당되지 않는 이야기다. 그래도 요즘에는 외출하는 아기를 위한 다양한 육아용품이 출시되어 짐을 줄일 수 있다. 스틱 분유, 일회용 젖병, 다양한 장난감 등을 적절히 준비해 함께 여행하는 즐거움을 누려보자.

12개월까지, 분유와 이유식을 먹는 아이

분유, 젖병, 보온병, 이유식, 전자레인지 용기, 젖병 세정제, 젖병 솔 등. 돌 전 아이와 여행을 떠날 때는 특히 먹거리가 중요하다. 분유·모유 수유 여부, 시판 이유식을 잘 먹는지 등에 따라 챙겨야 할 물건이 다르다.

- 분유는 휴대가 편하고 가벼운 스틱 분유가 좋다(모유 수유 시 생략).
- 젖병 세정제는 플라스틱 약통에 덜어 가면 짐을 줄일 수 있다.
- 아이에게 시판 이유식을 먹일 예정이라면 여행 전부터 천천히 시도해 미리 적응시켜야 한다.
- 물티슈는 작은 것으로 여러 개 준비해 손이 닿는 곳마다 넣어두면 편하다.

3세까지, 걷는 아이

아기용 숟가락, 포크, 주방용 세제, 수세미, 그리고 여벌 옷을 많이 준비한다. 어른과 비슷한 식사를 하고 잘 걷지만 아직 기저귀를 떼지 못했거나 이제 막 뗐을 두 돌 즈음의 아이는 넘어지고 음식을 흘리는 일이 잦아 여벌 옷을 충분히 가져가야 한다.

- 유아용 숟가락과 포크는 과일 등 간식 먹을 때, 유아용 식기가 제공되지 않는 식당에서 쓰임새가 있다.
- 아이가 물갈이를 하거나 현지 음식을 못 먹을 수 있으니 즉석 밥 등 비상식을 준비하자.
- 옷은 하루 2번 갈아입을 수 있을 정도로 챙기되 빨아 입히는 것도 고려하자.
- 청바지 등 무겁고 빨리 마르지 않는 옷은 피하자.

4~7세, 호기심 많은 아이

다양한 장난감을 챙기는 것이 좋다. 지적 능력이 발달하고 외부 세계에 대한 호기심이 많아 여행의 재미를 느낄 수 있는 시기다.

- 공항이나 여행지와 관련된 책을 읽어주며 여행지에 대한 기대를 높여주자.
- 지루한 비행기에서 시간을 잘 보내려면 색종이, 색연필, 스티커 북 등 다양한 놀이 도구를 가지고 가자.
- 아이가 직접 자신의 짐을 꾸리게 해보자. 독립심이 생기고 생각하는 힘을 기를 수 있다.

있으면 도움 된다! 아이디어 여행용품

비닐 지퍼백

비닐 지퍼백을 10장 정도 넉넉하게 준비하면 다양하게 활용할 수 있다. 아이가 먹고 남은 음식을 보관할 때, 젖은 수영복을 넣거나 비오는 날 주요 물품을 보관할 때, 깨끗한 기저귀와 여벌 옷을 손가방에 넣을 때, 여행지에서 받은 티켓이나 지도 등을 모아놓을 때, 아이 머리핀이나 기타 잡동사니를 정리할 때 등 두루 유용하다. 또한 비닐장갑, 주머니칼(과도), 나무젓가락 등을 비닐 지퍼백에 한꺼번에 넣어두면 아이의 비상식(조미 김밥 등)을 만들 때, 과일을 샀을 때 바로 꺼내 쓸 수 있다. 과자봉지를 집을 수 있는 집게도 몇 개 챙기자.

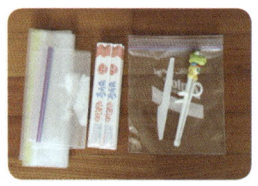

홑이불(사롱)

동남아시아식 사롱(Sarong)이나 얇은 아기 이불은 굉장히 다양하게 사용할 수 있다. 에어컨 바람이 센 곳이나 여행 중 아이가 잠들었을 때 유모차용 이불로, 해변에서는 일인용 돗자리로, 수영 후에는 치마 겸 가운으로, 급할 때는 보자기로, 기저귀를 갈아줄 때는 깔개로, 사람이 많은 곳에서 불가피하게 모유 수유를 해야 할 때는 가리개로, 아이가 칭얼댈 때는 포대기 대용으로 두루 쓸 수 있다.

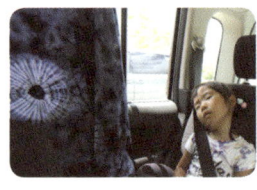

플라스틱 시럽통

어린아이가 있는 집이라면 약국에서 받은 약을 덜어 먹이는 작은 플라스틱 시럽 통을 몇 개쯤 가지고 있을 것이다. 이걸 모아두면 젖병 세정제나 주방 세제를 덜어갈 수도 있고, 소금, 설탕, 간장, 고추장 등 양념통으로도 딱이다. 투명해서 내용물도 쉽게 알 수 있고, 튜브형인 데다 눈금이 있어 양도 잴 수 있다.

멀티어댑터와 멀티탭

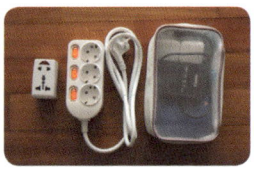

나라마다 전력이 다르고, 한국과 같은 220V를 사용하더라도 코드가 맞지 않는 국가들이 있으니 여행용 멀티어댑터를 하나 준비하면 좋다. 휴대전화에 카메라, 태블릿 PC까지 충전할 디지털 기기들이 많다면 멀티어댑터에 멀티탭을 연결해 사용하자.

방수 돗자리

가볍고 부피가 작은 방수 돗자리를 하나 챙겨 가면 의외로 쓸모가 많다. 해변이나 풀밭에서는 물론이고 카펫 바닥인 호텔 객실에 깔면 맨발로 놀 수 있는 아이들의 놀이터가 된다. 간식이나 주스를 흘려도 문제없다. 특히 기어다니는 아기가 있다면 필수다.

백인백(Bag in Bag)

다양한 사이즈의 백인백 패키지를 준비해 아이템별로 담으면 가방 정리가 빠르고 꺼내 쓰기도 좋다. 보통 한 면이 그물망으로 되어 있어 내용물을 볼 수 있다. 옷은 개인별로 가방 하나씩 분리해서 넣으면 알아보기 쉽다. 세면도구는 벽걸이 워시 팩에 칸칸이 담아 이동 중엔 접었다가 쓸 땐 펼쳐서 욕실 벽에 걸어두면 사용하기 편하다.

들까 말까?
여행자보험

아무리 건강한 아이라도 환경이 바뀌면 갑자기 아플 수 있다. 야외 활동을 하다 보면 다치거나 비싼 휴대품을 물에 빠뜨릴 수도 있다. 해외여행을 할 때는, 특히 아이와 함께라면 여행자보험은 선택이 아닌 필수다.

여행자보험은 여행 중 생길 수 있는 상해, 질병의 위험과 휴대품의 도난, 파손 등 비용 손해를 보장하는 제도다. 만 1세부터 79세까지 가입이 가능하며, 최대 3개월까지 보장해준다. 보험료는 가입자 나이, 여행 지역, 기간, 보장 범위 등 계약 조건에 따라 다르다. 보통 4박 5일 동남아시아 여행을 떠날 경우 성인은 2만 원 미만, 아이는 5,000원 정도의 비용이 든다. 이때 성인은 본인이, 미성년자는 부모 중 1명이 계약자가 된다.

기본 보장 기간은 집에서 출발해 돌아오는 순간까지다. 일부 질병이나 상해는 여행 이후까지 보장을 받을 수 있다. 한 가지 알아두어야 할 점은 본인 과실로 인한 분실은 보상이 안 된다는 것이다. 배탈이 나서 현지 병원에 다녀왔을 경우에는 보상이 되지만, 휴대전화를 잃어버렸을 경우에는 보상이 안 된다. 현지에서 치료를 받았을 때는 병원과 약국에서 영수증을 받고, 물건을 도난당했을 경우에는 현지 경찰서에서 폴리스 리포트(Police Report)를 받아 보험사에 제출해야 한다.

여행자보험 가입은 공항의 여행자보험 전용 창구, 환전 은행, 여행사, 손해보험사를 통해 할 수 있다. 같은 보장 조건일 때 가장 저렴한 곳은 인터넷 손해보험사 홈페이지다.

안전한 해외여행을 위한 참고 사이트

▼ 해외여행 질병정보센터 travelinfo.cdc.go.kr
신종플루, 뎅기열 등 세계에서 발생하는 감염병 정보를 실시간으로 확인할 수 있다.

▼ 외교부 해외안전여행 www.0404.go.kr
정치안정세, 테러위협, 정정불안, 자연재해 등 다양한 사건사고에 대한 국가별 안전 소식을 확인할 수 있으며 여행 제한 지역의 위험도를 4단계로 나누어 해외여행 시 참고할 수 있게 했다.

8 아이를 위한 특별 서비스, 공항에서 기내까지

짐 싸기까지 완료했다면 이제 아이와 함께 집을 나서는 일만 남았다. 아이와 함께하는 해외여행은 준비할 것도, 신경 쓸 일도 많지만 달리 생각하면 아이가 있기에 어른도 특별 대접을 받으며 여행할 수 있는 기회이기도 하다. 공항에서 비행기까지, 아이와 여행하는 가족을 위한 서비스를 알아보자.

공항 유아 휴게실과 어린이 놀이방

대부분의 국제공항에는 놀이터가 있다는 사실을 아는지? 특히 인천국제공항에는 곳곳에 연중무휴 24시간 이용할 수 있는 어린이 놀이방과 유아 휴게실이 있어 잘 활용하면 아이들과 출국 전 지루한 대기 시간을 즐겁게 보낼 수 있다. 어린이 놀이방에는 볼풀, 미끄럼틀 등이 있는 작은 실내 놀이터와 유아 화장실, 수유실이 갖춰져 있다. 유아 휴게실에는 소파와 수유 쿠션, 이유식용 아기 의자, 정수기, 젖병 소독기, 기저귀 교환대, 체중계, 손 소독제, 공기청정기 등이 비치되어 있으며 수도 시설이 되어 있다. 관리도 잘되는 편이다.
어린이 놀이방은 8개로 면세 구역에만 있다. 유아 휴게실은 총 10개로 탑승 수속을 하기 전인 일반 구역에 4개, 수속 후 면세 구역에 6개가 있다. 여객터미널 4층 환승 라운지 및 탑승동 어린이 놀이방(4개)은 유아 휴게실과 붙어 있다.

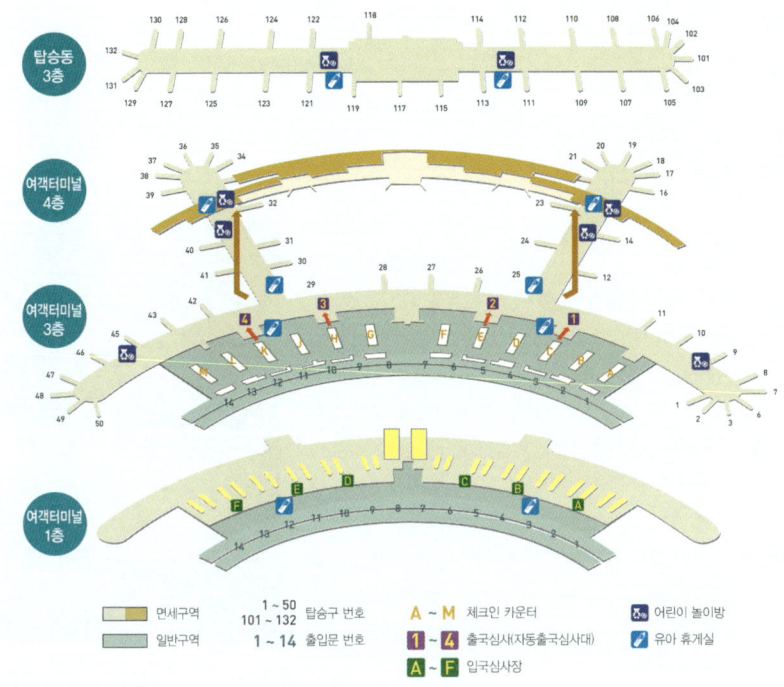

인천국제공항 어린이 놀이방, 유아 휴게실 위치

어린이 놀이방
- 여객터미널 3층 면세 구역 동편(9, 14번 Gate 옆) / 서편(40, 45번 Gate 옆)
- 여객터미널 4층 환승 라운지 동편(대한항공 라운지) / 서편(아시아나항공 라운지)
- 탑승동 3층 동편(113번 Gate 옆) / 서편(119번 Gate 옆)

유아 휴게실
일반 구역
- 여객터미널 1층 동편(B 카운터 입국장 옆) / 서편(E 카운터 입국장 옆)
- 여객터미널 3층 동편(D 카운터 신한은행 옆) / 서편(J 카운터 외환은행 옆)

면세 구역
- 여객터미널 3층 동편(25번 Gate 옆) / 서편(29번 Gate 옆)
- 여객터미널 4층 환승 라운지 동편(대한항공 라운지) / 서편(아시아나항공 라운지)
- 탑승동 3층 동편(113번 Gate 옆) / 서편(119번 Gate 옆)

아이를 위한 기내 서비스

유아용 요람(Bassinet)

유아 요금으로 탑승한 아이에게는 별도의 좌석이 제공되지 않는다. 하지만 신장 75cm, 체중 11kg 미만(대한항공 기준)의 아기를 동반하는 승객은 유아용 요람을 신청할 수 있다. 출발 48시간 전까지 신청해야 하며 한정 수량으로 조기에 마감될 수 있으니 항공권 구입 시 바로 예약하는 것이 좋다.

유아용 요람은 항공기 좌석 구역별 맨 앞줄 좌석 맞은편 벽에 설치한다. 따라서 아이의 보호자는 좌석 간격이 넓은 맨 앞줄에 앉을 수 있다. 단, 노선에 따라 요람을 설치할 수 없는 비행기가 운항될 수 있으며, 저가항공의 경우 대부분 유아용 요람을 설치할 수 없다.

요람은 비행기가 이륙한 후 안정 고도에 오르고 좌석 벨트 사인이 꺼지면 설치할 수 있으며 착륙 전에 수거한다. 운항 중 갑작스러운 기류 변화로 좌석 벨트 사인이 들어올 경우에는 반드시 요람에서 아이를 꺼내 안아야 한다.

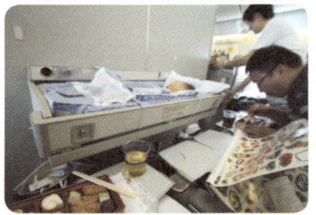

- 항공사별로 규정이 다르니 예약 전 확인해보자. 예로 아시아나항공은 76cm, 14kg 미만의 아기에게 유아용 요람을 제공한다. 에어캐나다는 아무리 작은 아기라도 혼자 앉을 수 있으면 안전상 유아용 요람을 설치해주지 않는다.
- 별도의 좌석이 없고 유아용 요람도 신청할 수 없는 24개월 미만, 12~14kg 이상 아기와 함께라면 공항 발권 창구에서 '여유 좌석'이 있는지 문의해 보자.

어린이용 오락물(Kids Program)

아이가 비행 시간을 지루하지 않게 보낼 수 있도록 스티커 북이나 색연필, 미로 찾기 등 간단한 장난감이 제공된다. 개인 액정 화면이 있는 좌석에서는 어린이 만화영화와 게임을 즐길 수 있다.

영·유아 특별 기내식(Special Meal)

영·유아 및 아동을 위한 특별 기내식이 제공된다. 유아식, 이유식, 어린이식으로 구분되며 일반식보다 먼저 받을 수 있다. 특별식을 원할 경우, 출발 24~48시간 전까지 미리 신청해야 한다. 따로 예약하지 않으면 일반 성인식이 나온다. 단, 저가항공은 특별식을 제공하지 않는다.

- **영아식(Baby Meal)**: 액상 분유, 건더기 없는 시판 유동식, 아기용 과자, 아기용 주스
- **이유식(Toddler Meal)**: 진밥 수준의 건더기 있는 이유식, 샌드위치, 과일, 과자, 아기용 주스
- **어린이식(Child Meal)**: 스파게티, 햄버거, 오므라이스 등 아이들이 좋아할 만한 식사, 과자, 음료

영·유아 동반 가족에게만 적용되는 특별 규정

영·유아 동반 가족은 탑승 수속을 먼저 할 수 있다

노약자와 몸이 불편한 사람에게 탑승 수속 우선권을 주는 항공 여행의 특성상 영·유아 동반 가족도 탑승 우선 대상이 된다. 공항에 따라 신속한 탑승 수속을 위해 보안 검색과 출입국 수속을 먼저 해주기도 한다. 인천국제공항에는 2015년부터 7세 미만 유아와 임산부 등 교통약자를 위한 패스트트랙이 신설되어 동반 2인까지 함께 이용할 수 있다.

아기 음식은 기내 반입이 가능하다

음료수뿐 아니라 화장품, 치약 등 100㎖를 넘는 액체와 젤류는 면세 구역 반입이 안 되므로 짐으로 부치거나 보안 검색 전에 버려야 한다. 하지만 24개월 미만 아기가 비행기에서 먹을 물과 분유, 주스, 이유식 등은 따로 포장하지 않아도 면세 구역뿐 아니라 기내까지 들고 갈 수 있다. 다만 밀봉되지 않은 액체류는 보안 검사 시 열어서 냄새를 맡아볼 수 있다. 탄산음료는 아기 음식으로 인정되지 않는다.

유모차와 카시트, 어디까지 가지고 갈 수 있을까?

휴대용 접는 유모차, 아기 운반용 요람, 카시트 중 하나는 공항 탑승구까지 가지고 갈 수 있다. 따라서 면세 구역에서도 아기를 유모차에 태우고 자유롭게 다닐 수 있다. 유모차는 탑승 수속 시 위탁수하물로 보내면 대부분 도착지 탑승구 앞에서 다시 받을 수 있다. 24개월 미만 유아가 소아 요금을 내고 별도의 좌석을 샀다면 '기내 사용 가능' 확인 필증이 있는 카시트를 가지고 탈 수 있다.

공항 도착지 탑승구의 유모차 찾는 곳. 표시가 없는 곳도 많다.

유모차에 태그를 달아 도착지 탑승구에서 찾을 수 있게 해준다.

항공사가 제공하는 특별 서비스

아이를 위한 특별 서비스를 제공하는 항공사도 있다. 아시아나항공의 '해피맘'과 대한항공의 '플라잉맘' 서비스가 대표적이다. 아시아나항공에서는 만 3세 미만 유아 동반 여성을 위해 전용 탑승 수속 카운터를 운영하고 아기띠, 유아용 안전의자를 대여해준다. 대한항공은 보호자 없이 홀로 여행하는 만 5~12세 어린이 승객을 위해 담당 승무원이 도착지까지 일일 엄마가 되어 보살피는 서비스를 제공한다.

비행기만 잘 타도 반은 성공! 아이와 항공 여행 잘하는 10가지 팁

아이와 해외여행을 계획해봤지만 이제껏 실천에 옮기지 못했다면 아마 아이와 함께 비행기를 타는 것에 대한 두려움 때문일지도 모른다. 어떻게 하면 아이와 항공 여행을 잘할 수 있을까? 아이가 기내에서 힘들어하지는 않을지, 울어서 다른 승객에게 폐가 되지는 않을지 걱정스럽다면 다음 팁을 참고하자.

1 서둘러 나서자
출발 당일은 집에서 서둘러 나서자. 유모차와 엘리베이터를 이용해야 하는 아이와의 나들이는 언제나 변수가 많다. 좌석을 미리 배정받지 않은 경우, 공항에 일찍 도착해 탑승 수속을 하고 이왕이면 창가 쪽 좌석을 요청하자. 비행기에서 내려다보는 세상은 아이들에게 큰 즐거움을 줄 것이다.

2 비수기에 떠나자
비수기에는 공항이 덜 붐벼 출입국 수속 시간을 절약할 수 있다. 또, 기내에 여유 좌석이 있을 때는 아이를 편하게 앉히거나 눕힐 수 있다.

3 직항을 이용하자
경유편은 공항에서 대기하는 시간을 포함한 이동 시간이 길어 여행을 시작하기도 전에 아이가 지칠 수 있다. 되도록 직항을, 운항 시간 4시간 정도의 단거리 여행지를 선택해 비행기 타는 시간을 최소화하자.

4 내 아이에게 맞는 비행시간대가 있다
밤에 비행기를 타면 잘 자는 아이가 있는가 하면 잠자리에 예민한 아이도 있다. 대부분의 아이들은 낮잠 시간이나 밤잠 시간을 이용하면 지루하지 않게 항공 여행을 할 수 있다. 아이가 기내에서 잠을 잘 잘 수 있게 탑승 전까지 열심히 놀아주는 것도 방법이다.

5 막대 사탕을 준비하자
항공 여행 중 아이가 가장 힘들어할 때는 비행기가 이착륙할 때다. 기압이 갑자기 높아지면 귀가 먹먹하고 아플 수 있다. 이때는 이륙 방송이 나올 때쯤 아이에게 막대 사탕이나 우유병을 물려 침을 삼키게 하면 도움이 된다. 솜을 준비했다가 귀를 막아주는 것도 좋다. 아이가 아파할 경우에는 승무원에게 따뜻한 물수건을 요청해 귀에 증기를 쏘이면 편안해진다.

6 상비약을 준비하자
비행기를 타면 갑작스러운 변화에 신체 및 생활 리듬이 적응하지 못해 아이가 아플 수 있다. 평소 다니는 소아과에서 비상약을 처방받아 기내에 가지고 타자. 특히 해열제는 필수!

7 새로운 장난감을 준비하자

공간이 좁고 활동에 제약이 심한 기내에서 아이가 즐겁게 지내기를 바라는 것은 어쩌면 무리한 기대일 수 있다. 하지만 장난감 몇 가지를 준비하면 잠시 불편함을 잊을 수 있다. 스티커 북, 색종이, 색칠공부, 작은 블록 등이 유용하며 새로운 것일수록 아이가 흥미로워한다. 스마트폰에 아이가 좋아하는 동영상이나 동요를 담아 잠깐씩 보여줘도 좋다. 이때 아이의 작은 머리 크기에 맞춰 길이 조절이 가능한 헤드폰은 필수! 내 아이가 무엇을 좋아하는지는 부모가 가장 잘 안다.

스티커 북은 아이들이 가장 좋아하는 놀잇감이다.

8 탈수에 대비하자

기내는 매우 건조해 자칫 탈수가 될 수 있다. 물을 자주 먹이고, 피부가 민감한 아이라면 보습제도 수시로 발라주자.

9 기저귀는 화장실에서 갈아주자

아이를 조용히 시키는 등의 기본적인 에티켓을 지키자. 기저귀를 갈 때는 반드시 화장실에 있는 기저귀 교환대를 이용하자. 따로 기저귀 봉투를 제공하는 항공사도 있다.

10 센스 있는 대처가 필요하다

외국에서 14주 된 쌍둥이를 데리고 비행기를 탄 부모가 다른 승객에게 작은 사탕 꾸러미를 선물한 사연이 화제가 된 적이 있다. 비행기를 처음 타는 아기들이 소란을 피울 것을 대비해 미리 양해를 구하는 선물과 쪽지를 준비한 것이다. 두 아이가 울어대는 기내 풍경은 상상만으로도 괴롭다. 하지만 이런 성의를 보인다면 아이가 울어도 다른 승객들이 조금은 기분 좋게 양해해 줄 수 있지 않을까?

비행기에서 읽어주면 좋을 책

공항에 가요
글 제시카 그린텔, 그림 댄 크리스프 | 생각과 상상

스티커 놀이로 배우는 흥미로운 공항 풍경을 담은 책. 공항에서부터 출국장, 조종실 입국장까지 다양한 배경에 100개의 스티커를 붙이며 상상의 나래를 펼칠 수 있다.

궁금해요 비행기 여행
글&그림 감 | 시공주니어

할아버지와 함께 처음으로 비행기에 타보는 동윤이를 따라 뉴질랜드로 여행하는 책. 비행기는 어떻게 공중에 뜰까, 조종사는 어떻게 밥을 먹을까 등 항공 여행 상식부터 숨은 이야기까지 깊이 있게 알려준다. 내용이 좀 어렵지만 비행기에 대한 모든 것을 담고 있어 한 권쯤 있으면 든든하다.

24개월 미만 영·유아 보호자가 받는 별도 기내 안전 교육

24개월 미만의 영·유아가 비행기에 탑승하는 경우, 승무원은 보호자에게 일대일로 안전 교육을 실시한다. 주로 비행기 이착륙 시 아기를 어떻게 안아야 하는지, 비상 시 산소마스크와 구명조끼는 어떻게 사용하는지 등에 대한 간단한 내용이지만 반드시 알아두어야 할 것들이다.

영·유아는 반드시 어른의 무릎에 착석

비행기 이착륙 시 또는 운항 중 좌석 벨트 사인이 들어오면 보호자는 아기를 무릎에 앉히고 양팔로 끌어안아야 한다. 이때 아기는 함께 앞을 보고 앉아야 하며, 좌석 벨트는 어른만 착용한다(아기용 벨트를 별도로 제공하는 항공사도 있다).

비행기 이착륙 시 아기띠는 절대 금지

비행기 이착륙 시 또는 운항 중 좌석 벨트 사인이 들어오면 유아용 요람이나 아기띠는 사용할 수 없다. 아이가 울거나 보채도 좌석 벨트 사인이 꺼질 때까지 양팔로 아이를 끌어안고 앉아 있어야 한다. 좁은 좌석에서 꼼짝없이 함께 앉아 있어야 하는 이 시간이 항공 여행 중 가장 괴로운 때다.

비상 시에는 아이보다 어른 먼저?!

비상 상황이 발생하면 일단 아이부터 챙기려는 마음은 어느 부모든 같을 것이다. 하지만 비상 시 산소마스크와 구명조끼는 어른이 먼저 착용한 후에 아이에게 씌우고 입히는 것이 원칙이다. 일단 어른이 먼저 조치를 취해야 아이도 책임질 수 있기 때문이다.

구름 공항
글&그림 데이비드 위스너 | 베틀북

엠파이어 스테이트 빌딩에 소풍을 간 꼬마가 장난꾸러기 구름을 타고 구름 공항에 가는 이야기. 글씨가 전혀 없는 그림책이라 아이와 함께 상상력을 마음껏 발휘할 수 있다.

신나는 종이비행기 접기 100
앤디 튜더 지음 | 진선아이

종이비행기를 접는 다양한 방법과 100대의 비행기를 만들 수 있는 종이가 수록된 접기 놀이 책. 종이비행기를 잘 날리는 방법도 담겨 있다.

이야기하며 첫 종이접기
글 올챙이, 그림 임지윤 | 아이즐북스

동화 속에 등장하는 사물을 종이로 접어보며 놀 수 있는 접기 놀이 책. 책에 붙어 있는 종이를 잘라서 과일, 동물, 주방 기구, 피아노 등 다양한 사물을 접을 수 있다.

여행 중 아이의 먹거리 해결 비법

'아이와 해외여행'이라고 포털사이트에 검색을 해보면 엄마들의 걱정이 쏟아진다. "100cc 이상의 분유용 물을 기내로 가져갈 수 있을까요?", "집에서 만든 이유식을 얼려서 수하물로 부쳐도 상하지 않을까요?", "즉석 밥과 김을 가져가야 할까요?"

먹거리는 아이와 해외여행을 가고자 하는 엄마들이 가장 많이 신경 쓰는 부분이다. 나 역시 둘째가 생후 9개월 때, 이유식 고민으로 여행을 포기할 뻔했다.

12개월까지, 이유식 해결법

아기가 태어나 분유만 먹는 시기는 대략 4~6개월까지이다. 6개월 이후 아이들은 분유와 함께 철분을 비롯한 각종 영양소를 이유식을 통해 섭취하는 것이 중요하다. 요즘에는 세계 어디에서나 다양한 종류의 이유식을 구할 수 있고 국내에서는 한국 아기의 입맛에 맞는 레토르트 식품이 나와 편리하다. 단, 모든 아이들이 주는 대로 잘 먹는 것은 아니다.

시판 이유식을 먹는다면

일반 마트에서 파는 시판 이유식을 잘 먹는 아기라면 일단 걱정을 좀 덜어도 좋다. 여행 중 현지에서 병 이유식을 사거나 한국에서 상온 보관이 가능한 반조리 이유식을 가져갈 수 있기 때문이다. 여행 떠나기 한 달 전부터 이유식 단계에 맞는 다양한 시판 이유식을 먹인 후 반응을 살피자.

- 외국에서 구할 수 있는 시판 이유식 중 우리 입맛에 가장 잘 맞는 제품은 라이스 시리얼(Rice Cereal)이다. 라이스 시리얼은 따뜻한 물을 부으면 3분 만에 쌀죽이 되는 쌀가루로 발달 단계에 따라 고운 가루부터 덩어리가 있는 형태까지 다양하다. 채소, 과일, 고기 퓌레와 함께 섞어주면 영양만점 한 끼 식사가 된다.
- 외국의 병 이유식 중에는 셀러리가 들어 있는 것이 있다. 이유식에 한번도 먹여보지 않은 재료가 포함되어 있거나 독특한 향이 나면 아이가 잘 먹지 않고, 탈이 날 위험도 있으니 선택 시 성분을 잘 따져보자.

여행 기간 3~4일, 엄마표 이유식만 고집한다면

아기가 엄마표 이유식만 고집한다면 시판 이유식은 그림의 떡이다. 추천하고 싶은 방법은 아니지만 여행 기간이 3~4일로 비교적 짧다면 출발 전 이유식을 만들어 하루 이상 꽁꽁 얼려서 들고 가자. 엄마표 이유식과 비슷한 '배달 이유식'을 주문하는 것도 좋다. 살균 밀봉해 한 끼 분량으로 포장한 배달 이유식은 저온 살균되어 유통기한이 최고 30일까지 긴 것도 있다. 냉장 보관을 해야 하기에 이동 시에는 이것 역시 얼려야 한다.

얼린 이유식은 아이스 팩과 함께 아이스박스나 보냉 가방에 넣어 기내 수하물로 부치면 숙소에 도착할 때까지 대부분 녹지 않고 유지된다. 온도 유지가 걱정된다면 추가 비용을 내고 냉동 수하물로 짐을 부치는 것도 고려해보자. 현지에서는 숙소 냉장고에 넣어두고 하나씩 데워 먹이면 된다.

준비물 한 끼 분량씩 얼린 이유식, 아이스 팩, 아이스박스, 전자레인지 용기, 보온 죽통

- 비행기가 일정 고도를 날고 있을 때 외부 기온은 영하 수십 도로 떨어진다. 일반 화물칸의 내부 온도도 영하의 냉동고 수준으로 유지된다. 하지만 기종에 따라 환경과 정책이 다를 수 있으니 아이스 팩은 필수!
- 호텔 조식 뷔페를 이용한다면 바나나, 사과, 삶은 달걀, 식빵, 흰죽 등 따로 조리하지 않고 먹일 수 있는 음식이 있나 살펴보자.

장기 여행이면 현지에서 조리해 먹이는 것이 좋다

여행의 가장 큰 즐거움 중 하나는 바로 '식도락'이 아닐까? 현지의 재료들로 만든 맛있는 음식은 '우리가 낯선 곳에 와 있다'는 느낌을 증폭시키며 여행을 더욱 풍요롭게 한다. 꼭 비싸고 귀한 재료와 훌륭한 요리사가 있어야만 식도락 여행의 즐거움을 느낄 수 있는 것은 아니다. 시장이나 마트에 나가 발품만 조금 팔면 제철 먹거리를 구할 수 있고, 레시피는 요리책뿐 아니라 인터넷에도 널려 있다. 서툴게 장을 보고 서툴게 요리해서 함께 나눠 먹는 즐거움, 그것은 고급 레스토랑에서 먹는 음식보다 훨씬 더 싱싱한 즐거움을 준다.

아기도 갓 조리한 신선한 음식을 먹을 권리가 있다. 3~4일 이상의 장기 여행이라면 이유식을 직접 만들어 먹이는 방법을 생각해보자. 주방 시설과 식탁이 있는 숙소라면 가능하다. 여행을 떠나서까지 음식을 해야 하나 생각이 들기도 하지만 긍정적으로 보면 아이 덕에 마치 현지인처럼 직접 장을 봐서 요리를 해보는 색다른 경험을 할 수 있다.

 주방 시설이 있는 숙소 예약 시 주의 사항
주방 시설이 있는 콘도형 숙소를 예약할 경우, 반드시 모든 조리 시설이 갖춰진 'Full Kitchen'인지 확인하자. 'Kitchenette'라고 표기되어 있는 경우, 조리용 쿡탑 없이 커피 메이커와 전자레인지 정도만 제공되는 간이 주방을 의미한다.

이유식 조리를 위한 여행 중 장보기

해외여행 중 이유식을 만들기 위해서는 어떻게 장을 봐야 할까? 한국처럼 숙소 주변에 대형마트가 있으면 좋겠지만 동네 시장이나 슈퍼에서도 충분히 아기 이유식에 필요한 감자나 당근, 쌀 같은 기본적인 이유식 재료를 구할 수 있다. 제철 채소와 과일, 이왕이면 한국에서 비싼 식재료나 현지 특산품으로 준비하면 더 좋다.

이유식 재료를 구입할 때는 어른의 식단을 함께 고려하는 것이 좋다. 여행 중에는 많은 재료를 한꺼번에 살 수 없기 때문이다. 예를 들면 부모가 스테이크와 더운 채소, 밥을 먹을 예정이라면 아기의 이유식은 소고기를 삶아 육수를 내고, 삶은 고기와 채소를 다져 넣은 '소고기 채소 무른 밥'을 만드는 식이다. 여행 중 요리를 할 예정이라면 미리 한국에서 작은 플라스틱 약통을 여러 개 준비해 소금, 후춧가루, 설탕, 간장 등의 양념을 담아 가면 좋다.

3세까지, 유아식 해결법

돌이 지나면 이유식 완료기를 거쳐 서서히 밥과 반찬을 먹을 수 있게 된다. 분유와 젖병, 젖병 세척과 소독에 관련된 용품들을 준비하지 않아도 되고, 현지에서도 음식 선택의 폭이 넓어지니 돌 전 아기에 비하면 준비하기가 훨씬 수월하다. 생우유나 딸기, 망고 등 향이 강하거나 알레르기 유발 위험 식품도 먹일 수 있지만 아이가 탈이 날 가능성도 있으니 한국에서 시도해보지 않았다면 여행 후로 미루는 것이 안전하다.

4~7세, 어린이식 해결법

어른과 비슷한 식사를 하지만 자극적인 어른의 음식을 함께 먹을 수는 없는 시기다. 성장기 어린이에게는 균형 잡힌 식단이 중요하다. 상대적으로 밀가루 음식을 많이 먹고, 채소를 먹기 어려운 여행지 음식의 특성상 영양 불균형이 오지 않도록 신경 써야 한다. 혹시 아이가 물갈이를 하거나 현지 음식을 입맛에 맞지 않아 할 수 있으니 즉석 밥, 즉석 국, 잘 먹는 밑반찬 몇 가지를 준비하자. 밥을 고집하는 아이라면 야외 일정이 많은 날, 점심으로 주먹밥 도시락을 준비하는 것도 좋다.

10 온 가족이 더 즐겁게, 더 행복하게 여행하는 법

1. 미리 가보는 여행, 호기심을 자극하자

여행 일정을 대략 정했다면 아이가 흥미를 느낄 만한 여행 자료들을 찾아보자. TV 속 여행 프로그램을 보며 여행의 즐거움을 미리 짐작하게 해보는 것도 좋고, 여행지나 이동 수단에 관련된 만화영화나 책을 함께 봐도 좋다. 여행지에 얽힌 재미난 이야기를 들려주면 여행지에 대한 관심과 기대가 더 커지게 될 것이다. 이때 중요한 것은 '함께' 해야 한다는 것이다. 엄마 아빠와 함께 보고 함께 경험하는 가운데 아이는 행복과 즐거움을 느낀다.

2. 여행 일정은 아이의 눈높이에 맞추자

모든 여행 일정을 아이에게 맞출 수는 없지만 동물원이나 수족관, 어린이 공연, 놀이터 등 중간중간 아이가 좋아할 만한 체험거리를 찾아 즐겨보자. 특별한 장소에 가기 어렵다면, 수영장이 있는 호텔이라도 예약하자. 방문하는 국가에 따라서 스탬프 찍기 놀이를 해도 좋다. 일본의 지하철역, 대만의 주요 명소에서는 쉽게 기념 스탬프를 발견할 수 있다. 방콕의 사파리 월드 등 세계 곳곳의 어린이 동물원에는 제대로 된 스탬프 북을 제공하는 곳도 있다. 아이의 입장에서 보면, 여권에 출입국 도장을 찍는 것부터 놀이의 시작이다.

3 걷는 연습을 하자

어떤 여행이든 일단 떠나면 평소보다 많이 걷고, 많이 움직이기에 체력 소모가 많다. 특히 아이와 떠나는 여행은 짐도 많고, 아이도 챙겨야 해서 더 많은 에너지를 필요로 한다. 따라서 떠나기 전 체력 관리는 필수다. 조금만 걸어도 안아달라는 아이, 걷기보다 유모차 타기를 더 좋아하는 아이와 함께라면 여행을 떠나기 전부터 함께 산책을 나가 꾸준히 걷는 연습을 하고 체력을 기르는 것이 좋다. 함께 걷다 보면 부모가 아이의 체력 수준을 파악할 수 있어 여행 계획을 세우는 데도 도움이 된다.

4 짐은 스스로 싸게 하자

아이의 짐은 아이가 직접 꾸리게 해보자. 처음엔 매일 안고 자는 인형에서 색종이까지 가져가고 싶은 것을 몽땅 가져오지만 차차 가지고 갈 수 있는 짐에 한계가 있다는 것을 깨닫는다. 아이가 꾸린 짐은 보통 어른이 생각하기에 그다지 중요한 물건은 아니다. 어떨 땐 이런 쓰레기를 왜 가져가려고 하는 걸까 이해할 수 없을 때도 있다. 그러나 다 제 나름의 이유가 있다. 함께 가방을 열어 잘 챙긴 물건은 칭찬해주고, 필요 없는 물건은 왜 안 되는지 설명해주며 가방을 다시 정리해보자고 하자. 사실 필요한 물건을 부모가 직접 챙겨주면 훨씬 빠르고 편하다. 그러나 의견을 나누며 함께 짐을 싸는 것부터가 여행의 시작이다.

5 선택권을 주자

우리가 쉽게 간과하는 것이 있다. 내가 보기에 좋은 것을 아이에게 묻지도 않고 결정해버리는 것이다. 물론, 다 아이를 위한 마음이다. 하지만 아이도 당당한 가족의 구성원으로 인정하고, 선택권과 즐길 권리를 주자. 자신이 결정할 수 있는 것이 생기면 따라가는 여행이 아닌 스스로 참여하는 여행이 된다. 시간이 오래 걸리고 몇 번 실수를 하더라도 기다려주면 결국 제대로 하는 법을 배운다.

6 카메라를 들려주자

사용하지 않는 구형 디지털 카메라가 있다면 아이의 몫으로 챙겨보자. 아이에게는 사진 찍기도 일종의 재미있는 놀이다. 역할을 부여받은 아이는 더 즐겁게 여행할 수 있다. 사진을 찍다 보면 관찰력도 생긴다. 아이의 시선으로 담은 사진은 가족에게도 신선한 볼거리다. 가방에 여유가 있다면 즉석카메라나 미니 사이즈 포토 프린터를 챙겨보자. 여행지에서 찍은 사진을 즉석에서 인화해 숙소에 전시하는 것도 즐거운 추억이 될 것이다. 디지털 시대에 아날로그적인 재미를 주는 로모 카메라나 물속에서도 사진을 찍을 수 있는 방수 카메라 등 다양한 카메라를 준비해봐도 좋다.

7 포토 북으로 꾸며보자

여행을 다녀와서는 여행지별로 사진을 정리해서 1권의 앨범으로 만들어보자. 요즘은 클릭 몇 번이면 손쉽게 포토 앨범을 만들 수 있는 사이트가 많다. 이국의 풍경을 배경으로 한 가족의 모습은 굳이 기교를 부리지 않아도 그 자체로 화보다. 재미있었던 에피소드나 기억에 남는 글을 써 넣어 나만의 포토 에세이를 만들어봐도 좋다. 조금 번거로워도 한번 제대로 만들어놓으면 두고두고 펼쳐보며 즐거운 추억이 될 것이다.

8 어차피 기억하지 못한다는 것을 받아들이자

아무리 똑똑한 아이라도 대여섯 살 이전의 기억은 대부분 잊는다고 한다. 하지만 아이가 기억하지 못해도 유아기의 여행은 분명 의미 있다. 숲에서 불어오는 바람의 시원함, 모래의 까슬한 촉감, 아름다운 석양, 맛있는 음식을 먹으며 즐거웠던 순간 등 다양한 경험이 소시지처럼 줄줄이 엮여 잊지 못할 행복을 선사한다. 그 행복은 아이의 가슴 어딘가에 남아 밝은 표정으로, 자신감으로, 긍정적인 사고로 이어져 아이가 자라는 동안 두고두고 큰 힘을 발휘할 것이다.

TRAVEL
STORY
01

생각만 해도 웃음이 나는
여행의 추억

어느 날, 저녁을 먹은 후 온 가족이 둘러앉아 애청 프로그램인 '세계 테마 기행'을 보고 있었다. 마침 TV에는 우리가 다녀온 캐나다 로키 산맥과 전망이 아름답기로 유명한 페어몬트 샤토 레이크 루이스(The Fairmont Chateau Lake Louise) 호텔의 레이크 뷰 라운지가 나오고 있었다. 흥분한 남편이 소리쳤다.
"진아야! 기억나? 우리 저기에서 예쁜 호수 보면서 케이크 먹었잖아."
남편은 어디에선가 사진을 찾아와 부연 설명을 더했다.
"창문으로 커다란 호수가 보이던데~. 알지?"
아이는 사진 속 자신의 모습을 보고, 그제야 알겠다는 듯 고개를 끄덕이며 말했다.
"내가 포도주스 먹고 싶다고 했는데 엄마가 자몽주스 시켜줬는데?"
그랬다. 그레이프주스(Grape Juice)를 주문했지만 그레이프프루트주스(Grape Fruit Juice)를 가져다준 곳. 내 영어 발음의 한계를 느꼈지만 창피해서 차마 바꿔달라고 하지 못하고 아이와 함께 씁쓸한 자몽주스를 마셔야만 했던 그곳. 진아에게 레이크 루이스는 에메랄드 빛 아름다운 호수이기보다는 생각만 해도 우스운 엄마와의 에피소드가 있는 곳이다.
레이크 루이스를 기억하지 못하는 건 안타깝다. 그러나 캐나다 어딘가에 있는 아름다운 호수에 우리만의 추억이 있다는 건 정말 멋진 일이다. 함께 여행했어도 모두 같은 인상과 추억을 가지란 법은 없다. 비단 아이의 기억만 그런 것은 아닐 테다.

PART 2

24개월까지, 아장아장 휴양 여행

휴양과 유아용품 쇼핑을 동시에,
괌(Guam)

★

이토록 달콤한 휴식,
세부(Cebu)

휴양과 유아용품 쇼핑을 동시에
괌(Guam)

한국에서 4시간이면 닿을 수 있는 괌(공식 명칭은 미국령 괌 준주, United States Island Territory of Guam)은 수십 가지 푸른빛을 품은 아름다운 바다와 낭만적인 해안 드라이브 코스, 명품부터 유아용품까지 다양한 쇼핑 등을 즐길 수 있는 휴양지로 태교 여행, 영·유아 동반 가족 여행지로 인기 있다. 섬 크기는 제주도 4분의 1 정도이며 모양은 남북으로 길어서 차로 4~5시간이면 섬 전체를 돌 수 있는 서태평양의 작은 섬이다. 그러나 마이크로네시안들의 차모로 문화뿐만 아니라 전쟁의 역사 속에 스페인, 미국, 일본 등 다양한 이야기가 공존하고 있어 볼거리, 즐길 거리, 먹거리가 풍부하다. 주요 호텔과 관광지는 중심부인 투몬 만(Tumon Bay)과 주도인 아가냐(Agana, 현지인들은 하갓냐 Hagatna라고도 한다) 지역에 몰려 있다. 가족여행객은 보통 투몬 만의 리조트에 묵으며 해변과 쇼핑을 즐기고, 하루 정도 차를 빌려 남부 지역을 관광한다.
해변을 낀 리조트, 쇼핑의 천국, 미국의 해외 영토, 원주민, 일본인 관광객이 많은 섬… 얼핏 보면 괌은 하와이와 비슷한 점이 많다. 하지만 얕고 깨끗한 해변과 아이를 위한 각종 편의 시설, 무엇보다 한국에서 가까운 거리와 안전한 치안은 가족 여행을 계획하는 이들에게 하와이와 비교할 수 없는 장점이다. 짧은 휴가에도 이국적인 분위기를 만끽하며 가족 여행을 즐길 수 있는 매력적인 곳, 괌으로 떠나보자.

한눈에 보는 괌

비행시간: 인천↔괌 4시간 15분

시차: +1시간(한국이 오전 8시일 때 괌은 오전 9시)

날씨: 평균 26~30℃의 열대 기후. 6~11월은 우기, 12~5월은 건기이며 습도가 낮은 12~3월이 여행하기에 가장 좋다.

언어: 영어, 차모로어

비자: 여권 유효 기간이 6개월 이상 남은 대한민국 여권 소지자라면 45일까지 비자 없이 여행할 수 있다.

통화: 달러(USD) / $1 = 약 1,100원(2015년 4월 매매기준율)

전압: 110V. 한국에서 쓰는 220V 제품을 사용하려면 돼지코 어댑터나 멀티어댑터가 필요하다.

꼭 해봐야 할 것: 돌핀 워칭 투어, 쇼핑, 해변과 바다 즐기기

쇼핑 리스트: 폴로, 갭 등 의류와 유아용품, 샘소나이트 캐리어, 나인 웨스트 신발, 바나나보트 선크림

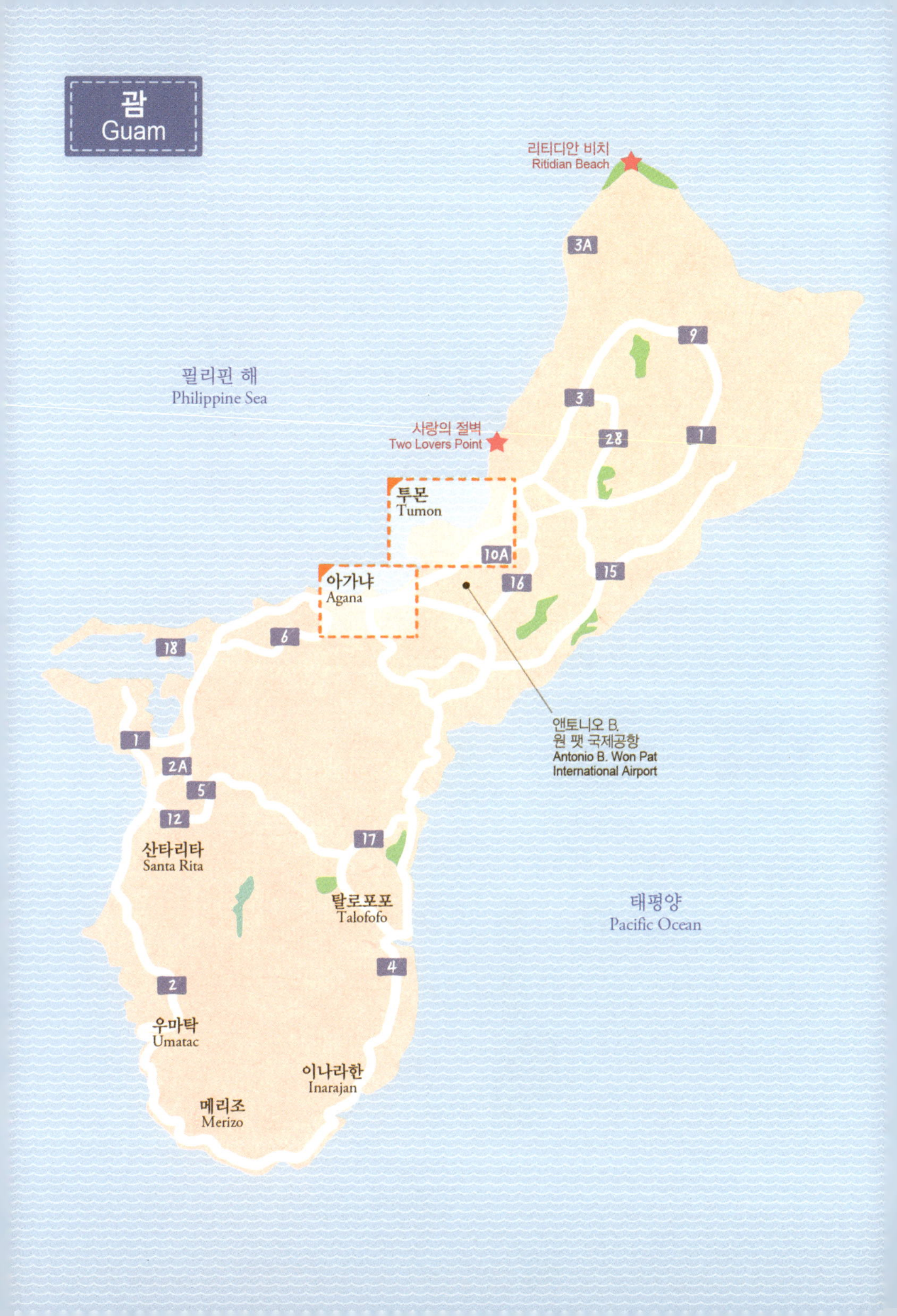

괌
Guam
리티디안 비치
Ritidian Beach
3A
9
필리핀 해
Philippine Sea
3
28
1
사랑의 절벽
Two Lovers Point
투몬
Tumon
10A
아가냐
Agana
16
15
6
18
앤토니오 B.
원 팻 국제공항
Antonio B. Won Pat
International Airport
1
2A
5
12
17
산타리타
Santa Rita
탈로포포
Talofofo
태평양
Pacific Ocean
4
2
우마탁
Umatac
이나라한
Inarajan
메리조
Merizo

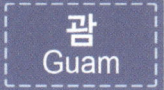

아이와 함께
괌 여행,
이것도 놓치지 말자

비자 면제, 그러나 ESTA가 있으면 특별 대우

괌은 2009년 11월부터 비자 면제 프로그램이 체결되어 최대 45일까지 비자 없이 여행할 수 있다. 미국령이지만 미국 무비자 여행 시 꼭 필요한 전자여행허가제(ESTA)가 없어도 체류가 가능하다. 단, 입·출국 신고서, 비자면제신청서, 세관신고서, 총 세 가지 서류 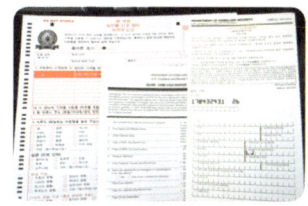 를 작성해야 입국 심사를 받을 수 있다. 간혹 왕복 항공권을 요구하는 경우가 있으니 항공권 사본도 준비하자. 심사 창구에는 늘 사람이 많아 30분에서 1시간 이상 대기해야 한다. ESTA가 있으면 입국 시 전용 창구를 통해 빠른 심사를 받을 수 있다. 서류도 세관신고서만 작성하면 된다.

쇼핑족이라면 저가항공으로

괌에서 유아용품 쇼핑을 할 계획이라면 대형 항공사보다 저가항공사를 이용하는 편이 좋다. 대한항공이 1인당 23kg까지 짐 1개를 무료 수하물로 부칠 수 있는 반면, 진에어와 제주항공은 1인당 23kg까지 짐 2개를 무료로 부칠 수 있기 때문이다. 또 대형 항공사  는 밤에 출발해 새벽에 도착하지만 저가항공사는 낮에 출발하는 항공편을 선택할 수 있다. 제주항공은 공항-호텔 유료 픽업 서비스, 렌터카 할인 서비스도 제공한다. 단, 저가항공사는 가격을 낮추고 서비스를 최소화한 특성상 유아용 요람을 설치하기 어렵고, 식사가 부실하거나 제공되지 않으며, 좌석 간격이 좁아 불편할 수 있다.

 괌 항공편은 유아를 동반한 탑승객이 많다. 아기들은 보통 앞좌석에 많으니 조용한 좌석을 원한다면 탑승권 발권 시 뒷자리를 요청하자.

괌 여행 필수 준비물

아이들이 놀기 좋은 얕은 바다와 잘 꾸며진 리조트 수영장이 있는 괌에서는 물놀이 도구가 필수다. 튜브와 챙 있는 모자, 선크림을 챙기자. 리조트 앞의 투몬 비치는 모래가 희고 예쁘지만 산호 조각이 많으니 아쿠아 슈즈도 준비하면 좋다. 구명조끼와 스노클링 장비, 유모차, 모래놀이 도구는 대부분 리조트에서 빌려주고, 가까운 K마트에서 저렴하게 살 수도 있다. 장비는 유료로 빌려야 하는 것도 있으니 필요하다면 미리 확인해보자.

횡단보도를 건널 때는 버튼을 누를 것

북미권에서 차량 통행이 많지 않은 도로의 횡단보도를 건널 때는 반드시 신호등 옆 버튼을 눌러야 한다. 괌도 예외가 아니다. 그냥 기다렸다가는 신호등이 초록색으로 바뀌지 않아 하염없이 서 있어야 할 수도 있다.

괌의 팁 문화

식당이나 카페, 택시를 이용했을 때 보통 총 금액의 15% 정도를 팁으로 준다. 짐을 들어줬을 때 1개당 $1, 객실 정리에 $1, 발레파킹에 $2~3 정도 주는 것이 상식이다. 괌은 미국령이지만 팁 문화에 익숙하지 않은 동양 관광객이 많아 민감하지는 않은 편이다.

괌의 주요 병원

FHP 메디컬 센터 FHP Medical Center

주소 548 South Marine Corps Dr, Tamuning | **전화** 671-646-5825

괌 메모리얼 병원 Guam Memorial Hospital

주소 850 Gov Carlos G Camacho Rd, Tamuning | **전화** 671-647-2555

최신 정보 가득한 인터넷 커뮤니티

▼ 마일라 괌
cafe.naver.com/mailaguam

▼ 괌 자유여행 길잡이
cafe.naver.com/guamfree

현지 한인 여행사

▼ 블루 렌트카
www.guambluecar.com

▼ 괌 니산렌트카
www.guam.co.kr

▼ 괌 스케치
cafe.daum.net/sisirena

▼ 밀리언 크루즈
www.millioncruise.com

괌 여행
3박 4일
추천 일정

DAY 1

14:15 괌 공항 도착
비행 소요 시간
4시간 15분

15:30 호텔로 이동, 짐 풀기

DAY 2

09:00 돌핀 워칭 투어 P.74
돌고래를 볼 확률 80% 이상!
여행사 일일 투어로 다녀오자.

14:00 호텔에서 휴식, 물놀이

DAY 3

09:00 렌터카 수령,
남부 마린
드라이브 P.78
해안도로를 달리며 자연과
유적지를 만날 수 있다.

13:00 점심식사
제프스 파이러츠 코브 P.82
해적 테마 레스토랑!
수제 치즈버거가 대표 메뉴

15:00 사랑의 절벽 P.77
절벽과 어울려진
바다풍경이 일품

DAY 4

09:00 호텔에서 휴식, 물놀이

괌은 휴양과 관광, 쇼핑, 그 어느 것을 택해도 즐길 거리가 많다. 아이를 동반한 여행이라면 보통 휴양과 관광에 중심을 두게 되지만 모처럼 찾은 쇼핑 천국을 그냥 지나칠 수는 없는 일! 오전에는 아이와 함께 물놀이를, 해 진 후에는 가볍게 쇼핑을 하고, 하루쯤 시간을 내 남부 해안도로를 드라이브하며 주요 명소를 둘러보는 코스로 3박 4일을 알차게 보내보자.

16:20
투몬 상점가 산책
T 갤러리아 괌 쇼핑 P.86

18:00
저녁식사
브리지스 선셋 바비큐 P.84
원주민의 전통 공연을
보며 즐기는 바비큐 뷔페

18:00
마이크로네시아 몰
쇼핑 P.87

19:00
저녁식사
푸드코트

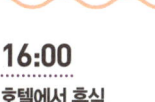

16:00
호텔에서 휴식,
물놀이

18:00
저녁식사
프로아 P.83

19:00
괌 프리미어 아웃렛
쇼핑 P.88
괌 프리미어 아웃렛에서
세일 상품을 공략하자!

11:30
호텔 체크아웃 후
점심식사
조이너스 케야키 P.85

13:00
공항으로 출발

15:40
집으로

어디서 머물까?

특급 리조트와 호텔은 투몬 만(Tumon Bay)을 중심으로 모여 있다. 해변의 호텔은 룸 컨디션이 크게 다르지 않으니 수영장 등 부대시설, 해변 접근성, 맛집과 쇼핑센터의 거리 등을 고려해 정하는 것이 좋다. 호텔 뒤편으로는 상점가가 있어 간단한 쇼핑이 가능하고, 대형 쇼핑몰은 대중교통 수단인 트롤리와 시레나 버스로 다닐 수 있다. 인기 리조트는 한 달 전에도 예약하기 어려우니 여행 일정이 잡히면 바로 숙소부터 알아보자.

추천 호텔
호텔 니코 괌, 웨스틴 리조트 괌, 아웃리거 괌 리조트, 하얏트 리젠시 괌, 피에스타 리조트 괌, 힐튼 리조트 괌, 퍼시픽 아일랜드 클럽(PIC), 쉐라톤 라구나 괌 리조트

공항에서 숙소까지

괌의 유일한 공항인 앤토니오 B. 원 팻 국제공항(Antonio B. Won Pat International Airport)은 섬의 중심부인 타무닝(Tamuning) 지역에 있다. 공항에서 주요 호텔과 상점가가 있는 시내까지는 차로 10~20분 정도면 갈 수 있을 정도로 가깝다. 하지만 공항을 드나드는 대중교통 수단이 없어 택시나 리조트·호텔·여행사 픽업 서비스, 렌터카를 이용해야 한다.

택시

공항에서 시내에 있는 호텔까지는 대부분 미터기를 이용하지 않고 목적지별로 정해진 요금을 받는다. 여기에 유모차를 포함한 큰 짐의 개수($1씩)를 더해 택시비를 산정한다. 간혹 가격을 부풀리기도 하니 탑승 전 얼마인지 확인하자. 보통 $20~30 정도.

픽업 서비스

리조트나 호텔, 여행사에서 제공하는 픽업 서비스를 이용하는 방법. 직원이 공항에서 피켓을 들고 기다리니 안심하고 이용할 수 있다. 예약한 숙소에서 픽업 서비스를 제공하는지 확인하고 미리 신청하자. 요금은 택시비와 비슷하다.

렌터카

직접 운전해서 호텔을 찾아가야 하는 부담이 있지만, 공항에서부터 렌터카를 이용하면 택시비가 절약된다. 공항으로 반납 시 업체에 따라 별도의 비용을 요구하기도 한다.

섬 내 교통수단

여행자를 위한 교통수단은 트롤리, 시레나 버스, 택시, 렌터카, 그리고 T 갤러리아에서 무료로 운영하는 셔틀버스로 나뉜다. 괌 시내는 그리 크지 않아 호텔과 쇼핑센터 간 이동에는 대중교통만 이용해도 충분하다. 그러나 짧은 거리라도 편하게 다니고 싶거나 더위에 약한 아기와 함께라면 렌터카를 추천한다.

렌터카 Rent-a-car

보통 대중교통을 이용해 리조트와 쇼핑센터를 돌아보고, 하루 정도 차를 빌려 남부 해안을 다녀오는 것이 일반적이다. 그러나 유모차를 타는 아기와 함께 쇼핑과 관광을 하고 싶다면 전 일정 렌터카를 추천한다. 더운 날씨에 아이와 유모차, 쇼핑백까지 안고 트롤리를 오르내리는 것이 만만치 않기 때문이다. 괌에는 허츠(Hertz), 버젯(Budget) 같은 세계적인 업체에서부터 한국인이 운영하는 업체까지 다양한 렌터카 회사가 있다. 가장 저렴한 차량은 닛산 큐브로 1일 $65 정도다. 차량 상태와 비용, 보험료에 따라 가격이 달라지므로 여러 업체와 옵션을 비교해보는 것이 좋다. 카시트와 유모차, 아이스박스 등을 무료로 빌려주는 곳으로 선택하면 비용을 아낄 수 있다.
괌에서는 국제운전면허증이 꼭 필요하지는 않다. 30일까지 단기 렌트는 한국 운전면허증만 있으면 된다. 그러나 아이와 함께라면 카시트는 필수다. 미국 교통법상 반드시 뒷좌석에 카시트를 설치하고 아이를 따로 앉혀 안전벨트를 채워야 한다. 자동차는 한국과 마찬가지로 왼쪽 핸들, 좌측 통행이고, 길이 복잡하지 않아 운전하기는 그리 어렵지 않다. 속도는 미국식으로 마일(Mile) 단위를 사용하는데 호텔 로드인 투몬이나 주도인 아가냐 지역은 제한 속도가 25마일(약 40km), 그 외 지역은 35마일(약 56km)이다. 한국에서 운전하던 습관대로 밟다 보면 자칫 과속할 수 있으니 주의해야 한다. 주차는 호텔을 포함해 대부분 무료다.

 괌의 독특한 운전 방식, 중앙 차선을 이용한 비보호 좌회전
괌 대부분의 도로에서는 중앙 차선을 이용해 비보호 좌회전, 유턴을 하게 되어 있다. 좌회전 또는 유턴이 필요할 경우, 중앙 차선에 진입한 후 잠시 정지했다가 원하는 방향으로 움직이면 된다.

트롤리 Trolley

일정을 리조트 근처에서만 보낼 예정이거나, 아이가 대중교통에 관심이 많다면 현지 버스로 여행하는 즐거움을 만끽해보자. 괌에서 가장 자주 볼 수 있는 '빨간 트롤리', 즉 레드 구아한 셔틀(Red Guahan Shuttle) 버스는 시내의 주요 호텔과 쇼핑센터, 관광지 등을 순환하는 메인 교통수단이다.

다양한 노선이 있지만 '투몬 셔틀(Tumon Shuttle)'이라 불리는 호텔-쇼핑센터 간 노선을 가장 많이 이용한다. 투몬 셔틀은 8분 간격으로 운행되며 호텔이나 쇼핑센터 앞 빨간색 표지판이 있는 곳에서 타면 된다. 버스 노선도와 시간표는 대부분의 호텔에 비치되어 있으니 로비 직원에게 문의하면 받을 수 있다. 탑승권은 승차 시 버스 운전기사나 쇼핑센터 앞 티켓 판매소에서 살 수 있다. 한글 표지판과 노선도가 잘되어 있다.

요금 1회 승차권 $4, 1일 패스 $12, 5일 패스 $25(6~11세 $13), 6세 미만의 유아는 무료

T 갤러리아 괌 셔틀버스 T Galleria Guam Shuttle Bus

명품 쇼핑몰 T 갤러리아 괌에서는 각 호텔을 잇는 무료 셔틀버스를 운영한다. 노선은 A, B 두 가지 코스가 있으니 T 갤러리아 괌에서 쇼핑할 계획이 있거나 교통비가 비싼 투몬 지역을 여행할 때 적절히 이용하면 좋다. 버스 시간표와 노선도는 각 호텔 카운터와 T 갤러리아 괌에서 구할 수 있다.

 T 갤러리아 괌에 갈 때는 택시비가 무료?!
투몬 지역에 있는 호텔에서 T 갤러리아 괌까지 택시를 타면 쇼핑몰에서 대신 택시비를 내준다. 택시기사와 함께 2층 인포메이션 센터에서 확인증을 받으면 된다. 단, T 갤러리아 괌에서 쇼핑을 하지 않는다면 택시를 타지 않는 것이 좋다. 택시기사는 손님의 쇼핑 금액 중 일부를 택시비로 받기 때문이다.

택시 Taxi

길가에서 흔히 보이는 택시는 미키 택시(Miki Taxi)로 미터당 요금제이지만 기본요금이 비싸 짧은 거리라도 $15~20 정도 나오며 팁도 줘야 한다. 한인콜택시를 이용하면 조금 저렴하게 이용할 수 있다.

★ 돌핀 워칭 투어 ★
Dolphin Watching Tour

아이와 괌 여행에서 꼭 해봐야 할 액티비티 중 하나는 돌핀 워칭 투어다. 괌 주변에는 돌고래 서식지가 많아 근해에서도 야생 돌고래 떼를 만날 수 있다. 계절이나 날씨에 따라 포인트가 다르지만 돌고래를 볼 수 있는 확률은 80~90%로 높은 편. 아가트 항에서 10분 정도만 나가면 동행하는 가이드가 돌고래 나타나는 곳을 알려준다. 운이 좋으면 바로 배 앞에서 뛰노는 수십 마리의 돌고래 떼를 볼 수 있다.

돌핀 워칭 투어는 여행사에서 반나절 투어로 진행되는 상품을 이용해 다녀오는 것이 일반적이다. 비용은 어른 $65~90, 유아 $40 정도이며 상품에 따라 스노클링이나 낚시, 관광, 점심 등이 포함되기도 한다. 가격과 프로그램, 무료 요금이 적용되는 유아의 연령은 여행사마다 다르니 충분히 알아보고 예약하자. 보통 오전 9시에 호텔에서 출발해 점심 무렵에 돌아온다.

피시아이 마린 파크의 돌핀 워칭 투어

피시아이 마린 파크(Fish Eye Marine Park)에서 주관하는 투어로 해중 전망대 관람과 돌핀 워칭, 점심 뷔페(식사 후 나뭇잎 공예 포함) 등 아이들이 좋아할 만한 프로그램으로 짜여 있다. 만 5세 미만은 무료이기 때문에 미취학 아동이라면 대부분 투어 프로그램이 무료라는 것도 큰 장점이다. 홈페이지 예약 필수.

요금 어른(만 12세 이상) $68, 어린이(만 6~11세) $35, 만 5세 미만 무료
홈피 www.fisheyeguam.com

★ 투몬 비치 ★
Tumon Beach

맑고 투명한 투몬 비치는 바닷속 산호가 큰 파도를 막아주는 자연 방파제 역할을 해 수심이 얕고 늘 잔잔하다. 따뜻한 바다에는 예쁜 열대어도 많아 스노클링을 즐기기에 좋고, 아이들도 안심하고 놀 수 있다. 빵 조각 몇 개를 준비해서 아이를 안고 천천히 물속으로 걸어 들어가보자. 금세 주위를 에워싸는 물고기 떼를 만날 수 있을 것이다.

★ 리티디안 비치 ★
Ritidian Beach

괌 북부는 군사 지역이고, 가는 길이 해안도로가 아닌 데다가 움푹 파인 곳이 많아 주의해서 운전해야 한다. 하지만 괌 최북단의 리티디안 비치는 그만큼 때묻지 않은 아름다운 자연 해변과 빛깔 고운 바다를 볼 수 있어 가장 멋진 해변으로 손꼽힌다. 시간 여유가 있다면 돗자리와 도시락을 준비해 점심 피크닉을 떠나보자. 파도 높이와 접근 가능 여부를 표시한 해안 깃발을 꼭 확인하자. 파도가 센 편이라 아이와 물놀이는 자제하는 것이 좋다.

위치 괌의 최북단에 위치, 3번 도로를 타고 북쪽 끝까지 가면 리티디안 포인트가 나온다. | **오픈** 08:30~16:00

★ 사랑의 절벽 ★
Two Lovers Point

관광객에게 가장 인기 있는 곳으로 부모의 강요로 스페인 장교와 결혼해야 했던 차모로 여인이 사랑하는 남자와 함께 머리를 묶고 뛰어내린 전설이 있는 절벽이다. 전망대에서는 절벽과 에메랄드 빛 바다가 어우러진 화려한 경치를 감상할 수 있다. 사랑을 지키고픈 연인이나 신혼부부가 남긴 자물쇠들도 볼거리다. T 갤러리아 괌과 마이크로네시아 몰에서 트롤리가 운행되며, 자동차로는 투몬에서 약 20~30분 걸린다.

오픈 07:00~19:00 **| 요금** 어른 $3, 만 6세 이하 어린이 무료 **| 홈피** www.twoloverspoint.com

★ 남부 마린 드라이브 ★

일정 중 하루는 차를 빌려 남부 해안을 따라 드라이브를 해보자. 탁 트인 바다를 끼고 남서쪽 도로를 달려 섬을 반 바퀴 도는 이 코스에서는 괌의 전쟁 역사와 스페인 식민 시절 유적지, 아름다운 자연을 만날 수 있다.

어린아이와 함께라면 대표적인 관광지인 아가냐(파세오 공원, 차모로 빌리지, 스페인 광장, 아가냐 대성당) → 괌 주정부청사 → 사랑의 절벽 정도만 2~3시간 코스로 다녀오는 것을 권한다.

바다와 언덕, 절벽이 어우러진 괌의 자연경관을 더 보고 싶다면 위 코스에 더해 남쪽으로 태평양전쟁역사 공원 → 피시아이 마린 파크 → 세티 만 전망대 → 우마탁 마을 → 솔레다드 요새 → 이나라한 천연 수영장으로 이어지는 5~6시간 루트를 추천한다. 드라이브를 마친 후에는 명물인 제프스 파이러츠 코브(Jeff's Pirates Cove)에 들러 유명한 치즈버거를 맛보자.

남부 마린 드라이브 주요 코스
총 70km, 5~6시간 소요

투몬 출발 – (1번 도로 남쪽으로 8km, 12분) → ❶ 파세오 공원 ❷ 차모로 빌리지 – (0.9km, 3분) → ❸ 스페인 광장 ❹ 아가냐 대성당 – (0.85km, 2분) → ❺ 괌 주정부청사 – (5.9km, 10분) → ❻ 태평양전쟁역사 공원 – (1.1km, 3분) → ❼ 피시아이 마린 파크 – (2A, 2번 도로 17.1km, 16분) → ❽ 세티 만 전망대 – (4km, 3분) → ❾ 우마탁 마을 – (4.2km, 3분) → ❿ 솔레다드 요새 – (4번 도로 14.2km, 10분) → ⓫ 이나라한 천연 수영장 – (13.9km, 13분) → ⓬ 제프스 파이러츠 코브

1 파세오 공원
Paseo de Susana Park

태평양전쟁에서 승리한 미국이 괌의 전쟁 잔해물을 묻고 그 위에 꾸민 공원. 자유의 여신상 축소판과 차모로족의 통일을 이룬 추장 카푸하의 동상, 차모로 빌리지 등이 있다.

3 스페인 광장
Plaza de Espana

스페인에게 지배당했던 1565~1898년의 흔적을 볼 수 있는 곳. 제2차 세계대전이 일어나기 전까지 스페인 총독 관저로 사용되었다. 유럽을 연상케 하는 붉은 지붕과 넓게 깔린 푸른 잔디가 아름답다. 아가냐 대성당 등 괌의 역사 유적지를 따라 하갓냐 헤리티지 워킹 트레일(Hagatna Heritage Walking Trail)을 경험해도 좋다.

2 차모로 빌리지
Chamorro Village

괌의 원주민이자 현재도 인구의 대부분을 차지하는 차모로족의 전통과 문화를 체험할 수 있는 곳. 기념품과 공예품을 구입할 수 있고, 주변에 전통음식을 파는 레스토랑도 있다. 매주 수요일 오후 6시부터는 갖가지 먹을거리와 옷, 액세서리 등을 파는 야시장이 열린다. 차모로식 양념을 발라 숯불에 구운 바비큐를 먹으며 저렴하게 쇼핑을 하고, 전통 공연도 무료로 볼 수 있는 기회이니 일정에 수요일이 포함되어 있다면 꼭 들러볼 것!

오픈 09:00~18:00
(차모로 야시장 수요일 18:00~22:00)

4 아가냐 대성당
Dulce Nombre De Maria Cathedral Basillica

괌 최대 규모의 성당으로 웅장한 외관도 아름답지만 화려한 스테인드글라스 장식과 격자무늬 나무 천장, 독특한 분위기의 단상 등 내부도 볼만하다. 햇빛을 피해 시원한 실내에서 잠시 쉬어가기에도 좋으니 꼭 들어가 보기를 권한다.

오픈 08:00~12:00, 13:00~16:00(목·토요일 휴무)
요금 기부금 $1(어린이도 예외 없음)

5 괌 주정부청사
Governor Ricardo J. Bordallo Complex

아름다운 풍광과 아델럽 포인트(Adelup Point) 전망대 덕에 관광지가 되었지만, 사실 이곳은 현재도 정부기관의 사무실로 사용되고 있는 정부종합청사다. 차모로 전통 양식과 스페인 건축 기법이 혼용된 독특한 건물로 아름다운 바다를 낀 전망이 일품이다.

6 태평양전쟁역사 공원
War in the Pacific National Historic Park

괌에는 아픈 전쟁 역사를 볼 수 있는 유적지가 많지만 특히 태평양전쟁역사 공원은 미군이 괌을 탈환하기 위해 상륙한 해변으로 제2차 세계대전 당시 집중 사격 지점이기도 했다. 미군, 일본군, 그리고 차모로족의 넋을 위로하기 위해 지어진 공원이지만 아이러니하게도 주변 풍경은 너무나 아름답다. 넓은 풀밭과 바비큐 그릴, 테이블이 있어 현지인들의 피크닉 장소로도 이용된다.

7 피시아이 마린 파크
Fish Eye Marine Park

수심 약 11m에 있는 바닷속 전망대. 전망대에 가기 위해서는 300m 다리를 건너야 하는데, 이곳에서 보는 에메랄드 빛 바다의 경치가 무척 근사하다. 잠수함 같은 전망대에서는 360도로 보이는 24개의 창문을 통해 갖가지 열대어와 수중 생물을 관찰할 수 있다. 종종 다이버가 나타나 창문을 닦거나 물방울 쇼를 보여주며 아이들을 즐겁게 한다.

주소 818 North Marine Corps Dr, Piti | **오픈** 08:00~17:00(연중무휴, 우천 시 정상 운영) | **요금** 만 12세 이상 $12, 만 6~11세 $6, 만 5세 이하 무료 | **전화** 671-475-7777 | **홈피** www.fisheyeguam.com(한국어 지원)

8 세티 만 전망대
Cetti Bay Overlook

전망대로 향하는 가파른 계단을 오르면 주변 산과 정글, 바다가 어우러지는 아름다운 풍경이 한눈에 펼쳐진다. 인공적으로 꾸민 공원이 아니라 천혜의 자연을 볼 수 있다. 이정표가 없어 발견하기는 쉽지 않다. 괌의 남부 지역 언덕을 오르다가 차들이 주차된 곳을 보면 무조건 세울 것.

9 우마탁 마을
Umatac Village

남부 해변의 고즈넉한 어촌인 우마탁 마을은 세계 일주를 하던 마젤란이 1521년 괌을 최초로 발견하고 닻을 내린 곳이다. 마젤란 상륙 기념비, 스페인 양식의 성 디오니시오 성당 등 볼거리가 있다.

10 솔레다드 요새
Fort Nuestra Senora De La Soledad

스페인 범선이나 영국 함대를 감시하는 요새로 사용됐던 곳이다. 19세기 초에 세워졌으며 솔레다드 요새를 배경으로 탁 트인 바다 풍경이 시원하다.

11 이나라한 천연 수영장
Inarajan Pools

해변에 암석이 막혀 자연적으로 형성된 아름다운 천연 해수 수영장. 깊지 않고, 잔잔하지만 수시로 파도가 드나들어 맑고 깨끗하다. 오래된 다이빙대가 있어 원주민뿐 아니라 관광객의 다이빙, 스노클링, 촬영 포인트로 유명하다.

12 제프스 파이러츠 코브
Jeff's Pirates Cove

괌 남동부 해안에 있는 해적을 테마로 한 레스토랑. 자신을 해적이라 칭하는 제프(Jeff) 아저씨의 유쾌한 음식과 기념품, 이판 비치의 해안 절경을 감상할 수 있는 곳이다. 육즙 가득한 수제 치즈버거가 대표 메뉴이며 시원한 생맥주도 맛볼 수 있다. 괌 남부 지역의 몇 안 되는 음식점 중 하나로 남부 드라이브 투어가 끝날 때 즈음 만나볼 수 있다.

주소 #111 Route 4 Ipan Talofofo | **오픈** 월~토요일 08:00~18:00, 일요일 08:00~19:00 | **요금** 하프 파운드 치즈버거 $14, 파이러츠 키즈 밀 $12 | **전화** 671-789-2683 | **홈피** jeffspiratescove.com

★ 프로아 ★
Proa

괌 최고의 맛집으로 손꼽히는 곳으로 손님이 많아 늘 대기 줄이 긴 음식점. 요리경연대회에서 수차례 우승한 경력의 셰프가 요리를 선보인다. 파스타, 스테이크, 바비큐 등을 다양하게 맛볼 수 있으며 Proa BBQ Big Feller Trio가 대표 메뉴다. 예약 필수.

위치 PIC와 힐튼 호텔 사이에 위치(1호점), 아가냐 차모로 빌리지 건너편(2호점) | **주소** Ypao Beach Pale San Vitores Road, Tamuning(1호점), 178 West Soledad Avenue, Hagatna(2호점)
오픈 11:00~22:00 | **요금** 1인당 $20 정도 | **전화** 671-646-7762(1호점)

★ 브리지스 선셋 바비큐 ★
Breezes Sunset BBQ

하얏트 리젠시 괌에서 운영하는 디너 바비큐 뷔페. 해 질 무렵 투몬 만의 노을과 차모로 원주민의 전통 공연, 불 쇼 등을 보며 식사를 즐길 수 있어 유명하다. 즉석에서 구워주는 로브스터, 새우, 스테이크 바비큐와 샐러드 바의 평이 좋다.

위치 하얏트 리젠시 괌 내 1층 야외 공연장 | **주소** 1155 Pale San Vitores Road, Tumon
오픈 18:00~21:00(공연은 19:00 시작) | **요금** 어른 $64, 어린이(만 6~12세) $32, 10% 부가세 별도
전화 671-647-1234 | **홈피** www.guam.regency.hyatt.com

★ 니지 ★
NIJI

하얏트 리젠시 괌에서 운영하는 일식 점심 뷔페. 신선한 회와 초밥, 튀김, 해산물 요리, 샐러드, 디저트 등이 다양하게 준비되어 있다. 일요일에는 일식 브런치 뷔페로 운영되며 맥주와 스파클링 와인이 무료로 제공된다.

위치 하얏트 리젠시 괌 내 1층 | **주소** 1155 Pale San Vitores Road, Tumon | **오픈** 11:30~14:00
요금 런치 뷔페 어른 $28, 어린이(4~11세) $9, 선데이 브런치 뷔페 어른 $36, 10% 부가세 별도 | **전화** 671-647-1234
홈피 www.guam.regency.hyatt.com

★ 조이너스 케야키 ★
Joinus Keyaki Restaurant

일본식 철판 요릿집. 주방장이 직접 요리하는 모습을 볼 수 있는 곳으로 가끔 불 쇼도 볼 수 있어 아이들과 보는 재미, 먹는 재미를 함께 느낄 수 있다. 음식은 스테이크를 메인으로 하며 해산물과 채소 등이 추가되는 세트메뉴가 인기 있다. 기본으로 미소 된장국과 밥, 샐러드가 제공된다. 주방장이 요리하는 철판 앞에 앉고 싶다면 예약은 필수~! 런치와 디너는 메뉴 구성이 비슷하나 가격 차이가 많이 나므로 점심시간에 방문하자.

위치 하얏트 리젠시 괌 앞 투몬 샌드 프라자 1층 | **주소** 1082 Pale San Vitores Road, Tumon Sands Plaza, Tumon
오픈 런치 11:00~14:00, 디너 17:30~22:00 | **요금** 런치 1인당 $20 정도 | **전화** 671-646-4033

★ 더 비치 바 & 그릴 ★
The Beach Bar & Grill

해변의 낭만을 느낄 수 있는 레스토랑 겸 바. 해 질 무렵에는 아름다운 석양과 라이브 음악을 감상하며 해변 테이블에서 간단한 식사와 칵테일을 즐길 수 있다. 건 비치(Gun Beach)에 있어 낮에는 아이들과 물놀이, 모래놀이도 할 수 있다. 해변 자리는 인기가 좋으니 예약 필수.

위치 니코 호텔에서 해변을 따라 100m, 건 비치 내 | **오픈** 11:00~02:00 | **요금** 음식 $10~30, 맥주 $5, 칵테일 $9
전화 671-649-7245 | **홈피** www.guambeachbar.com

SPECIAL PAGE 01

섬 전체가 면세점? 지름신을 부르는 '괌 쇼핑몰' 공략법

소비세가 없는 괌은 섬 자체가 하나의 '거대한 면세점'이다. 괌 여행객의 약 80%를 차지한다는 20~30대 일본 젊은이들은 면세점이 아닌 호텔 근처 쇼핑몰과 아웃렛에서 명품 가방을 건져 가고, 태교 여행 또는 아이와 여행을 떠나온 한국 가족여행객은 폴로나 갭 등 한국에서 비싸게 팔리는 브랜드 의류와 유아용품을 쓸어 담는다.

나는 핫딜이 아니면 거들떠도 안 보는 열혈 직구 마니아이니, 이번 여행에서는 좀 참아보자며 애써 다짐했다. 그러나 괌 프리미어 아웃렛에 있는 타미 힐피거에서 $25짜리 폴로 셔츠를 만나는 순간, 내 영혼은 이미 지름신에게 접수 당했음을 깨달았다. 최신상이 가득하다거나 화려한 쇼핑몰이 줄지어 있는 하와이와는 다른 풍경이다. 하지만 쏠쏠하게 득템이 가능하니 나름 쇼핑하는 재미가 있다. 괌의 대표 쇼핑몰인 T 갤러리아 괌, 마이크로네시아 몰, 괌 프리미어 아웃렛 등에서 아이와 함께 짧은 시간 동안 알뜰하게 쇼핑할 수 있는 핵심 구매 리스트를 정리해봤다.

T 갤러리아 괌
T Galleria Guam

화장품
명품

T 갤러리아 괌은 샤넬, 디올 등 다양한 명품 브랜드가 입점해 있는 면세 백화점 체인이다. 괌은 섬 전체가 면세 지역이라 '면세'의 매력은 덜하지만 셀린느나 폴 스미스, 화장품 브랜드 MAC이나 크리니크 등 특정 브랜드의 제품은 한국 면세점보다 저렴하게 살 수 있으며 예비 엄마라면 눈여겨볼 만한 고급 출산용품 매장도 있다. 이곳의 가장 큰 장점은 택시를 타고 방문하는 고객에게 택시비를 지원해준다는 점. 호텔에서 T 갤러리아 괌까지 편도 요금에 한해 지원이 되며, 폐점 시간 30분 전까지 이용할 수 있다. 호텔-T 갤러리아 간 무료 셔틀버스도 운영한다.

★ 구석구석 쇼핑 포인트
화장품(MAC, 크리니크, 베네피트, 록시땅), 폴 스미스(Paul Smith) 스카프, 고디바 초콜릿 등

주소 1296 Pale San Vitores Road, Tumon | 오픈 10:00~23:00 | 전화 671-646-9640
홈피 http://www.dfs.com/en/tgalleria-guam

마이크로네시아 몰
Micronesia Mall

폴로
카터스
갭

괌 최대 규모 쇼핑몰인 마이크로네시아 몰에서는 유아복과 남성복 쇼핑에 주력하자. 쇼핑몰 내에 있는 미국 백화점 체인, 메이시스(Macy's) 아동복 코너에서는 상시 큰 폭으로 세일하는 폴로, 카터스 등의 브랜드 의류를 쇼핑할 수 있다. 남성복 매장에서도 타미 힐피거, 리바이스 등 캐주얼 의류가 저렴하고 여성 의류 옆 생활용품 코너에서는 '살림의 여왕'이라 불리는 마사 스튜어트 브랜드의 주방용품도 만나볼 수 있다.

괌 필수 쇼핑 품목인 레티놀 크림도 몰 내 비타민 월드에서 살 수 있다. 2층에는 한식, 중식, 일식 등 다양한 요리를 저렴하게 즐길 수 있는 Fiesta Food Court가 있으며 후식으로는 계피맛 롤이 유명한 시나본도 추천한다. 푸드코트 옆에는 실내 테마파크 Fantastic Park가 있어 아이들과 함께 즐기기에 좋다.

★ 구석구석 쇼핑 포인트
메이시스 Gate4 1층 남성복 코너(폴로, 타미 힐피거, 캘빈 클라인, 리바이스 등 남성 캐주얼), 2층 유아동복 코너(폴로 티셔츠와 원피스, 카터스의 유아복, 록시의 래시가드, KB Toys 장난감
메이시스 Gate1 2층 여성 생활용품 코너(마사 스튜어트 주방용품)

주소 1088 W. Marine Corps Drive, Dededo | **오픈** 10:00~21:00(일요일은 ~18:00, 추수감사절, 크리스마스 휴무) | **전화** 671-632-6881 | **홈피** www.micronesiamall.com

 인포메이션 부스에서 여권을 제시하면 10% 할인 쿠폰을 준다. 아이를 태울 수 있는 자동차 카트가 있다.

괌 프리미어 아웃렛
GPO,
Guam Premier Outlets

나인 웨스트
나이키
ROSS

GPO에서는 나인 웨스트, 나이키, ROSS 매장에 들르자. 특히 세련된 여성화가 많은 나인 웨스트는 한국보다 가격이 저렴할 뿐 아니라 상시 하나를 사면 다른 신발 하나를 반값에 주는 행사를 한다. 그런데 인기 있는 사이즈는 빨리 품절된다. 발에 맞는 사이즈가 있다면 내가 바로 신데렐라, 바로 구입하는 것이 좋다. 타미 힐피거, 리바이스 아웃렛 매장에는 남자 아이들이 입을 만한 티셔츠나 남성 캐주얼 의류가 많다. 이곳에는 실내 무료 어린이 놀이 시설도 있고, 인포메이션 데스크에 신분증을 맡기면 자동차 카트도 빌릴 수 있으니 아이와 쇼핑하기 좋다.

창고형 할인매장 ROSS는 의류, 장난감, 스포츠용품 등 괌에서 가장 할인 폭이 큰 물건이 쌓여 있는 곳이다. 물건을 찾기까지 노력이 필요하지만, 시간을 투자하면 모자에서 신발, 명품 가방까지 득템하는 재미를 느낄 수 있다. 쌤소나이트 캐리어가 특히 저렴해 빨리 품절되니 유의하자.

★ 구석구석 쇼핑 포인트
나인 웨스트(여성화), 나이키(운동화), ROSS(쌤소나이트 캐리어, 가방, 유아복 등), 리바이스 아웃렛, 타미 힐피거

주소 199 Chalan San Antonio, Suite 200 Tamuning | **오픈** GPO 10:00~21:00 / ROSS 월~토요일 08:30~22:00, 일요일 09:00~21:30 | **전화** 671-647-4032 | **홈피** www.gpoguam.com

tip ROSS를 제대로 보려면 아침에 가거나 물건이 들어오는 시각을 미리 알아두면 좋다.

투몬 샌즈 플라자
Tumon Sands Plaza

명품

샤넬, 루이비통, 폴 스미스 등 30여 개 명품 숍과 쥬시 꾸뛰르, 라코스테 등이 모여 있는 명품 쇼핑몰. 밝고 쾌적한 환경에서 쇼핑할 수 있으며, 유모차를 무료로 대여해 준다. 무료 셔틀버스를 운영하고 있어 편리하다. 1층에 자리한 화려한 불 쇼와 맛집으로 소문난 일본식 철판 요릿집 조이너스 케야키는 런치 메뉴가 저렴하니 여행 중 한 번은 꼭 들러보기를 추천한다.

주소 1082 Pala San Vitores Road, Tumon | 오픈 10:00~22:00 | 전화 671-646-6801
홈피 www.guamtsp.com

JP 슈퍼스토어
JP Superstore

잡화
여행 기념품

일본인이 운영하는 아기자기한 편집매장. 다양한 브랜드의 의류와 잡화를 구경할 수 있다. 매장 중심에 세일 코너가 있으며 괌 기념품을 사기에도 좋다. 맥도날드, TGIF, 비어드파파 등 프랜차이즈 매장도 입점해 있어 식사를 해결할 수 있다.

주소 1328 Pale San Vitores Road, Tamuning(플라자 호텔 옆) | 오픈 09:00~23:00
전화 671-646-7803 | 홈피 www.guamplaza.com/jpsuperstore

K마트
Kmart

장난감
유아용품
스노클 장비

현지인들이 즐겨 찾는 대형 할인매장 쇼핑을 원한다면 K마트를 추천한다. 식음료뿐 아니라 젖병, 유모차, 스노클 장비와 선크림 등 생활용품과 유아용품이 저렴하다. 해외 직구족이라면 평소 부피가 커서 배송비 문제로 구입을 망설였던 유아 장난감과 퍼프, 병이유식 등 유아 코너를 노려보자.

주소 404 North Marine Corp Dr, Tamuning | 오픈 24시간 | 전화 671-649-9878
홈피 www.kmart.com

SPECIAL
PAGE
02

축제의 밤, 차모로 야시장

노을마저 아스라이 사라져버린 괌의 밤은 마치 하루가 다 끝나버린 것 같은 느낌이 든다. 오후 6시만 되어도 세상을 뒤덮는 어둠과 고요는 하루를 알차게 마무리하고픈 여행자를 매일 갈등케 한다. 그러나 수요일 밤이라면 이야기가 다르다. 일주일에 단 하루, 매주 수요일 오후 6시에서 10시까지 차모로 야시장이 열리기 때문이다.

수요일 밤엔, 차모로 빌리지로

괌은 미국령이지만 인구의 대부분이 마이크로네시안인 차모로족 원주민으로 아직도 그 독특한 문화를 간직하며 살고 있다. 차모로족의 전통과 문화는 주도인 아가냐 지역에 있는 차모로 빌리지에서 볼 수 있다. 작은 민속촌 같은 차모로 빌리지는 주로 원주민 예술가들의 전통 공예품을 파는 곳이다. 보통 오전 9시부터 오후 6시까지 문을 열지만 일주일에 단 하루, 수요일 저녁에는 활기찬 야시장이 열린다. 마을 곳곳에 기념품과 옷, 액세서리 등 다양한 물건과 음식을 파는 포장마차가 들어서고, 전통 춤과 댄스 공연, 물소 타기도 경험할 수 있다.

야시장 먹거리의 지존, 숯불구이 '차모로 바비큐'

다양한 먹거리는 야시장의 가장 큰 매력이다. 노점에는 열대과일과 스무디, 일본인 관광객이 많아서인지 타코야키도 흔하게 볼 수 있다. 여기저기 매캐한 숯 연기와 달큰한 간장 바비큐 냄새도 풍겨온다. 괌을 여행한다면 한번은 꼭 먹어봐야 한다는 차모로식 바비큐! 야외에서 구워주는 바비큐는 맛이 좋고 저렴해 인기가 좋다. 여러 노점 중 어디가 맛있을까 굳이 고민하지 않아도 된다. 길게 늘어선 줄이 곧 답이니까.

뷔페식으로 차려진 '크리스 바비큐(Kris BBQ)'에서는 $9만 내면 4가지 메뉴를 고를 수 있다(나는 현지인이 고르는 메뉴를 곁눈질해 필리핀식 볶음국수인 판싯, 스페인 문화의 영향을 받은 레드 라이스, 차모로식 바비큐 꼬치 등을 선택했다). 1인분만 주문해도 아이와 함께 충분히 먹을 만큼 양이 많다. 접시 가득 담긴 넘치는 인심과 다양한 세계 문화가 꼭 괌을 닮았다.

차모로 야시장에서는 뭘 사야 할까?

차모로 빌리지는 원래 공예품을 주로 파는 곳이라 나무나 열매로 만든 독특한 장식품이 많다. 야시장이 서면 조개로 만든 목걸이나 관광객을 대상으로 한 플로럴 원피스 등 옷과 기념품, 액세서리 노점이 많아 이곳저곳 둘러보는 재미가 있다.

요즘은 세계 어디나 중국산 제품이 대부분이라 이곳 사정도 크게 다르지 않지만, 그래도 괌에서만 볼 수 있는 독특한 디자인의 기념품을 시중보다 저렴하게 살 수 있다. 커다란 부겐빌레아 꽃을 사서 머리에 꽂고 기분을 내보는 것도 좋다.

지역 주민과 관광객이 하나 되는 축제, 차모로 야시장

중앙 홀이 가까워질수록 주변을 쩌렁쩌렁 울리는 비트 강한 리듬이 들려온다. 마을회관 같은 건물 한복판에서 한바탕 댄스타임이 벌어진다. 홀 내의 많은 사람들이 열과 오를 맞춰 군무를 추는 모습은 마치 공연장을 방불케 한다. 재미있는 것은 흥이 나는 사람이라면 누구라도 함께 춤을 즐길 수 있다는 것. 원주민을 주제로 한 관광 상품은 대체로 형식적이고 상업적으로 느껴지기도 하는데 차모로 야시장 축제는 지역 주민과 관광객이 하나가 되는 모습에서 남다른 애정을 느낄 수 있다.

TRAVEL STORY 02

괌, 엄마 딸 여행을 떠나다

긴장됐다. 마치 태어나 처음 떠나는 여행처럼 모든 것이 낯설었다. 내 마음을 설레게 하고 밤잠을 못 이루게 만든 주범은 바로 일곱 살 꼬맹이 진아! 오늘은 딸과 내가 처음으로 엄마 딸 여행을 떠나는 날이다.
둘째가 태어난 후 늘 양보만 해야 하는 첫째 진아가 안쓰러워 둘만의 시간을 가져야겠다고 벼르기를 2년여, 드디어 그날이 왔다. 우리가 떠나는 곳은 한국에서 4시간 남짓이면 만날 수 있는 따뜻한 남국의 휴양지, '괌'~!
괌은 아이와 함께하는 여행에 필요한 인프라를 잘 갖춘 휴양지인 동시에 미국령 면세 지역이라 요즘 엄마들 사이에서 '태교 여행이나 아이와 함께 떠나는 여행의 성지'로 불린다. 게다가 치안은 기본. 내가 진아와 단둘이 가는 여행지로 괌을 선택한 가장 큰 이유가 여기에 있다.

day 1 Hapa Adai~ 괌으로!

괌으로 향하는 비행기 안에는 임신부와 유아를 동반한 가족이 절반은 되는 것 같았다. 종종 아기들의 울음소리가 들려왔고, 좁은 복도는 아기띠를 멘 엄마들로 북적였다. 어디선가 '이렇게까지 해서 꼭 여행을 가야 하냐'는 자조 섞인 아빠들의 한마디도 들려왔다. 하지만 엄마 된 입장으로 나는 알 것 같았다. 그녀들이 얼마나 이 순간을 기다려왔을지. 조금만 더 가면 두 발을 딛고 있는 것 자체만으로도 설레는 평안과 휴식의 땅, 괌이다.
공항에 도착하니 오후의 뜨거운 기운이 훅~ 밀려들었다. 진아와 나는 기다렸다는 듯이 바바리맨처럼 겉옷을 벗어 젖혔다. 입국 심사에는 30분이 걸렸지만

호텔까지는 10분밖에 걸리지 않았다. 지난 보라카이 여행의 교훈이지만 공항과 호텔이 가까운 건 그야말로 축복이다. 특히 4일 정도의 짧은 여행에서 이동에 너무 많은 시간을 보내면 여행을 시작하기도 전에 지치기 마련이다. 그런 면에서 괌은 일단 시작부터가 좋았다.

숙소에 짐을 내려놓자마자 진아가 향한 곳은 수영장이었다. 호텔에는 키즈 풀과 자쿠지를 포함해 총 4개의 수영장이 있었는데, 진아는 시원한 워터 슬라이드와 따뜻한 자쿠지 오가기를 무한 반복했다. 평소 가족 여행을 떠나면 수영장에서 아이들과 노는 것은 언제나 아빠 몫이었다. 그런데 이번에는 둘만 떠나왔으니 도리 없이 내가 쫓아다녀야 했다. 무거운 카메라는 일찌감치 포기하고, 방수 팩에 휴대전화만 넣어 열심히 아이를 따라다녔다.

워터 슬라이드는 한 10년 만에 타보는 것 같았다. 내심 두려웠지만 의무감에 아이를 따라 탈 수밖에 없었다. 그런데 몇 번 타다 보니 재미가 붙었다. 우리는 소리 지르며 타기, 엎드려 타기, 안고 타기 등 다양한 방법으로 슬라이드를 마스터했고, 동시에 눈높이 맞추기도 성공했다. 수영 후, 내 눈 밑에는 다크 서클이 생겼지만 해맑게 웃는 진아를 보면 또 어디선가 힘이 불끈 솟았다. 역시 아이와는 몸으로 놀아야 친해진다는 진리를 다시금 깨달았다.

아무리 여름의 나라, 괌이라도 해 질 무렵이면 선선한 바람이 분다. 수영장에서 나와 대충 몸을 씻고, 뜨거운 컵라면 하나를 나눠 먹은 후 손을 잡고 밤 마실에 나섰다. 하늘에는 일몰 후의 여운이 아련하게 남아 있었다. 진아의 제안으로 빨간색 트롤리를 타고 바람을 맞으며 괌 시내를 누비기 시작했다.

day 2 "베이비 돌고래~ 점프!" 돌고래를 만난 날

다음 날엔 아침 일찍부터 관광버스를 기다렸다. '돌핀 워칭 투어', 말 그대로 태평양 바다에서 헤엄치는 돌고래를 보러 가는 투어를 예약했기 때문이다. 내가 예약한 상품은 일종의 일일 투어 패키지였는데, 먼저 수중 전망대인 '피시아이 마린 파크'를 보고 항구로 이동해 배를 타고 1시간 남짓 돌고래를 보는 프로그램이었다. 투어 후에는 차모로식 점심 뷔페도 제공된다고 했다.

괌, 일본, 한국 등 수많은 여행사의 다양한 돌핀 워칭 투어 프로그램을 살펴보며 고민했는데, 결과적으로 진아가 이번 여행에서 최고라며 엄지손가락을 치켜들 정도로 만족스러웠다. 특히 돌핀 워칭은 아주 멋졌다. 괌에는 돌고래 서식지가 있어 근해에서도 돌고래 떼를 볼 수 있다더니 정말 바다에서 몇 분 나가지 않았는데도 수십 마리의 돌고래 떼를 만날 수 있었다. 푸른 바다 위에서 그야말로 '뛰노는' 돌고래 떼를 발견했을 때의 그 기분이란~!

자신을 '베르나'라고 소개한 가이드는 진아에게 "진아~! 베이비 돌고래 점프~! 베이비 돌고래 점프~!"라며 연신 돌고래가 나타나는 곳을 가리켰다. 파도를 거슬러 올라갈 때는 배가 거칠게 흔들리기도 했지만, 베르나의 안내에 따라 선실 좌석으로 들어갔다 나왔다를 반복하니 안전에는 문제가 없었다. 1시간 남짓한 돌핀 워칭이 끝날 때 즈음에는 시원한 망고주스가 나왔다. 평소 망고를 좋아하는 진아는 욕심을 부려 2잔이나 마셨다.
멋진 풍경을 앞에 두고 진아는 계속 아빠와 동생을 그리워했다. 엄마를 혼자 차지할 수 있어 좋아할 줄만 알았더니. 녀석, 그래도 재미있는 경험은 함께하고 싶었나 보다.

day 3 낭만 해안 드라이브, 괌 남부 투어

3박 4일의 짧은 일정을 어떻게 알차게 보낼까 고민하다가 하루는 차를 빌려 드라이브를 해보기로 했다. 마침 수요일에는 일주일에 한 번 열린다는 '차모로 야시장'이 서는 날. 남부 해안을 따라 북부까지 드라이브를 한 후 야시장에 들러 공연과 저녁을 즐기면 되겠다는 계산이 섰다.
괌은 작은 섬이다. 호텔에서 출발해 해안을 따라 섬 남부를 일주한다고 해도 4~5시간 정도면 충분하다. 주도인 아가냐를 지나면 길이 하나뿐이라 헷갈릴 걱정도 없다. 제한 속도도 35마일(시속 60km)이라 서울 시내 도로 달리듯 천천히 달리면 된다. 코스는 아가냐(차모로 빌리지, 스페인 광장, 아가냐 대성당, 괌 주정부청사)에서 태평양전쟁역사 공원, 세티 만 전망대, 우마탁 마을, 이나라한 천연 수영장 순서로 잡았다.
명소라고 이름 붙은 곳은 어디를 가든 아름다운 해변이 있었다. 그러나 해변이라고 다 같은 바다는 아니었다. 잔잔하고 얕은 투몬 만이 있는가 하면 또 다른 터프한 매력이 있는 바다도 많았다. 스페인식 건축물과 제2차 세계대전 때 사용됐던 요새, 대포 등 전쟁과 식민의 아픈 역사도 곳곳에 남아 있었다. 미국의 해외 영토, 그러나 주민의 대부분이 차모로족인 괌. 아직도 그 상처는 아물지 않고 계속되는 것이 아닌가 싶었다.

남부 투어의 종착역은 유명한 제프스 버거로 정했다. 제프스 파이러츠 코브(Jeff's Pirates Cove)는 해적을 테마로 한 레스토랑으로 자신을 해적이라 칭하는 제프 아저씨의 유쾌함이 있는 곳이다. 육즙 가득한 하프 파운드 치즈버거는 유명세만큼이나 맛있었다. 엄마 딸 커플에게는 1개만 주문해도 양이 충분했다.

차모로 전통 공연이 열리는 곳

우리가 차모로 빌리지에 도착한 때는 오픈 시각을 훌쩍 넘긴 오후 7시가 다 되어갈 무렵이었다. 차를 렌트해서 낮에는 해안도로를 따라 남부 투어를 하고, 오후에는 호텔에서 휴식을 취하다가 주차장이 붐비기 전인 오후 5시 30분쯤 야시장에 도착하겠다는 야심찬 계획이었다. 하지만 아침부터 길을 잘못 들어 골목을 헤매고, 호텔 수영장에서 시간 가는 줄 모르고 놀던 우리는 그만 저녁 시간도 놓쳐버렸다. 예상대로 시장은 진입로부터 북새통을 이뤘다. 가까스로 주차를 하고 인파로 북적이는 시장에 들어서니 어디선가 음악이 들려왔다. 끌리듯 소리를 따라가니 진아만 한 아이들이 나뭇잎으로 만든 옷을 입고 무대에서 춤을 추고 있었다. 앞자리에서는 선생님으로 보이는 분이 기타 연주를 하며 아이들을 바라보고 있는데, 아무리 봐도 전문 공연단은 아닌 것 같았다. 어설펐다. 하지만 뻔한 공연이 아니라 더 좋았다. 그래도 나름 유명 식당의 선셋 디너에서나 볼 수 있는 차모로 전통 공연이었다.

셸 위 댄스? 흥겨운 댄스 타임

중앙 홀이 가까워 오니 주변을 쩌렁쩌렁 울리는 비트 강한 리듬이 들려왔다. 장바구니를 든 할머니도, 할머니를 따라나선 손녀도, 친구들과 여행 온 관광객도, 휴가 나온 미군들도 모두 한데 섞여 춤을 췄다. 경력(?)이 좀 되어 보이는 현지인들을 보니 몸짓은 서로 조금씩 달라도 발동작만은 기가 막히게 맞는 게 마치 한때 유행했던 '마카레나' 같은 춤이다. 같은 동작이 계속 반복되어 몇 번 연습하다 보면 처음 춤판에 낀 관광객이라도 금세 리듬을 탈 수 있다.

음악을 듣고 있으니 절로 어깨가 들썩였다.
"셸 위 댄스?"

나는 지독한 몸치였지만 진아가 환하게 웃어주니 하나도 창피하지 않았다.
진아와 내가 둘러본 시장에는 때 묻지 않은 아이들의 춤과 노래가 있었다. 어스레한 천막 아래 소박한 노점과 노점보다 더 많은 사람들이 있었다. 꼬치 몇 개를 사 들고 풀밭에 앉아 구경하는 재미가 있었다. 원주민은 물론, 어깨에 카메라를 멘 외국인이 한데 뒤섞여 자연스럽게 춤을 췄다. 복작복작 사람 사는 훈훈함을 느낄 수 있었다. 호텔에 돌아갈 즈음에는 몸이 천근만근이었지만 이제서야 뭔가 제대로 괌을 본 것 같아 즐거웠다.

day 4 여운이 남는 여행, 집으로

떠나는 날 가장 날씨가 좋은 건 언제나 여행의 아이러니. 탄성을 내뱉으며 해변으로 나가니 새장에만 있던 앵무새도 일광욕하러 나왔는지 아름다운 자태를 뽐내고 있었다. 비키니 차림의 사람들도 용감하게 어깨에 새를 올려놓고 사진 찍기에 여념이 없었다. 진아에게도 좋은 추억이 될 것 같아 권했는데, 쉽게 도전하지 못했다. 바다 쪽으로 나가보니 이제껏 봤던 물빛 중 가장 예쁜 색이었다. 속이 그대로 비치는 투명한 바다에서 우리는 마지막 체력을 불사르며 수영을 즐기다가 공항으로 향했다.
이번 여행은 기대 이상으로 좋은 기억만 남았다. 사실 혼자서 아이를 책임져야 하는 부담에 처음엔 긴장을 많이 했다. 그러나 막상 떠나 보니 아이는 생각보다 의젓했다. 가끔은 '괌에서는 깡통으로 신호등을 만드느냐'는 등 엉뚱한 질문들을 해서 나를 당황하게 만들었지만, 시간이 흐를수록 그마저도 사랑스러웠다.
한창 귀여운 행동을 하는 두 돌 된 동생에 가려 천덕꾸러기로 여기던 일곱 살 진아. 여행을 통해 만난 아이는 호기심이 많고 영리하며 때로는 듬직했다. 일상이 시작되니 그녀는 다시 샘 많은 일곱 살 누나로 돌아갔지만, 이제는 진아를 좀 더 응원해주기로 했다.

이토록 달콤한 휴식
세부(Cebu)

야자나무가 고개 숙인 새하얀 모래밭, 하늘과 맞닿은 코발트 빛 바다, 눈부신 햇살 속 따뜻한 휴식이 있는 곳, 세부는 7,000여 개의 섬이 있는 필리핀에서 두 번째로 큰 도시이자 남국의 정취가 물씬 풍기는 대표 휴양지다.

관광지로서의 세부는 크게 '세부 본섬'과 '막탄 섬'으로 나뉜다. 유아 동반 가족이 많이 찾는 샹그릴라 막탄 리조트, 임페리얼 팰리스, 플랜테이션 베이 리조트 등 고급 리조트는 대부분 막탄 섬의 남쪽 해안에 몰려 있다. 세부 본섬에는 아얄라 센터, SM 시티 등 최신식 쇼핑몰과 스페인 통치 시대의 유적 등이 있다. 두 섬은 다리로 연결되어 차로 오갈 수 있다.

세부에 이름난 해변은 없다. 하지만 리조트마다 인공 해변과 수영장이 잘 조성되어 있어 아이와 휴양을 즐기기에 부족함이 없다. 화이트 비치와 푸른 바다, 울창한 열대 우림을 보고 싶다면 하루쯤 시간을 내서 '아일랜드 호핑 투어'를 다녀오거나 가까운 보홀 섬으로 떠나도 좋다.

아이와 함께 해먹에 누워 즐기는 망중한, 아이의 낮잠 시간에 즐기는 호사스러운 마사지, 혹은 사방이 탁 트인 해변에서 마시는 향긋한 망고주스 한잔, 이 정도면 세부로 떠날 이유는 충분하지 않을까?

한눈에 보는 세부

비행시간: 인천 ↔ 세부 4시간 30분

시차: -1시간(한국이 오전 8시일 때 세부는 오전 7시)

날씨: 평균 27℃의 열대 기후. 건기와 우기가 따로 없으나 6~10월에 비가 많이 오는 편이다. 가장 시원할 때는 12~2월, 가장 더울 때는 5월이다. 가끔 태풍의 영향권에 든다.

언어: 영어, 타갈로그어

비자: 여권 유효 기간이 6개월 이상 남은 대한민국 여권 소지자라면 30일간 무비자로 체류할 수 있다.

통화: 페소(PHP) / 1P = 약 25원 (2015년 4월 매매기준율)

전압: 220V로 한국과 같지만 11자형 코드를 쓰는 곳이 많다. 돼지코 어댑터나 멀티어댑터를 준비하자.

꼭 해봐야 할 것: 아일랜드 호핑 투어, 마사지, 열대과일 마음껏 먹기

쇼핑 리스트: 7D 건망고, 조비스 바나나칩, 코코넛 오일

세부 시티 & 막탄
Cebu City & Mactan

세부 시티 / Cebu City
- 엔젤 병원 / Angel's Medical Clinic
- 마르코 폴로 플라자 세부 / Marco Polo Plaza Cebu
- 세부 I.T. 파크 / Cebu I.T. Park
- 세부 닥터스 대학 병원 / Cebu Doctors' University Hospital
- 퀘스트 호텔 세부 / Quest Hotel Cebu
- 아얄라 센터 / Ayala Center
- SM 시티 / SM City
- 래디슨 블루 호텔 세부 / Radisson Blu Hotel Cebu
- 산토 니뇨 성당 / Santo Nino Church
- 산페드로 요새 / Fort San Pedro

막탄 / Mactan
- 올드 브리지 / Osmena Bridge
- 뉴 브리지 / Marcelo Fernan Bridge
- 막탄 마리나 몰 / Mactan Marina Mall
- 외벤픽 호텔 막탄 아일랜드 세부 / Movenpick Hotel Mactan Island Cebu
- 로미 스파 / Lomi Spa
- 트리 셰이드 스파 / Tree Shade Spa
- 막탄-세부 국제공항 / Mactan-Cebu International Airport
- 상그릴라 막탄 리조트 & 스파 / Shangri-La's Mactan Resort & Spa
- 궁 오리엔탈 스파 / Goong Oriental Spa
- 크림슨 리조트 & 스파 막탄 / Crimson Resort & Spa Mactan
- 마리바고 블루워터 비치 리조트 & 스파 / Maribago Bluwater Beach Resort & Spa
- 제이파크 아일랜드 리조트 & 워터 파크 / JPark Island Resort & Water Park
- 플랜테이션 베이 리조트 & 스파 / Plantation Bay Resort & Spa

보홀
Bohol

- 세부 해협 / Cebu Strait
- 초콜릿 힐 / Chocolate Hill
- 나비보호센터 / Simply Butterflies Conservation Center
- 로복 강 / Loboc River
- 안경원숭이 보호구역 / Tarsier Conservation Area
- 팡라오 섬 / Panglao Island

아이와 함께
세부 여행,
이것도 놓치지 말자

저가항공사의 초특가 항공권을 노려라

세부는 한국에서 출발하는 저가항공사의 직항 노선이 가장 많은 휴양지다. 제주항공, 진에어, 에어부산, 세부퍼시픽, 에어아시아가 취항하며, 종종 프로모션으로 초특가 항공권을 내놓는다. 기회를 잘 잡으면 제주도 가는 비용보다 저렴하게 세부 여행을 다녀올 수 있으니 알뜰 여행족이라면 저가항공사의 소식에 귀 기울여보자. 대형 항공사는 대한항공, 아시아나항공, 필리핀항공이 취항한다.

 세부 여행 열풍을 몰고 온 세부퍼시픽의 항공권을 이제 공식 홈페이지(www.cebupacificair.com)에서 구매할 수 없다. 2015년 1월부터 출발하는 인천/부산-세부/칼리보 노선 항공권은 한국 총판 대리점을 통해서만 구매할 수 있다.

세부 여행 필수 준비물

아이 옷은 땀을 잘 흡수하는 얇은 면 티셔츠로 가져가고, 태양을 피할 수 있는 챙 있는 모자와 선블럭도 챙겨야 한다. 자외선 차단 기능이 있는 긴팔 래시가드와 얇은 점퍼도 준비하면 도움이 된다. 유모차는 공항이나 쇼핑몰에서 사용할 수 있으나 해변이나 관광지에서는 도로

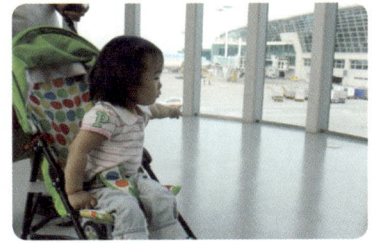

사정이 좋지 않아 쓸 수 없다. 그래도 가져가는 것이 좋다. 보통 밤 비행기로 이동하므로 공항에서 아이의 이동식 침대로만 써도 활용 가치는 충분하다.

베이비시팅 서비스

유아 동반 가족에게 세부는 베이비시팅 서비스를 이용할 수 있어 특히 매력적인 여행지다. 필리핀의 베이비시터는 보통 하루 8~12시간 일하며 보수는 시간당 60~300P 정도로 알선 업체에 따라 차이가 크다. 호텔, 리조트, 현지 한인 여행사를 통해 예약할 수 있다. 아일랜드 호핑 투어 시에는 해당 여행사에 문의하면 도움을 주기도 한다. 베이비시터가 주로 하는 일은 부모를 도와 아이를 돌보고 아이와 함께 놀아주는 것이지만 장을 보거나 택시를 탈 때, 혹은 여행 중 궁금한 것이 있을 때 현지 소통에 도움이 되기도 한다. 기본적으로 아이의 가족과 함께 움직이며 식사도 함께 한다. 베이비시터를 구할 때 가장 걱정되는 점은 '믿을 수 있는 사람'인지일 것이다. 가족 모두가 즐거운 여행을 위해 검증된 업체를 통해 최소 1주일 전에 예약하는 것이 좋다. 잠시나마 내게 자유를 주고, 아이를 돌봐줄 고마운 분이니 인간적인 대우와 수고비(팁)도 잊지 말자.

세부의 주요 병원

엔젤 병원 Angel's Medical Clinic
한인이 운영하는 병원. 진료 과목은 내과와 소아청소년과로 현지 의사들이 진료를 보지만 한국어로 소통할 수 있다.
주소 A. S. Fortuna St, Mandaue City, 6014 Cebu (볼보 전시장 옆) | **오픈** 월~금요일 09:00~18:00, 토요일 09:00~12:00 | **전화** 032-418-1838

세부 닥터스 대학 병원 Cebu Doctors' University Hospital
현지 종합 병원이지만 코리아 헬프 데스크가 있어 한국어 통역 및 보험 서류 준비를 도와준다.
주소 Osmeña Blvd, Cebu City, 6000 Cebu | **오픈** 월~금요일 09:00~18:00, 토요일 09:00~12:00
전화 032-255-5555 | **홈피** cduh.com.ph

최신 정보 가득한 인터넷 커뮤니티

▼ 세부 100배 즐기기
cafe.naver.com/cebu100x

▼ 세이필
cafe.naver.com/realfreetour

현지 한인 여행사

▼ 온필
www.onfill.com

▼ 원클릭 세부 보홀
cafe.naver.com/yunguer

필리핀 필수 여행 정보

▢ 아빠 없이 여행할 땐 영문 등본 필수

필리핀 입국 시 만 15세 미만의 소아는 필리핀 이민법에 의거하여 혼자서 입국할 수 없다(아동학대·착취, 인신매매 방지 차원). 성이 같은 아빠가 함께 입국하는 경우 별도의 서류는 필요하지 않다. 그러나 아빠 없이 엄마와 아이만 떠나는 여행이라면 성이 같은 경우, 다른 경우 모두 엄마와 아이가 가족임을 증명할 수 있는 영문 주민등록등본을 준비해야 한다. 증빙 서류가 없으면 가족으로 인정되지 않아 필리핀 입국이 거절될 수 있다. 엄마 여권을 만들 때, 이름 옆에 'Wife of ㅇㅇㅇ'라고 남편의 성을 함께 표기하면 입국 심사 시 도움이 된다. 또한 공항 출입국 심사대에서 간혹 왕복 항공권을 요구하는 경우가 있으니 항공권 사본을 준비하는 것이 좋다.

▢ 면세품 반입 금지

필리핀 입국 시에는 한국에서 면세품을 사지 않도록 한다. 필리핀 관세법상 세관원이 사치품 또는 판매 목적이라고 판단할 경우 세금을 부과할 수 있다. 특히 관광객이 많은 막탄-세부 국제공항에서는 면세점 쇼핑백을 들고 있는 사람 모두가 세관원의 감시 대상이 된다고 해도 과언이 아니다.
성인에 한해 면세가 가능한 항목은 담배 2보루, 술 2병(1병당 1ℓ 까지)이며, 그 외 가방은 물론이고 화장품, 액세서리 등 모두 관세 대상 품목이다.

▢ 잊지 말자! 공항이용료

국제선 출국 시 공항이용료를 준비해야 한다. 여행의 끝 무렵이라 잊기 쉬우므로 미리 비행기 좌석 수만큼 곱해 현금으로 준비해 별도 보관하는 것이 좋다.

※ 공항이용료 : 세부 750P, 칼리보(보라카이) 500P

세부 여행 3박 4일 추천 일정

DAY 1

22:15 밤 비행기로 출발

01:50 막탄-세부 국제공항 도착, 리조트로 이동

DAY 2

09:00 아침식사 후 리조트에서 휴식

12:00 점심식사 리조트 내 풀 바
비치 체어에서 휴양지의 여유를 만끽하자!

13:00 리조트 내에서 물놀이

DAY 3

08:00 아일랜드 호핑 투어 P.112
세부 여행의 꽃! 여행사 일일 투어로 다녀오자.

15:00 리조트에서 휴식

DAY 4

09:00 아침식사 후 리조트에서 휴식 또는 물놀이

11:00 리조트 체크아웃 후 쇼핑

한국에서 비행 거리가 4시간 30분으로 가깝고 물가도 저렴한 세부는 가장 부담 없이 아이와 떠날 수 있는 해외여행지다. 이미 다녀온 사람이 많아서 인터넷에서 가장 쉽게 후기를 찾아볼 수 있는 곳이기도 하다. 하지만 후기만 보고 이것저것 욕심을 내다 보면 자칫 여행이 아닌 고행이 될 수 있다. 여행을 계획할 때 중요하게 생각했던 것이 무엇인지, 가족의 취향과 아이의 컨디션은 어떤지를 고려해 우리 가족에 맞는 일정을 짜보자.

17:00
SM 시티 또는
아얄라 센터에서 쇼핑 P.114

19:00
저녁식사
제리스 그릴 P.118
필리핀식 바비큐 요리 전문점

17:00
저녁식사
크레이지 크랩 P.120
싱싱한 머드 크랩으로
유명한 레스토랑

18:00
마사지

12:00
점심식사
논끼 P.120

14:00
공항으로 출발
공항이용료를 좌석당 750P씩 챙겨두자!

16:35
집으로

어디서 머물까?

대부분의 가족여행객은 막탄 섬에 머물며 식사나 쇼핑을 하러 택시로 30~40분 거리에 있는 세부 시티(Cebu City)를 오간다. 아이와 함께 해변에서 휴식하며 휴가를 보내기를 원한다면 전용 해변과 스파, 레스토랑 등을 모두 갖춘 막탄 섬의 고급 리조트가 좋다. 그러나 예산이 부담스럽거나 짧은 일정에 호핑 투어와 관광을 하느라 리조트를 제대로 이용하지 못할 것 같다면 쇼핑몰과 맛집, 유적지가 가까운 세부 시티에 숙소를 잡는 것도 괜찮다. 절충형으로 출·도착 일에는 세부 시티의 호텔에서, 나머지 날은 막탄 섬 리조트에서 머무는 방법도 있다. 다만, 이 방법은 아이와 함께 숙소를 옮기며 짐을 싸고 푸는 번거로움이 있다.

막탄 추천 호텔
샹그릴라 막탄 리조트 & 스파, 제이파크 아일랜드 리조트 세부, 플랜테이션 베이 리조트 & 스파, 크림슨 리조트 & 스파 막탄, 마리바고 블루워터 비치 리조트 & 스파, 뫼벤픽 호텔 막탄 아일랜드 세부

세부 시티 추천 호텔
래디슨 블루 호텔 세부, 퀘스트 호텔 세부, 마르코 폴로 플라자 세부

뭘 타고 다닐까?

세부에서 여행자가 이용할 수 있는 가장 손쉬운 교통수단은 택시다. 리조트, 호텔 픽업 서비스를 이용하지 않으면 공항에서 숙소로 이동할 때도 택시를 이용하는 것이 일반적이다. 길거리에서 탈 경우에는 정지해 있는 상태가 아닌 움직이는 택시를 세워 타는 것이 좋으며, 되도록 안전을 위해 호텔이나 대형 쇼핑몰에서 잡아주는 택시를 이용하는 것이 좋다(탑승 시 호텔이나 쇼핑몰 측에서 택시 번호, 회사명, 운전기사 이름, 탑승일 등을 적어준다). 세부 택시는 출발 전 가격 협상을 시도하거나 바가지요금을 매기는 경우도 있으니 출발 시 미터기를 켰는지 반드시 확인하자. 요금은 첫 500m 이내 기본요금 40P이며 추가 요금은 300m당 3.5P씩 더해진다.

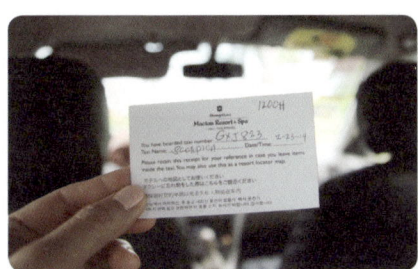

어떻게 즐길까?

★ 아일랜드 호핑 투어 ★
Island Hopping Tour

세부 여행이 처음이라면 꼭 해봐야 하는 일일 투어가 있다. 바로 휴양 여행의 꽃이라 불리는 아일랜드 호핑 투어다. 호핑 투어는 필리핀 전통 배인 방카를 타고 주변 섬을 돌아보며 스노클링과 줄낚시 등을 즐길 수 있는 여행 상품이다. 보통 오전 9시에 출발해 오후 3시쯤 돌아오는 반나절 일정이며 바비큐 점심식사와 스노클링 장비, 구명조끼 대여료가 포함된다. 날루수안, 힐루뚱안 섬 호핑 투어가 가장 인기 있고 올랑고 섬, 판다논 섬 등을 여행하는 다양한 코스가 있다. 가격은 1인당 1,500~3,000P. 한 배에 타는 인원이 많을수록 가격이 낮아진다. 한인 여행사에서는 베이비시팅 서비스를 제공하는 업체도 있다.

준비물 수영복, 수건, 아쿠아 슈즈, 선크림, 멀미약

★ 리조트 데이 트립 ★
Resort Day Trip

막탄 섬의 특급 리조트에 숙박하지 않더라도 럭셔리한 부대시설을 이용하며 편안하게 휴식할 수 있는 방법이 있다. 각 리조트에서 운영하는 '리조트 데이 트립' 상품을 이용하는 것이다. 1인당 1,200~4,000P의 비용을 내면 숙박을 제외한 대부분의 리조트 시설을 이용할 수 있고, 점심 뷔페도 먹을 수 있다. 샹그릴라 막탄, 플랜테이션 베이, 크림슨, 마리바고 블루워터 비치 리조트 & 스파 등에서 가능하며 예약은 현지 여행사를 통하거나 리조트에서 직접 할 수 있다.

⭐추천 샹그릴라 막탄 리조트 데이 트립

샹그릴라 막탄은 세부 최고의 럭셔리 리조트로 데이 트립 티켓을 구매하면 하루 동안 점심 뷔페, 수영장 및 해변, 헬스장, 자쿠지, 타월 등 리조트 시설을 이용할 수 있다.

오픈 11:00~21:00 | **요금** 어른 주중 3,500P, 주말 4,000P / 어린이(만 5~12세) 주중 1,800P, 주말 2,600P
전화 032-231-0288 | **홈피** www.shangri-la.com

★ 대형 쇼핑몰 ★
Shopping Mall

저녁에 마땅히 즐길 거리가 없는 세부에서는 대형 쇼핑몰 위치를 잘 알아두는 것이 좋다. 대표적인 곳은 세부 시티에 있는 아얄라 센터(Ayala Center), SM 시티(SM City)와 막탄 섬의 마리나 몰(Marina Mall). 빈부 격차가 심하고 총기 소지가 허용되는 필리핀이지만 이곳에서는 늦은 시각까지 안전하게 식사와 쇼핑을 즐길 수 있어 현지인과 관광객이 많이 찾는다. 아이들이 좋아할 만한 놀이 시설을 갖춘 곳도 있고, 망고가 수북이 쌓인 슈퍼마켓이나 세련된 맛집과 카페도 즐비해 한번 발을 들이면 빠져 나오기 쉽지 않다. 참고로 실내 놀이터는 양말을 신어야 입장이 가능하다. 유모차와 자동차 카트는 유료로 빌릴 수 있으며 여권이 있어야 한다.

아얄라 센터 Ayala Center

레스토랑과 아이맥스 영화관 등을 갖춘 복합 쇼핑몰. 실내 놀이터가 있으며 야외에 작은 공원이 있다.

입점 매장 TGIF, 제리스 그릴, 까사 베르데, 브래드톡, 보스커피, 슈퍼마켓 등 | **위치** Cebu Business Park, Archbishop Reyes Avenue, 6000 Cebu City | **오픈** 10:00~21:00 | **전화** 032-231-5342

SM 시티 SM City

복합 쇼핑몰. 백화점과 슈퍼마켓, 놀이시설이 잘 되어있고 래디슨 블루 호텔과 이어져 있어 호텔 숙박 시 이용이 편리하다.

입점 매장 제리스 그릴, 논끼, 서스티, 보스 커피, 졸리비, 슈퍼마켓 등
위치 North Reclamation Area, 6000 Cebu City | **오픈** 10:00~21:00 | **전화** 032-231-0557

아이티 파크 I.T. Park

고층 건물이 즐비한 세련된 감각의 오피스 거리. The Walk 거리에는 분위기 좋은 카페와 레스토랑이 많다.

입점 매장 문 카페, 까사 베르데, 커피빈, 보스 커피 등 | **위치** Salinas Dr, Lahug, 6000 Cebu City
오픈 10:00~21:00 | **전화** 032-231-5301

마리나 몰 Marina Mall

세부 시티에 있는 쇼핑몰에 비해 규모는 작지만 공항, 리조트 단지와 가까운 막탄 섬에 있으며 내부에 큰 마트가 있어 간단한 먹거리와 기념품 사기에 좋다.

입점 매장 스타벅스, 차우킹, 슈퍼마켓, 약국 등 | **위치** Mactan Marina Mall, Airport Road, Block E Lapu Lapu, 6015 Cebu | **오픈** 07:00~21:00

★ 세부 시티 투어 ★
Cebu City Tour

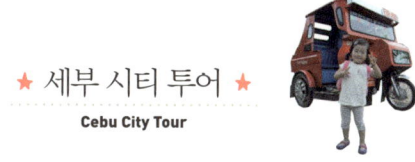

세부 유적이 모여 있는 세부 시티 투어 코스는 걸어서 3시간 정도면 충분하다. 산페드로 요새(Fort San Pedro) → 마젤란 십자가(Magellan's Cross) → 산토 니뇨 성당(Santo Nino church) 순서로 돌아보기를 추천한다. 2km 남짓 되는 짧은 거리이지만 그늘이 없다. 아이와 함께라면 세부 역사에 특별히 관심이 있는 사람만 다녀올 것! 현지 여행사에서 1인당 한화 3만 ~4만 원 정도에 반나절 투어 상품을 예약할 수 있다.

산페드로 요새   마젤란 십자가   산토 니뇨 성당

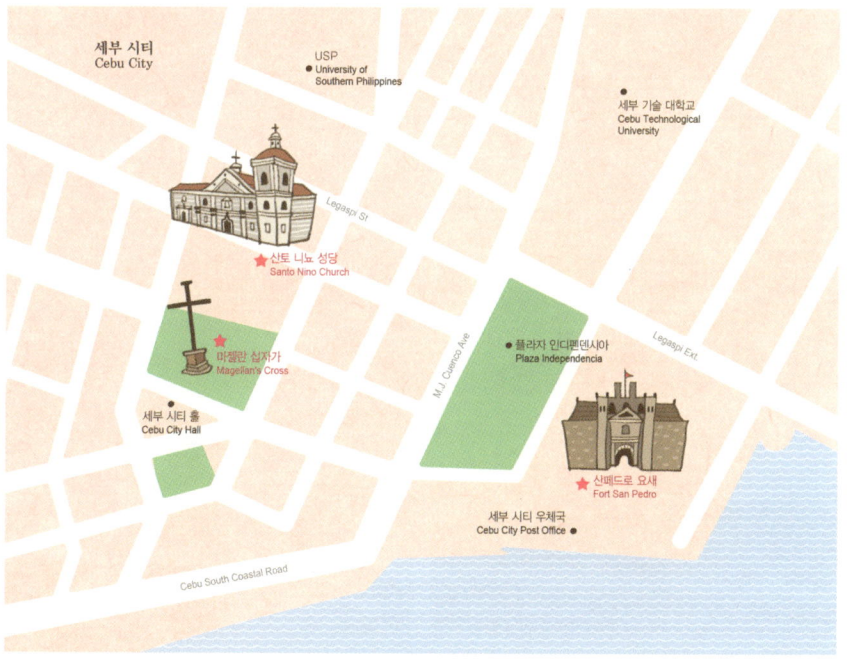

★ 보홀 섬 투어 ★
Bohol Island Tour

세부가 고급 리조트와 대형 쇼핑몰이 있는 큰 도시라면 보홀은 자연 그대로의 해변과 울창한 원시림을 벗하며 낭만을 즐길 수 있는 소박한 시골이다. 세부에서 5일 이상 머물 예정이거나, 혹은 시간이 좀 걸려도 색다른 휴양지로의 여행을 원한다면 1박 이상의 일정으로 보홀 섬으로 떠나보자.

보홀은 세부에서 쾌속선으로 1시간 40분이면 닿을 수 있는 가까운 섬이다. 그러나 세부와는 비교할 수 없을 정도로 맑고 아름다운 해변을 자랑한다. 특히 발리카삭 섬, 버진 아일랜드로의 호핑 투어(해상 투어)는 보홀에 다녀온 사람이라면 누구나 강력 추천하는 여행 코스! 화이트 비치로 유명한 '보홀 비치 클럽' 리조트의 프라이빗 비치로 데이 트립을 떠나봐도 좋다. 키세스 초콜릿을 엎어놓은 것 같은 초콜릿 힐과 세계에서 가장 작은 안경원숭이는 보홀 섬을 대표하는 명물이다. 그러나 로복 강, 안경원숭이 보호구역, 초콜릿 힐, 나비보호센터 등을 둘러보는 육상 투어는 차를 타는 시간이 길어(약 100km) 어린아이와 여행하기에는 힘들 수 있다.

★ 마사지 숍 ★
Massage Shop

아이와 함께하는 여행이라 마사지는 꿈도 못 꾼다고? 세부에서는 가능하다. 놀이방과 베이비시터가 있는 마사지 숍이 있기 때문. 대부분 한국인이 운영하는 곳이라 우리 취향에 맞는 놀이방이 구비되어 있다. 아이를 위한 성장 마사지도 받을 수 있다.

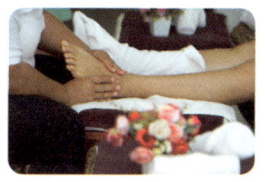

트리 셰이드 스파 Tree Shade Spa

위치 막탄 섬 뫼벤픽 호텔 막탄 아일랜드 세부 근처, 호텔을 등지고 왼쪽으로 약 20m, 길 건너편)
오픈 10:00~24:00, 예약 필수
요금 1시간 $15, 2시간 $30 이상
전화 032-520-7000, 0917-625-6556(한국인 매니저)
홈피 cafe.naver.com/treeshadespa
※ 놀이방 있으나 베이비시터 서비스 불가

궁 오리엔탈 스파 Goong Oriental Spa

위치 막탄 섬 코스타벨라 트로피칼 비치 리조트 근처
오픈 10:00~22:00, 예약 필수(마지막 예약 20:00)
요금 2시간 $50 이상
전화 032-495-9147, 9029
※ 베이티시터 서비스 필요 시 예약 문의

로미 스파 Lomi Spa

위치 막탄 섬 올드 브리지와 뉴 브리지 사이(세부 시티, 막탄 섬 내 픽업 서비스 무료)
오픈 10:00~02:00(픽업 서비스 09:00~23:30)
요금 1시간 $11, 2시간 $20 이상
전화 070-4823-1641, 0905-228-3428
홈피 cafe.naver.com/lomispa

무엇을 먹을까?

오랫동안 역사의 소용돌이 속에 있었던 세부에는 필리핀 전통 음식뿐 아니라 스페인, 미국, 동양의 맛이 적절하게 융합된 요리가 많다. 음식은 대부분 우리 입맛에 잘 맞는 편이지만 필리핀 음식이 대체로 짠 편이라 아이와 함께라면 "Less Salt, Please(소금 조금만 넣어주세요)!"라고 부탁하는 것이 좋다. 밥 종류는 무한 리필되는 곳도 있다.

★ 제리스 그릴 ★
Gerry's Grill

필리핀식 바비큐 요리로 유명한 프랜차이즈. 적당한 가격대에 가족이 함께 즐길 만한 메뉴가 많다. 오징어통구이, 참치뱃살구이, 족발튀김이 맛있다.

추천 메뉴 바비큐 꼬치구이(Pork BBQ), 족발튀김(Crispy Pata), 오징어통구이(Inihaw Na Pusit), 새우 감바스(Sizzling Gambas), 갈릭 라이스(Garlic Rice) | **위치** SM 시티, 아얄라 센터 테라스 2층 외 | **오픈** 11:00~23:00(아얄라센터점)
전화 032-232-4159(아얄라센터점) | **홈피** www.gerrysgrill.com

★ 골든 까우리 ★
Golden Cowrie

'금빛 조개'라는 뜻의 골든 까우리는 세부의 대표 로컬 음식 프랜차이즈. 제리스 그릴과 더불어 한국인이 가장 많이 찾는다. 세부 시티뿐 아니라 막탄 섬에도 지점이 있다.

추천 메뉴 가리비구이(Baked Scallops), 족발튀김(Crispy Pata), 오징어통구이(Inihaw Na Pusit), 참치 스틱(Fried Tunar Finger), 깡콩(Kang Kong) | **위치** 막탄 섬 마리나 몰 건너편, 아얄라 센터 테라스 3층, SM 시티 지하 1층 | **오픈** 11:00~21:00(SM시티점) | **전화** 032-231-8530(SM시티점)

★ 까사 베르데 ★
Casa Verde

한국인의 입맛에 잘 맞는 서양식 패밀리 레스토랑. 식사 시간에는 항상 긴 줄이 늘어서 있어 기다려야 한다. 브라이언스 립이 유명하다.

추천 메뉴 치킨샐러드(Caryl's Country Salad), 브라이언스 립(Brian's Rib), 스테이크(The DAX), 빅뱅버거(The Big Bang Burger) | **위치** 아얄라 센터 테라스 3층, IT 파크 1층 | **오픈** 11:00~22:00(아얄라센터점) | **전화** 032-233-8885(아얄라센터점)

★ 문 카페 ★
Mooon Café

멕시칸 레스토랑 프랜차이즈. 인테리어도 이국적인 느낌이 난다. 멕시코 음식 외에 피자, 파스타, 필리핀 음식도 주문할 수 있다. 밥이 포함된 메뉴가 있으니 주문 시 확인하는 것이 좋다.

추천 메뉴 타코, 피자, 시시, 감바스 | **위치** 아얄라 센터 2층, SM 시티 지하 1층, IT 파크 외 | **오픈** 11:00~23:00

★ 논끼 ★
Nonki

싱싱한 해산물과 돈가스, 우동 등을 맛볼 수 있는 일식 레스토랑 체인. 세부 물가 대비 비싼 편이지만 제대로 된 일식을 맛볼 수 있다. 푸석한 필리핀 밥 대신 쫀득한 쌀밥이 제공되며 김치를 재료로 한 메뉴도 있다. 런치 세트메뉴가 저렴하고, 포장도 된다.

추천 메뉴 생참치 사시미, 초밥, 돈가스, 우동 | **위치** SM 시티 1층, 마리나 몰 스타벅스 맞은편 건물 2층

★ 크레이지 크랩 ★
Crazy Crab

알리망오라 불리는 머드크랩으로 유명한 레스토랑. 한인이 운영해 한글 메뉴가 있으며 살아 움직이는 싱싱한 게의 무게를 달아 가격을 책정한다. 요리하는 데 시간이 제법 걸리는 편. 500g 이상의 큰 게를 원하면 미리 예약해야 한다.

추천 메뉴 스위트 & 스파이시 크랩, 갈릭 크랩, 스팀드 크랩 | **위치** 가이사노 컨트리 몰 1층 | **오픈** 11:00~20:30 | **전화** 032-416-2344

★ 서스티 ★
Thirsty

생과일 셰이크 체인으로 대형 쇼핑몰 곳곳에 있다. 망고, 그린망고, 리찌, 파인애플, 당근, 코코넛, 바나나, 수박, 오렌지에서 두리안까지 종류도 다양하다. 망고 셰이크가 특히 맛있다.

요금 생과일 셰이크 스몰 55P, 레귤러 65P, 라지 85P, 엑스라지 105P

★ 패스트푸드 ★
Fastfood

필리핀 국민 프랜차이즈 졸리비(Jollibee)와 중국식 덮밥집인 차우킹(Chowking) 등이 있다. 졸리비에서는 챔프버거가, 차우킹에서는 필리핀식 팥빙수인 할로할로가 유명하다.

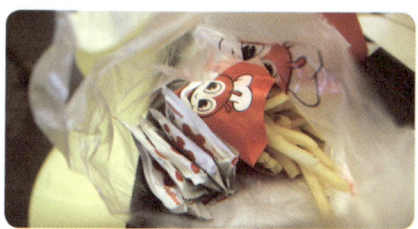 

세부에서 꼭 먹어봐야 할 12가지 필리핀 음식

오랜 세월 동안 스페인과 미국의 지배를 받았던 필리핀에서는 동양의 양념을 사용한 전통 음식부터 미국식 스테이크까지 맛볼 수 있는 음식의 종류도 다양하다. 동서양의 맛이 적절하게 융합된 요리는 대부분 우리 입맛에도 잘 맞는다. 달콤한 간장 소스를 바른 바비큐와 고소한 마늘 밥, 후식으로 푸짐한 열대과일 등 여행의 즐거움을 더해주는 맛있는 현지 음식! 생각만 해도 군침 도는 세부의 강력 추천 음식을 모아봤다.

족발튀김, 크리스피 파타 (Crispy Pata)

마늘, 생강, 소금, 후추 등으로 양념한 족발을 통째로 기름에 튀긴 음식. 튀겼기 때문에 껍질이 바삭바삭하고, 잘랐을 때 살코기 사이로 육즙이 촉촉하게 배어나는 것이 특징이다. 조금 느끼하기 때문에 시큼한 깔라만시와 매콤한 고추를 넣은 간장 소스에 찍어 먹는다.

오징어 통구이, 이니하우 나 푸싯 (Inihaw Na Pusit)

오징어에 간장, 설탕, 마늘, 생강 등의 양념을 해 숯불에 통째로 구운 요리. 오징어 안에 부추 등 채소를 넣은 것도 있으며 우리 입맛에 잘 맞는다. 쌀밥과 채소 요리를 곁들여 먹으면 훌륭한 한 끼 식사가 된다.

숯불 통구이, 레촌 바보이 (Lechon Baboy)

레촌(Lechon)은 '통구이'라는 뜻으로 새끼 돼지를 통째로 숯불에 구운 바비큐인 레촌 바보이(Lechon Baboy)가 가장 유명하다. 필리핀에서는 생일이나 축제, 명절에 먹는 잔치 음식이다. 기름이 쏙 빠진 바삭한 껍질과 부드러운 속살이 일품이며 관광객에게도 인기가 좋다. 비슷한 음식으로 레촌 마녹(Lechon Manok)은 통닭구이로 해질 무렵 노점에서 흔히 만날 수 있다.

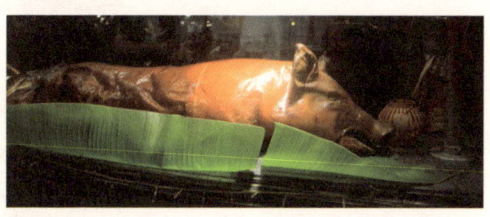

참치 턱 구이, 빵아 (Panga)

빵아는 참치의 턱 부위를 숯불에 은근하게 구워낸 요리다. 굳이 우리 음식에 비유하자면 고갈비에 가깝지만, 맛은 비교할 수 없을 정도로 좋다. 보기와 달리 뼈 구석구석 살코기가 많이 숨어 있어 부드러운 속살을 보물찾기처럼 발라내는 재미가 있다. 단, 화력 조절이 쉽지 않은 숯불에 살이 연한 생선을 굽다 보니 겉이 잘 타곤 한다.

머드크랩, 알리망오 (Ali Mango)

바닷물과 민물이 만나는 개펄에서 잡는 알리망오(머드크랩)는 가격이 비싸지만 살이 달고 맛있어 필리핀에서 꼭 먹어봐야 할 해산물 중 하나다. 보통 찌거나 채소에 소스를 곁들여 볶아 먹는다. 무게를 달아 가격을 매긴다. 작아도 무게가 많이 나간다면 속이 꽉 차 있다는 뜻.

마늘 밥, 갈릭 라이스 (Garlic Rice)

식사의 기본이 되는 밥. 세부에서 바비큐 등 요리를 먹을 때는 보통 마늘을 튀겨 짭조름하게 양념한 갈릭 라이스를 먹는다. 밥 종류는 무한 리필되는 곳이 많으니 주문 전 확인해보자.

나물 반찬, 깡콩 (Kangkong)

미나리나 시금치 비슷한 채소를 액젓으로 짭짤하게 볶은 요리. 늘 먹던 나물 요리처럼 한국인의 입맛에 잘 맞는 음식이다. 밥반찬으로 강추!

소시지, 롱가니사 (Longanisa)

롱가니사는 돼지, 소, 닭고기 등을 혼합해서 만든 필리핀식 소시지다. 일반 소시지보다는 살짝 달고 붉은빛을 띠는 것이 특징이며 매운 소시지, 단 소시지, 채소로 만든 소시지 등 종류가 많다. 주로 밥과 함께 아침식사로 먹으며 필리핀에서는 맥도날드나 KFC의 아침 메뉴로 등장할 만큼 인기가 많다.

필리핀 팥빙수, 할로할로 (Halo Halo)

할로할로는 '이것저것 섞는다'는 뜻으로 한국의 팥빙수와 비슷한 시원한 디저트다. 갈아놓은 얼음에 연유와 과일, 젤리를 넣고 보라색 우베(자색 고구마 같은 뿌리 열매) 아이스크림을 올려 먹는다.

열대과일 주스
(Fruit Juice)

열대과일 천국인 필리핀에서는 즉석에서 갈아주는 생과일 주스도 흔하고 저렴하다. 주로 많이 먹는 과일 주스는 망고, 그린망고, 바나나, 깔라만시 주스. 과육을 얼음과 함께 갈아주기를 원한다면 '주스' 대신 '셰이크'로 주문해야 한다.

망고
(Mango)

세부 망고는 우리나라의 나주 배에 비유할 정도로 당도가 높고 품질이 좋다. 3~8월이 제철이며 4~6월에 가장 달다. 망고는 색이 노랗고, 꼭지에서 달달한 냄새가 나며, 표면이 매끄러운 것을 골라야 한다. 껍질에 바나나처럼 거뭇한 점이 생긴 것이 더 달다. 슈퍼마켓이나 노점에서 쉽게 살 수 있다.

산 미구엘
(San Miguel)

산 미구엘을 빼놓고 필리핀 음식을 말할 수 있을까? 묵직한 맛의 산 미구엘은 스페인 통치 시기였던 1890년부터 마닐라 생산 공장에서 제조된 스페인 맥주다. 현재는 세계로 수출되는 사실상 필리핀의 국민 맥주다. 세부에는 가장 많이 마시는 산 미구엘 페일 필젠뿐만 아니라 라이트, 프리미엄, 스트롱 아이스, 슈퍼 드라이 등 다양한 종류가 있다. 가격도 30~50P로 저렴한 편.

TRAVEL STORY 03

다섯 빛깔 치유의 색, 세부의 매력에 빠지다

나이가 들수록 세월이 빨리 흐른다고 했던가. 하루하루가 새로운 기억으로 채워지는 아이와는 달리 어른의 일상은 뚜렷한 인상 없이 반복적으로 흐른다. 새로 기억할 일이 줄어드는 건 그만큼 기억에 남을 만한 일이 없다는 것. 날아가듯 사라져버리는 시간 속에서 나는 종종거리며 이력서에도 한 줄 넣을 수 없는 맨발의 시간을 보낸다.

둘째를 낳은 지 6개월. 출산의 고통은 어느새 희미해졌다. 적응할 수 없을 것 같던 두 아이의 엄마라는 역할에도 점차 익숙해지고 있다. 샘내는 첫째의 눈치를 보며 마치 숨겨놓은 애인을 만나듯 몰래 눈을 맞추고, 젖을 물리다 보니 아이는 흐르는 시간을 증명이라도 하듯 훌쩍 자라 있었다. 문득 주위를 둘러보니 동생이 태어난 이후 첫째 진아는 부쩍 혼자 노는 시간이 늘었다. 남편에게 집은 이제 더 이상 쉴 곳이 아니었다. 축복, 기쁨, 행복. 아기는 그 어떤 단어로도 표현할 수 없을 만큼 사랑스러웠지만, 돌처럼 무거워진 우리의 몸과 마음은 휴식이 필요했다.

때이른 더위가 기승을 부리던 5월의 어느 날, 우리는 잠시 떠나보기로 했다. 서울에서 세부, 세부에서 다시 보홀 섬으로. 떠났다기보다 숨어들었다는 표현이 더 어울릴지도 모르겠다. 야자수 그늘에서 빈둥거리기만 해도 좋았던 휴식의 시간. 모유 수유 중이었기에 생각만큼 속 시원히 일탈의 자유를 누릴 수는 없었지만 그토록 그립던 바다를 만나니 이제야 숨이 좀 쉬어지는 것 같았다. 마음 밑바닥에 깊게 엉겨 붙어 있던 시간의 찌꺼기를 하나씩 꺼내 천천히 녹여냈던 여행, 이제 나는 필리핀에서 만났던 다섯 빛깔 치유의 색에 대해 이야기해보려고 한다.

Blue

가장 먼저 떠오르는 것은 세부의 바다를 상징하는 코발트 블루 빛이다. 아름다운 바다는 태양이 주는 선물이라더니, 맑은 날에는 언제고 햇살에 반짝이는 푸른 바다를 볼 수 있었다. 수평선에 걸린 낮은 구름이 없었다면 하늘과 바다가 하나로 보일 것 같은 풍경이었다. 물이 빠지는 오후의 바다는 투명하게 빛났다. 거울 같은 바다를 맨발로 걷고 있으면 마치 하늘을 걷는 것 같은 착각에 빠졌다.

White
산호가 부서진 모래밭은 눈이 부시게 하얗다. 물 빠진 해변에서 우리는 맨발과 맨손으로 고운 모래를 즐겼다. 찰흙처럼 달라붙는 쫀득한 모래의 감촉이 재미있어서 자꾸만 속으로 속으로 손을 집어넣었다. 조가비 하나를 진아의 귀에 가만 대주니 저만치 멀어진 줄만 알았던 파도가 다시 밀려온다.

Yellow
필리핀 망고, 특히 세부 망고는 세계적으로 유명하다. 그래서인지 이곳 사람들의 망고 사랑은 좀 특별하다. 망고주스, 건망고, 망고 아이스크림, 망고 케이크, 망고 요구르트 등 손을 뻗는 데마다 망고가 있었다. 달콤한 망고 셰이크는 삶의 허기를 채워주는 우리의 소울 푸드였다.

Green
방에서 한 걸음만 나서면 언제나 잔디와 야자나무를 만날 수 있다. 초록의 자연이 주는 생기는 겨우내 갇혀 살던 우리를 들뜨게 했다. 아침엔 딸아이의 머리를 빗기고, 오후엔 수영 후 노곤함을 풀고, 해가 어스름해지면 함께 비스듬히 누워 망고주스와 산 미구엘을 홀짝이던 비치 체어가 그립다.

Red
세부에서 가까운 보홀 섬에는 빨간색 트라이시클이 많다. 운전석 머리에 'FOR HIRE', 'SPECIAL TRIP', 'FAMILY USE'라고 써 붙여 용도를 구분하는데 택시처럼 탈 수 있는 것은 'FOR HIRE'다. 좌석이 2개뿐이라 아이를 안고 타야 해서 불편했지만 트라이시클을 좋아했던 진아 덕(?)에 우리는 늘 옹기종기 붙어 앉아 매연과 먼지바람을 맞아야만 했다. 내릴 즈음엔 늘 땀에 젖었지만, 아이가 웃으니 견딜 만했다. 이제 와 생각해보니 진아는 오랜만에 차지한 엄마 무릎이 좋았던 것 같다.

특별한 세부 여행의 추억 남기기, 아일랜드 수비니어

TRAVEL STORY 04

짧은 휴가라도 여행을 떠나게 되면 나를 위한 선물을 하나씩 사곤 한다. 품질이 별로 좋지 않아도, 생각과는 다르게 집에서는 별로 쓸모가 없어도 여행 중 마련한 기념품은 추억이 있어 특별하다. 물가가 저렴한 휴양지에서는 해변의 느낌이 물씬 풍기는 티셔츠나 사롱(Sarong)을 구입해 입으면 실용적이고, 분위기도 낼 수 있어 좋다. 이번 세부·보라카이 여행에서는 마음먹고 가족 티를 맞췄다.

필리핀 기념품은 '아일랜드 수비니어'에서

상큼한 오렌지색 간판 때문에 한 번쯤 둘러보게 되는 아일랜드 수비니어(Islands Souvenirs)는 필리핀 주요 관광지의 대형 쇼핑몰이나 공항 등에서 만날 수 있는 기념품 체인이다. 7,000여 개나 되는 섬으로 이루어진 필리핀을 주제로 디자인한 티셔츠, 열쇠고리, 가방, 스카프 등 다양한 제품을 판다. 세부 외에도 보라카이, 보홀, 마닐라, 다바오 등에서 만날 수 있다.
가게에 들어서면 먼저 눈에 띄는 것은 지역을 테마로 한 기념 티셔츠다. 바다와 기타, 야자수, 필리핀 전통 음식인 레촌 등 소재도 다양하다. 보통 휴양지에서 파는 옷은 가격이 싼 만큼 질이 좋지 않은데, 아일랜드 수비니어의 티셔츠는 면도 톡톡하고 디자인도 예쁘다.

여행 첫날 필수 코스, 가족 티 맞추기

아일랜드 수비니어에서 가장 잘 나가는 옷은 아름다운 섬이나 재미난 일러스트가 그려진 것이 아닌 하트(♥) 하나만 달랑 새겨진 티셔츠였다. 이 심플한 셔츠가 왜 인기를 끌었을까? 답은 '프린팅 서비스'에 있다.
I ♥ CEBU, JINA ♥ CEBU, JK ♥ MOM 등 하트(♥)를 사이에 두고 원하는 문구를 써넣으면 내 이름이 들어간 오직 나만의 티셔츠를 만들 수 있다. 티셔츠는 사이즈별로, 색상별로 다양해 아빠부터 아이까지 취향껏 골라 가족의 이름과 CEBU를 새기면 훌륭한 세부 여행 기념, 가족 맞춤 티가 된다.
글씨는 알파벳 대문자만 가능하고, 공간 제약상 한번에 7자까지만 쓸 수 있다. 이름이 길 경우 이니셜로 새기는 것이 좋다. 글자를 새기는 데 걸리는 시간은 약 1시간. 가격은 한 벌에 500~900페소로 비싸지 않다.

특별한 세부 여행의 추억, Jumping with love

사랑하는 가족과 함께 다른 듯 같은 티셔츠를 맞춰 입고 눈부신 하늘과 푸른 바다를 배경으로 찍는 인증샷 한 컷~! 꼼꼼하게 준비한 기념품으로 가족 여행이 더욱 특별해진다. 이국적인 풍경 덕에 어떤 카메라로 찍어도 전문 야외 촬영 부럽지 않은 사진을 남길 수 있다. 우리만의 특별한 추억, 바로 이 순간을 위해 멀리 세부까지 떠나온 것 아닐까?

TRAVEL STORY 05

방카 타고 흔들흔들, 보홀 섬 아일랜드 호핑 투어

세부 여행 중 시간을 내 보홀 섬에 간다면 꼭 해야 하는 일일 투어 두 가지가 있다. 하나는 초콜릿 힐과 안경원숭이를 볼 수 있는 육상 투어, 다른 하나는 청정 해변과 아름다운 바다를 즐길 수 있는 해상 투어다. 모두 반나절 정도 소요되는 여행 상품이지만, 아이와 함께하기에 차를 타고 100km 이상 움직이는 육상 투어보다 하얀 방카를 타고 잔잔한 바다 위를 떠다니는 해상 투어가 나을 것 같았다.

돌고래 떼가 뛰노는 아침?! 돌핀 워칭

새벽 6시, 졸린 눈을 비비며 아이를 깨워 가까스로 선착장으로 나섰다. 보홀 섬 호핑 투어는 이른 아침 돌핀 워칭(Dolphin Watching)으로 시작되기 때문이다. 우리보다 먼저 출발한 부지런한 여행자들은 벌써 바다 한가운데에서 돌고래를 찾고 있었다. 그런데 구름이 잔뜩 낀 하늘이 심상치 않다. 바람이 불고 파도가 높아지면서 배의 흔들림도 점점 심해진다. 진아와 함께 사진을 찾아보며 '푸른 바다 위로 뛰노는 야생 돌고래 떼'를 볼 기대에 부풀어 있었는데 내심 불안해졌다. '아이가 혹시 실망하지는 않을까? 멀미가 나면 큰일인데…' 슬쩍 눈치를 살핀다. 다행히 진아는 괜찮아 보인다. 내 걱정을 아는지 모르는지, 어디서 났는지 모를 선크림을 열심히 얼굴에 바르고 있다. 배는 더 먼 바다로 향한다. 파도는 더 높아만 간다.

"괜찮아, 진아야. 돌고래보다 발리카삭 섬이 더 멋질 테니까."
어쩌면 아이보다 나에게 하는 위안의 말이었는지도 모르겠다.
아쉬운 마음에 20여 분을 바다에서 헤매던 우리는 결국 돌고래를 포기하고 발리카삭 섬으로 향했다.

청정 다이빙 포인트에서 스노클링, 발리카삭 섬

내가 이번 여행지를 보홀로 정한 결정적 계기는 바로 발리카삭 섬 때문이었다. 세계에서 손꼽히는 다이빙 포인트라는 이유에서였다. 유명한 다이빙 포인트에는 몇 가지 공통점이 있다. 첫째는 훼손되지 않은 바닷속 풍경이다. 형형색색 빛나는 산호와 바다 생물, 운이 좋으면 스노클링만으로도 바다거북과 상어를 만날 수 있다. 두 번째로 오염되지 않은 해변 풍경이다. 멋스러운 레스토랑은 없어도 가공되지 않은 자연 그대로의 해변을 즐길 수 있다. 세 번째로 사람이 많지 않다. 배를 타고 들어가야 하는 섬 주변이라 접근이 어렵다. 그래서 현지인이고 여행자고 때문지 않은 사람들을 만날 수 있다. 이번 여행에서 다이빙은 할 수 없어도 그 풍경, 그 분위기를 아이와 함께 느껴보고 싶었다.
하지만 파도가 높아 스노클링 포인트로 갈 수 없었다. 바람이 덜 부는 해변에 배를 대고 바다로 들어가봤으나 기대하던 바다거북 대신 작은 열대어만 보였다.

결국 발리카삭 섬에서도 잠시 바다에 몸을 담갔던 것으로 만족하고 다음 포인트로 이동했다. 진아에게 스노클 장비가 없으니 다음에는 어린이용 스노클과 핀을 사 오자며 물을 좋아하는 아이의 안타까운 마음을 달랬다.

숯불 바비큐와 망고로 푸짐한 점심

새벽에 일어나 움직였더니 별로 한 것이 없는데도 허기가 진다. 다행히 식사는 그럴듯했다. 양념을 발라 숯불에 구운 닭고기와 생선, 오징어 바비큐는 꽤 맛났다. 필리핀 사람들의 주식이라는 볶음국수도, 제철을 맞은 달콤한 망고도 모두 좋았다. 가장 반가웠던 건 시원한 산 미구엘~! 얼음 잔에 맥주를 부어 한 모금 들이켜니 아~ 정말 천국이 따로 없다.
밥을 먹고 나니 드디어 여유로운 해변의 풍경도 눈에 들어온다. 남편은 아이와 모래 놀이를 시작했다. 돌고래와 바다거북은 보지 못했어도 모래 놀이만 할 수 있다면 즐거운 진아의 바다 여행. 아이의 성화에 아빠는 조그만 장난감 조리로 물을 길어 오느라 바다 오가기를 무한 반복해야 했지만, 그마저도 즐거웠다.

보홀 호핑 투어의 하이라이트, 버진 아일랜드로

버진 아일랜드는 이름처럼 자연 그대로의 순수한 아름다움이 있는 곳이다. 썰물 때는 섬으로 이어지는 바닷길이 2~5m 정도 나타나는데 바다 한가운데 솟은 백사장과 푸른 바다가 어우러진 모습은 정말이지 비현실적으로 아름답다.
배가 정박하는 곳은 바다 한복판이다. 찰랑찰랑 바닷물이 발목을 간지럽히는 섬 한가운데에 서 있으면 서서히 물이 빠지며 초승달 모양으로 모랫길이 나타나는 것을 볼 수 있다. 시간이 흐를수록 제 모습을 드러내는 바닷길에서 사람들은 저마다의 방법으로 버진 아일랜드를 즐긴다.

보트맨의 제안으로 우리는 아이와 함께 점프 샷을 찍어보기로 했다.
아빠: 진아야, 아빠가 '쩜~!'(Jump) 하면 이렇게 팔을 높이 들고 폴짝! 뛰는 거야~ 알았지?
진아: 응. 이렇게. (폴짝)
아빠: 자, 하나~ 두울~ 셋! 쩜~!
진아: …… %$&! ???

아빠: 진아야. 아빠가 쩜~! 하면 뛰라고 했잖아.
　　　 다시~! 이번엔 잘할 수 있지?
진아: 응!
아빠: 하나~ 둘~ 셋~! 쩜~!
진아: …… ???

아빠: 쩜~!
아빠: 쩜~!

몇 번을 뛰어올라 어렵게 건진 진아의 점프 샷. 더운 날씨에 뛰어대느라 아빠의 얼굴은 벌겋게 달아올랐지만 사진 속 하늘을 나는 자신의 모습을 확인한 진아는 또다시 찍어보자며 폴짝폴짝 뛰어댄다.

아이를 진정시키고 잠시 숨을 고른 후 본격적으로 섬 탐험에 나섰다. 썰물에만 드러나는 바닷길인데 어느새 길 가운데 번듯한 노점이 하나 들어섰다. 코코넛주스, 탄산음료, 구운 감자가 전부였지만 이색적인 풍경이라 그런지 꽤 장사가 잘된다. 관광객 사이를 누비는 장사꾼의 가방을 보니 성게도 있었다. 주문하면 갓 잡은 성게를 즉석에서 반을 갈라 소스를 뿌려준다. 성게를 좋아해서 한번 먹어보고 싶었는데, 아… 배에 지갑을 놓고 왔다. 아쉬움 반, 안도감 반.
버진 아일랜드는 외국인뿐 아니라 현지인들에게도 유명한 관광지인 것 같았다. 그곳에서 만난 필리핀 아이들은 보디 슈트까지 제대로 갖춰 입고 모래놀이 삼매경이었다. 진아도 넉살 좋게 '헬로~' 하고 인사한 후 그 틈에 끼어든다.

시간이 얼마나 흘렀을까? 이제 뭍으로 돌아가야 할 시간. 먼저 배에 탄 진아는 어느새 자리를 깔고 누웠다. 흔들흔들~ 아침보다 잦아든 파도는 자연의 요람 같다. 눈을 감은 아이는 이내 스르르 잠이 든다.

꿈속에서 진아는 오늘 못 본 돌고래와 바다거북을 만났을까?
아니면 아빠와 함께 하늘 높이 날아올랐을까?
잔잔해진 파도만큼이나 평화로운 오후의 풍경.
나도 아이 옆에 누워 둥실 흘러가는 구름을 바라본다.

PART 3

3~4세, 천방지축 물놀이 여행

천국이 있다면 이런 모습일까,
보라카이(Boracay)

★

한번쯤 대가족 여행,
푸껫(Phuket)

★

사실은 엄마의 로망,
하와이(Hawaii)

천국이 있다면 이런 모습일까
보라카이(Boracay)

세계 3대 해변, 세상에 남은 마지막 낙원, 천국에서 가장 가까운 섬… 모두 보라카이를 수식하는 표현이다. 우리가 '휴가' 하면 자동으로 떠올리는 에메랄드 빛 바다와 새하얀 모래, 줄지어 늘어선 야자나무도 어디선가 본 사진 속의 보라카이일 가능성이 높다. 그만큼 필리핀의 이 작은 섬은 환상적인 풍경을 자랑한다.

지도를 보면 보라카이는 길쭉한 뼈다귀처럼 생겼다. 가장 홀쭉한 곳은 길이가 1~2km밖에 되지 않아 걸어서 10~20분이면 섬의 반대편에 닿을 수 있다. 그러나 세로 길이는 7km 정도로 나름 길어서 화이트 비치의 아름다움에 취해 걷다 보면 얼핏 끝이 없는 낙원 같다.

그러나 이 낙원은 드나드는 길이 험난하다. 인천에서 칼리보 국제공항까지는 직항 노선이 있고, 비행 거리도 4시간 10분으로 그리 멀지 않다. 하지만 공항은 보라카이 섬이 아닌 이웃 섬에 있기에 리조트까지는 다시 차량과 배편을 이용해서 2시간 남짓 더 이동해야 한다. 가는 길에는 산도 있어서 그야말로 산 넘고 물 건너 굽이굽이 들어가야 한다. 이 때문에 보라카이는 아이와 함께 떠나기에 중급 난이도를 가진 휴양지다.

그래도 일단 도착하면, 그때부터는 어떤 최상급 수식어를 갖다 붙여도 아깝지 않은 아름다운 바다와 여행자를 화보 속 주인공으로 만들어줄 화이트 비치, 그 어디에서도 본 적 없는 충천연색 황홀한 석양을 만날 수 있다. 선택은 당신의 몫이다.

한눈에 보는 보라카이

비행시간: 인천 ↔ 보라카이 4시간 10분

시차: -1시간(한국이 오전 8시일 때 보라카이는 오전 7시)

날씨: 평균 26℃의 열대 기후. 6~11월은 우기, 12~5월은 건조로 계절이 확실하다. 맑고 건조한 12~3월이 여행하기에 가장 좋다. 한국의 휴가 시즌인 7~8월은 우기로 화이트 비치 쪽에 바람이 많이 불고 파도가 높다.

언어: 영어, 타갈로그어

비자: 여권 유효 기간이 6개월 이상 남은 대한민국 여권 소지자라면 30일간 무비자로 체류할 수 있다.

통화: 페소(PHP) / 1P = 약 25원 (2015년 4월 매매기준율)

전압: 220V로 한국과 같지만 11자형 코드를 쓰는 곳이 많다. 만약의 경우를 대비해 돼지코 어댑터나 멀티어댑터를 준비하자.

꼭 해봐야 할 것: 선셋 세일링, 모래놀이, 보라카이 모래성에서 사진 찍기

쇼핑 리스트: 손그림, 손글씨 기념품(열쇠고리, 휴대전화 케이스, 티셔츠 등)

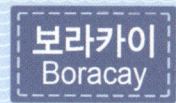

푸카셸 비치
Phuka Shell Beach
음료 CF 촬영지

발링하이 비치
Balinghai Beach
보라카이의 숨은 명소

디니위드 비치
Diniwid Beach
한적하고 물고기가 많은 해변

루호산 전망대
Mt. Luho View Deck

화이트 비치
White Beach

스테이션 1
보라카이의 대표적 이미지

블라복 비치
Bulabog Beach
6~10월 우기에는
화이트 비치 반대편 해변이
잔잔함

스테이션 2
가장 번화한 곳

스테이션 3
장기 체류자가 많은 곳

라우렐 섬
Laurel Island
아일랜드 호핑 투어 명소

칵반 선착장
Cagban Port

카티클란 선착장
Catician Port

아이와 함께
보라카이 여행,
이것도 놓치지 말자

보라카이로 가는 항공편

인천-칼리보 국제공항 직항 노선은 총 세 가지다. 대형 항공사는 필리핀에어가 있고, 저가항공사는 세부퍼시픽과 에어아시아가 운항한다. 특히 에어아시아에서는 종종 편도 10만 원대의 특가 항공권을 판매한다. 기회를 잘 잡으면 국내 항공권 가격으로 세계 최고의 해변으로 손꼽히는 보라카이 화이트 비치에 다녀올 수 있다. 단, 저가항공의 특성상 예고 없이 운항 일정을 변경하는 경우도 있으니 출발 전까지 수시로 일정을 체크해야 한다.

환전은 페소? 달러?

보라카이는 도시에서 멀리 떨어진 작은 섬이자 휴양지이기에 환율이 좋지 않고, 카드를 받는 곳이 많지 않다. 따라서 환전은 미리 해가는 것이 좋다. 혹시 도난이나 분실이 걱정된다면 디몰 근처에 ATM기기가 여러 개 있으니 약간의 수수료를 내고 필요한 때마다 현지 통화로 현금을 뽑아 써도 된다.

1만 원으로 5일간 무제한 인터넷 사용하기

여행 중 스마트폰으로 맛집 검색, 길찾기를 할 예정이라면 꼭 알아둬야 할 정보 하나! 글로브(Globe)나 스마트(Smart) 등 필리핀 현지 통신사에서 선불 심카드(SIM Card)를 산 후 무제한 인터넷 상품에 가입하면 5일간 1만 원 남짓한 비용으로 인터넷을 사용할 수 있다. 보라카이에는 디몰에 글로브 대리점이 있다. 현지에서 직접 가입 및 개통을 하면 직원이 심카드 교체, 휴대전화 세팅 등을 모두 대행해주니 편리하다. 한 가지 주의할 점은 현지 심카드로 교체하면 전화번호도 바뀐다. 카카오톡 등 애플리케이션은 그대로 사용할 수 있다.

 선불 심카드 알뜰 사용법

1. 글로브 대리점에서 선불 심카드(Prepaid SIM Card, 60P)를 산다.
2. 여행 기간이 4일 이상일 경우 300P를 충전한다(충전 단위는 150P, 300P).
3. 5일 무제한 인터넷 상품(200P)에 가입한다.
4. 남은 100P는 현지 식당 및 투어 예약 등 전화 통화에 사용한다(국제전화도 가능).

보라카이 여행 필수 준비물

밀가루처럼 곱고 잘 뭉치는 화이트 비치의 모래는 아이들의 훌륭한 놀잇감이다. 모래놀이 장난감은 한국에서 준비해가도 되지만, 해변 노점에서 파는 세트도 100~300P 정도로 비싸지 않다. 한낮에는 햇살이 강하므로 챙 있는 모자와 선크림, 긴팔 래시가드나 얇은 카디건을 챙겨야 한다. 바다는 얕고 잔잔하지만 그래도 만약을 대비해 튜브나 구명조끼가 필수다. 유모차를 준비하면 아이가 낮잠을 자거나 힘들어할 때 유용하다. 화이트 비치 안쪽의 메인 로드에는 모래가 깔려 있어 유모차를 몰기에 좋은 환경은 아니다. 그래도 힘주어 밀면 다닐 만하다. 밤에는 모기가 많으니 모기퇴치제와 바르는 모기약이 필수다.

보라카이의 유일한 병원, 라잉인

보라카이는 워낙 작은 섬이라 큰 병원은 없다. 하지만 관광객이 많은 여행지라 응급 처치가 가능한 진료소가 있다. 디몰 근처의 보라카이 라잉인 & 다이어그노스틱 센터(Boracay Lying-In & Diagnostic Center)는 보라카이에서 가장 큰 24시간 진료소로 엑스레이 촬영과 혈액검사 등이 가능하다. 만약의 경우를 대비해 전화번호와 위치를 알아두자. 참고로 장이 약한 아이들이 갑자기 찬 음료를 많이 마시면 고열을 동반한 장염을 앓을 수 있다. 얼음을 갈아 넣은 망고 셰이크나 아이스크림 등은 특히 주의해야 한다.

위치 스테이션 2, 디몰 메인 로드 | **전화** 036-288-4448

필리핀 필수 여행 정보 P.107 참고

최신 정보 가득한 인터넷 블로그

▼ 자유로운 영혼, 강산
blog.naver.com/ironmank

현지 한인 여행사

▼ 보자무싸(보라카이 자유여행 무조건 싸게 가자)
cafe.naver.com/cheepboracay

▼ 광명 보라카이
cafe.naver.com/boracaytkt

▼ 고고 보라카이
cafe.naver.com/boracayro

▼ 드보라 보라카이
cafe.naver.com/deboracay

다구간 여행을
떠나보자

여행 기간이 일주일 이상이라면 보라카이 왕복 여정 중 한 번 정도는 마닐라나 세부를 거치는 여행 코스도 생각해볼 만하다. 보라카이 인근에는 칼리보 국제공항과 카티클란(Caticlan) 공항 2개가 있다. 칼리보 국제공항은 국제선 취항 시설을 갖춘 대신 보라카이에서 2시간 정도 떨어져 있고, 카티클란 공항은 국내선 소형기의 이착륙만 가능한 대신 보라카이까지 30분이면 닿는다.

칼리보 국제공항은 사실 우리네 시외버스 터미널만 한 작은 공항이다. 새벽 시간대에는 한국으로 오가는 여러 편의 비행기가 동시에 들어오기 때문에 여행자들이 많이 몰려 입출국 수속 시간이 오래 걸리고 복잡하다. 이 때문에 여행자들은 '보라카이는 다시 찾고 싶은 천국이지만 칼리보 국제공항이라는 지옥을 거쳐야 한다'라고 우스갯소리를 하기도 한다.

인천에서 경유 항공편을 이용해 마닐라나 세부에 며칠 머물 경우에는 카티클란 공항을 이용하게 되므로 아이와 여행 시 조금 더 여유를 가질 수 있다. 도시의 대형 쇼핑몰에서 말린 망고나 코코넛 오일 등 쇼핑을 즐길 수 있는 것도 장점이다. 세부퍼시픽 등 저가항공을 이용하면 다구간 항공권을 합리적인 비용으로 구입할 수 있다. 항공사 홈페이지에서 뉴스 레터를 신청하고, 수시로 진행되는 할인 이벤트도 눈여겨보면 좋다.

보라카이 여행
4박 5일
추천 일정

DAY 1

20:10
오후 비행기로 출발,
칼리보 국제공항 도착
기내식 또는 공항에서 간단한 저녁식사

23:00
픽업 서비스로
보라카이 리조트 도착

DAY 2

09:00
아일랜드 호핑 투어 P.158
스노클링, 줄낚시,
바비큐 점심식사

17:00
화이트 비치 산책,
일몰 감상 P.156

DAY 3

09:00
해변 물놀이,
모래 놀이

12:00
점심식사
아리아 P.166

14:00
푸카셸 비치 P.156
푸카셸이라 불리는
작은 조개가 많은 해변

DAY 4

09:00
해변 물놀이,
모래놀이

12:00
점심식사
찹스틱 P.165

세계 3대 해변과 석양으로 손꼽히는 보라카이에서는 무엇보다 바다와 해변을 충분히 즐겨야 한다. 드나드는 데 시간이 오래 걸리므로 첫날과 마지막 날은 해변과 리조트 수영장에서 휴식을 취하고, 본격적인 여행이 시작되는 2~3일 차에 해양 액티비티를 넣어 일정을 풍부하게 하는 것이 좋다. 사실 보라카이에서는 바쁠 것도, 꼭 가봐야 하는 관광지도 없다. 특히 아이와 함께라면 그저 아름다운 해변에서 모래성을 쌓다가 더우면 물놀이를 하는 것만으로도 충분하다.

 tip 아일랜드 호핑 투어와 푸카셸 비치 관광은 아이가 힘들어할 수 있는 일정. 아래 일정을 기본으로 환경과 취향, 그날의 컨디션에 따라 적절히 선택하자. 아이와 함께하는 여행은 하루 투어, 하루 휴식이 기본이다.

18:00
저녁식사
디딸리빠빠 시장 해산물 P.163

20:00
디몰 산책 P.160
할로위치에서
망고 아이스크림 후식

17:00
선셋 세일링 P.159
강추! 보라카이에서
꼭 해봐야 할 액티비티

18:00
저녁식사
하와이언 바비큐 P.164

20:00
마냐냐 P.164
망고 셰이크 후식

15:00
마사지 P.162

18:00
저녁식사

DAY 5

05:30
공항으로 출발
출국 5시간 전에
출발하는 것이 안전하다.

10:40
집으로

어디서 머물까?

보라카이에는 화이트 비치를 중심으로 약 100여 개의 크고 작은 리조트가 자리하고 있다. 화이트 비치는 지역에 따라 스테이션 1, 2, 3으로 나뉘며 가족여행객이 많이 찾는 리조트는 스테이션 2에 몰려 있다. 보라카이에서 숙소를 정할 때는 시설과 규모 외에도 전용 해변이 있는지, 번화가인 디몰까지 거리가 얼마나 되는지 등을 함께 고려해야 한다. 12~3월 성수기 시즌에 인기 리조트는 일찍 예약이 마감되니 여행 일정이 정해지면 바로 항공권과 숙소를 알아보는 것이 좋다.

스테이션 1

화이트 비치에서 가장 깨끗하고 아름다운 해변을 볼 수 있는 곳으로 보라카이의 이미지에 가장 가깝다. 고급 리조트가 많고 조용하나 주요 시설이 모여 있는 디몰과 거리가 멀다. 아이를 동반하는 가족여행객에게는 시 윈드 리조트의 해변 쪽 방갈로가 인기 있다.

추천 호텔
시 윈드 리조트, 프라이데이스 보라카이 리조트, 디스커버리 쇼어 호텔, 앰배서더 인 파라다이스

스테이션 2

맛집과 기념품점, 은행 등이 모여 있는 디몰과 가깝다. 리조트 바로 앞에 전용 해변이 있고 스테이션 1이나 3과 달리 배가 드나들지 않아 가족여행객이 가장 선호하는 곳이다. 특히 리젠시 계열의 리조트는 넓고 쾌적한 수영장과 패밀리 룸을 갖추고 있어 아이와 머물기 좋다. 하지만 번화가인 만큼 늘 사람이 많고, 클럽 가까운 곳은 자정 무렵까지 음악이 들리는 단점이 있다.

추천 호텔
보라카이 리젠시 비치 리조트, 리젠시 라군 리조트, 헤난 가든 리조트

스테이션 3

디몰과 멀고 다른 지역에 비해 해변의 모래도 굵다. 대형 리조트가 드물고, 큰길 주변의 호텔은 해변에서 멀지만 비교적 가격이 저렴하고 시설이 좋아 장기 체류자들이 많이 머문다. 섬 안쪽에 자리 잡은 크라운 리젠시 리조트는 워터 슬라이드와 파도 풀, 야생동물 등 독특한 볼거리와 즐길 거리가 있어 가족여행객들이 많이 찾는다.

추천 호텔
크라운 리젠시 리조트 & 컨벤션 센터, 베스트 웨스턴 보라카이 트로픽스 리조트, 라카멜라 보라카이 호텔

그 밖에 화이트 비치가 아닌 야팍 지역에 특급 리조트인 샹그릴라 보라카이 리조트가 있고 디니위드, 발링하이, 블라복 비치 근처에도 다양한 리조트가 있다.

공항에서 숙소까지

사우스웨스트 픽업 서비스

한국에서 보라카이행 직항을 타면 필리핀의 칼리보(Kalibo) 국제공항에 내리게 된다. 처음 마주하는 장면은 마치 우리네 시외버스 터미널 같은 공항 풍경. 인파로 북적이는 복잡한 공항 검색대를 지나면 이제부터 보라카이로 가는 진짜 여정이 시작된다.

공항에서 카티클란 선착장까지 버스로 1시간 30분, 선착장에서 보라카이까지 배로 10~20분, 다시 자동차를 타고 리조트까지 10분 정도 더 들어가야 숙소에 닿을 수 있다. 리조트에 미리 픽업 서비스를 신청한 경우에는 인솔자를 따라가면 되겠지만, 그렇지 않은 경우에는 알아서 리조트까지 찾아가야 한다. 여기에는 호객꾼들과 흥정하고, 직접 매표소를 찾는 과정이 따른다. 배를 타려면

환경세와 항구세도 내야 한다. 혼자라면 모를까 아이와 함께, 게다가 초행이라면 이리저리 헤매느라 여행을 시작도 하기 전에 진이 다 빠질 것이 분명하다.

이럴 때 이용하면 좋은 것이 사우스웨스트(Southwest)의 픽업 서비스다. 사우스웨스트는 보라카이에 본사를 둔 여행사로 '공항에서 리조트까지 가는 교통수단을 한번에 연결해주는 픽업 서비스'로 유명하다. 이용 요금에는 차비, 뱃삯, 환경세와 항구세가 모두 포함되어 있다. 홈페이지에서 미리 신청 후 결제하면 현지에서 추가로 돈이 들지 않는다. 사우스웨스트의 전용 차량과 배, 전문 가이드가 있어 쾌적하고 안전하게 여행할 수 있다. 필리핀 현지인들도 이용하는 대중적인 서비스로 가격이 합리적인 것도 장점이다.

요금 칼리보 국제공항~화이트 비치 리조트 왕복 어른 975P, 6~10세 550P, 3~5세 350P, 3세 미만 무료
홈피 southwesttoursboracay.com/boracay-transfer

섬 내 교통수단

트라이시클 Tricycle

여행자를 위한 보라카이의 유일한 교통수단은 오토바이를 고쳐 만든 트라이시클이다. 운전석 앞머리에 'FOR HIRE'라고 쓰인 것을 타면 되며, 요금은 인원과 관계없이 기본 60P 정도 한다. 먼 거리를 갈 때는 흥정을 통해 가격을 정한다. 최근에는 매연 탓에 정책적으로 리튬이온 배터리를 사용하는 전기 트라이시클이 보급되고 있다. 현대적인 초록색 전기 트라이시클은 많은 인원이 쾌적하게 탈 수 있고, 가격도 차이가 없으니 부담 없이 이용해보자.

★ 화이트 비치 & 푸카셸 비치 ★
White Beach & Puka Shell Beach

보라카이에는 화이트, 푸카셸, 블라복, 디니위드, 발링하이 비치 등 12개의 아름다운 해변이 있다. 그중에서도 가장 유명한 화이트 비치는 섬의 서쪽 해변으로 3~4km의 해안을 따라 리조트, 레스토랑 등이 모여 있다.

화이트 비치는 아이들의 천국이다. 해변이 완만해 한참을 걸어 들어가도 어른 허리까지 밖에 물이 차지 않고, 파도가 잔잔해 튜브를 띄우거나 스노클링을 하기에도 적당하다. 고운 모래에 바닷물을 부으면 그대로 말랑하고 쫀득한 점토가 되어 모래놀이를 하기에도 좋다. 보라카이에서는 화이트 비치만 제대로 즐겨도 심심할 틈이 없다.

시간 여유가 있다면 화이트 비치에서 트라이시클로 20분 남짓 떨어진 푸카셸 비치에 가보자. 이곳은 푸카셸이라 불리는 작은 조개가 많은 해변이다. 투명한 에메랄드 빛 바다를 배경으로 한 광고 CF 촬영지로 이름이 알려진 곳이지만 여전히 보라카이의 순수한 모습을 간직하고 있어 아름답다. 다만 파도가 세고 물이 깊어 아이와 물놀이에는 적합하지 않다. 조개껍데기를 주우며 산책하기에 알맞다. 물론 조개껍데기는 환경보호를 위해 두고 오도록 하자!

 우기인 6~10월에 화이트 비치는 바람이 많이 불고 파도가 높다. 이 시기에는 반대편인 블라복 비치에서 다양한 해양 스포츠를 즐길 수 있다.

★ 아일랜드 호핑 투어 ★
Island Hopping Tour

보라카이의 호핑 투어는 필리핀 전통 배인 방카를 타고 주변 섬을 돌아보며 스노클링과 줄낚시 등을 즐길 수 있는 여행 상품이다. 대개 오전 10시에 출발해 오후 4시쯤 돌아오는 반나절 일정으로 바비큐 점심과 스노클링 장비, 구명조끼가 제공된다. 가격은 인원이나 시간 등 옵션에 따라 1인당 700~3,000P 정도로 천차만별이다. 일부 상품에는 점심식사와 섬 입장료가 포함되어 있지 않는 경우도 있다. 식사가 별도라면 조리비 200~300P가 추가로 필요하고, 일정 중 크리스털 코브 아일랜드(라우렐 섬) 관광이 있다면 1인당 200P의 입장료를 내야 한다. 예약 전, 투어에 포함된 상세 내용을 꼭 확인해보자.

준비물 수영복, 수건, 아쿠아 슈즈, 선크림, 멀미약

★ 선셋 세일링 ★
Sunset Sailing

보라카이의 바다는 언제 봐도 아름답지만, 특히 해 질 무렵 풍경은 황홀 그 자체다. 오염이 없는 깨끗한 하늘은 세상 어디에서도 본 적 없는 총천연색 노을을 만들어낸다. 동력을 사용하지 않고 오직 바람을 이용해 항해하는 세일링 보트는 낭만적인 보라카이의 석양을 감상하기에 가장 좋은 수단이다.

세일링 보트는 굳이 예약하지 않아도 스테이션 1이나 3에서 직접 배를 선택해 흥정할 수 있다. 하지만 이 무렵 선착장은 사람이 많고 붐비니 아이와 함께인 경우에는 낮에 미리 예약하면 좋다. 배는 8명 정원으로 1인당 200P 정도의 비용이 든다. 유아를 위한 구명조끼도 준비되어 있으니 어린아이와 함께 탈 수 있다. 배는 먼 바다로 나갔다가 45분 정도 후에 돌아온다. 너무 일찍 가면 석양을 볼 수 없으니 해가 지기 시작하는 오후 5시 30분 즈음 출발하고, 선장에게 꼭 일몰 후에 돌아와 달라고 부탁하자.

★ 디몰 ★
D' Mall

보라카이의 최대 번화가인 디몰은 카페, 레스토랑, 상점이 모여 있는 거리다. 비치 로드에서 시작해 메인 로드까지 이어지는 길은 걸어서 20분 정도면 모두 돌아볼 수 있을 정도로 짧지만, 샌들이나 수영복 등 비치웨어를 파는 곳에서부터 아이들의 모래 놀이 도구나 튜브, 기념품을 파는 곳, 각종 약국과 편의점, 은행까지 모두 만날 수 있다.

디몰은 특히 세계 각국의 요리를 만날 수 있는 맛집들이 즐비하고, 보라카이에서 가장 큰 슈퍼마켓인 '버짓 마트(Budget Mart)'가 있어 여행 중 한 번 이상은 꼭 들르게 되는 곳이다.

벌룬 휠은 주변에 맛집이 몰려 있는 디몰의 랜드마크지만, 아이들에게는 그 자체로 인기 만점 놀이기구다. 한 번 타는 데 비용은 1인당 30P로, 3ft(약 90cm) 이하의 어린이는 반드시 어른과 함께 타야 한다.

디몰 근처에는 한국 식품점인 '왕 마트(Wang Mart)'도 있다. 혹시 아이들이 한국 음식을 찾는다면 이곳에서 즉석 밥이나 국 등을 살 수 있다.

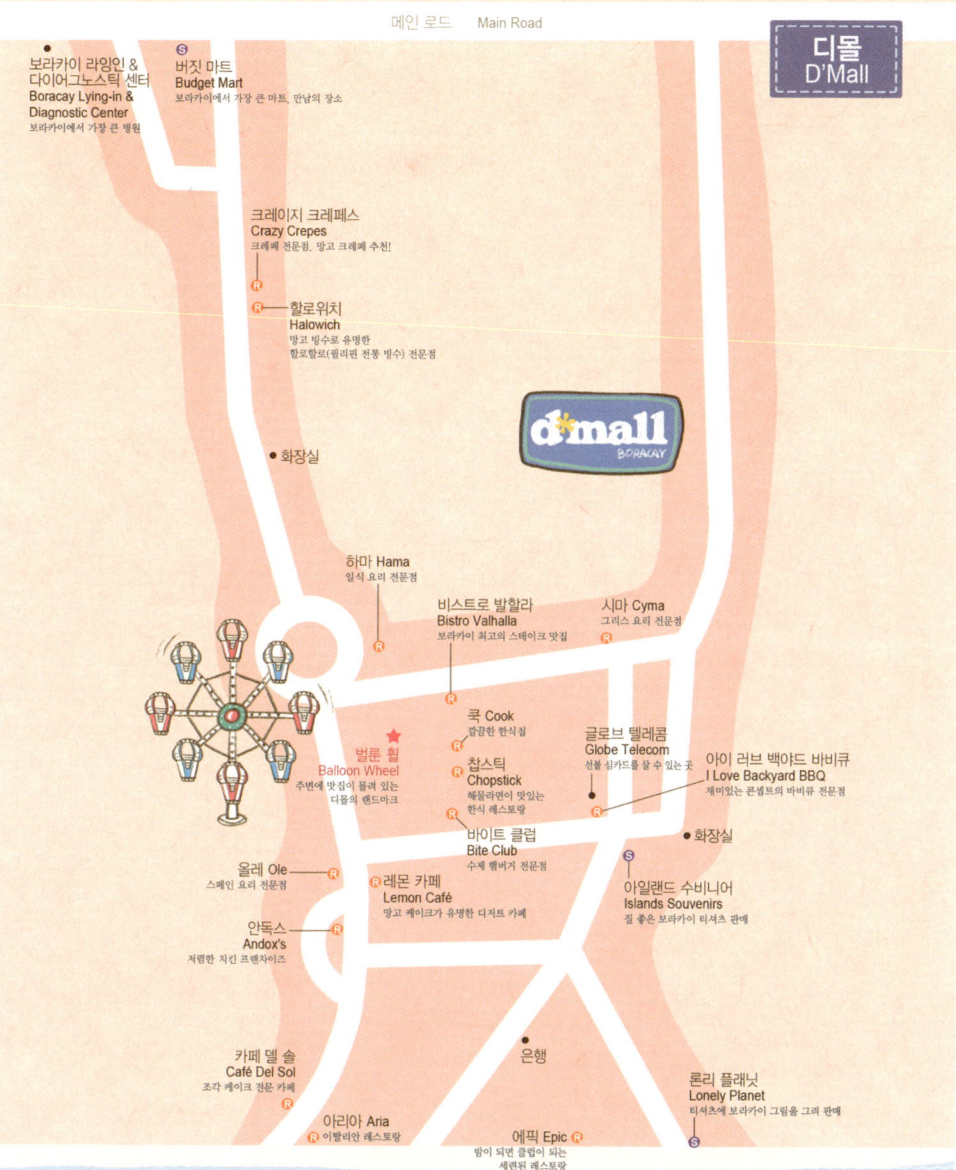

★ 마사지 숍 ★
Massage Shop

보라카이에는 저렴한 해변 마사지부터 필리핀 전통 힐롯 마사지, 오일을 이용한 스웨디시 마사지, 3,000~4,000P의 진주 마사지와 태반 마사지까지 다양한 마사지를 받을 수 있다. 호텔을 제외한 고급 스파 시설 대부분은 한국인 소유이며 일부는 여행사를 통해 예약해야만 이용할 수 있다.

팔라사 스파 Palassa Spa

화이트 비치에만 3개의 지점이 있는 저렴한 마사지 숍. 스테이션 2 지점이 가장 최근에 오픈해 쾌적하다. 어떤 마사지사를 만나느냐에 따라 다르지만, 가격 대비 만족도가 높기로 소문났다. 입구에서 호객 행위를 해 찾기 어렵지 않다.

위치 메인 로드 리젠시 라군 근처(스테이션 2 지점) | **요금** 시아추(Shiatsu) 전신 마사지(1시간) 399P, 스웨디시 마사지(1시간) 399P
전화 63-36-288-2047(스테이션 2 지점)

헬리오스 스파 Helios Spa

무료 베이비시팅 서비스를 제공하는 고급 마사지 숍. 코코넛 밀크, 꿀, 스톤, 태반 크림을 이용한 3시간 코스 마사지를 받을 수 있다. 여행사를 통해 예약할 경우 할인된다.

무료 서비스 베이비시팅, 수영장 이용, 입은 옷 세탁, 디몰까지 픽업 · 샌딩 | **위치** 스테이션 3 메인 로드 남쪽, Bantud, Manoc Manoc, Boracay 5608 | **요금** 허니 스톤 & 코코넛 스파 $130 | **전화** 036-288-3315

만다린 스파 Mandarin Spa

보라카이 만다린 아일랜드 호텔(Boracay Mandarin Island Hotel) 내에 있는 고급 마사지 숍. 마사지를 받을 경우 사우나와 샤워실을 무료로 이용할 수 있다. 보라카이 만다린 아일랜드 호텔에 투숙할 경우 20% 할인된다.

위치 화이트 비치 스테이션 2, 보라카이 만다린 아일랜드 호텔 내 위치 | **오픈** 10:00~22:00 | **요금** 힐롯 마사지(90분) 1,800P, 발 마사지 1,280P, 아로마 핫 스톤 마사지 2,500P | **전화** 036-288-3544

해변 마사지 숍

화이트 비치를 거닐다 보면 해변에 늘어서 있는 마사지용 비치 체어를 쉽게 볼 수 있다. 아이는 모래놀이를 하고, 부모는 해변의 낭만을 즐기며 저렴하게 마사지를 받을 수 있다. 단, 해 질 무렵에는 모기 주의!

위치 화이트 비치 스테이션 2 해변 | **요금** 건식 마사지(1시간) 350P

무엇을 먹을까?

보라카이의 맛집은 화이트 비치 해변과 디몰에 모여 있다. 스테이션 1과 2에 있는 해변 레스토랑은 저녁이 되면 식탁과 의자를 모랫길에 세팅해 석양을 바라보며 식사를 할 수 있는 근사한 노천 식당으로 변신한다. 아이들은 식사 후 모래놀이를 즐길 수 있고, 어른들은 시원한 칵테일 한잔의 여유를 맛볼 수 있으니 이보다 완벽한 휴가가 또 있을까? 해가 진 후 비치 바에서 매일 펼쳐지는 불 쇼도 볼만하다.

★ 디딸리빠빠 시장 ★
D' Talipapa Market

디딸리빠빠 시장은 의류, 액세서리, 채소와 과일, 생선, 육류 등 없는 것이 없는 보라카이 최대의 재래시장이다. 또한 여행자에겐 '싱싱한 해산물을 저렴하게 먹을 수 있는 곳'으로 더 유명하다. 한국의 노량진 수산시장처럼 웻 마켓(Wet Market)에서 살아 있는 게와 새우, 채소 등을 사서 직접 주변 식당에 요리를 맡기면 된다. 관광객이 많은 시장이라 눈속임을 하거나 바가지요금을 씌울 수 있으니 잘 살펴봐야 하고 흥정은 필수다. 굳이 식사를 하지 않더라도 아이들과 커다란 새우나 바닷가재를 구경하는 것만으로도 재미있다.

추천 메뉴 알리망오(칠리소스), 새우(갈릭버터), 오징어(튀김) | **위치** 스테이션 2와 3 사이

★ 하와이언 바비큐 ★
Hawaiian BBQ

하와이언 스타일의 바비큐 전문점. 해변에 있어 석양을 바라보며 노천에서 저녁을 먹을 수 있다. 베이비 백립이 대표 메뉴이나 삼겹살, 치킨, 해산물 등을 다양하게 맛볼 수 있는 바비큐 플래터도 맛있다. 유명세를 타서인지 서비스는 그다지 좋지 않다. 예약 필수, 성수기에는 당일 예약이 어려울 수 있다.

추천 메뉴 베이비 백립(The Original Hawaiian Baby Back Ribs), 바비큐 플래터(Bar-B-Que Platter), 깔라마리, 갈릭라이스
위치 스테이션 1 비치 로드 | **오픈** 10:00~23:00 | **전화** 036-260-2246

★ 마냐냐 ★
Manana

멕시칸 음식점이지만 망고 셰이크로 더 유명한 집. 매콤한 소스와 함께 나오는 멕시코 음식도 우리 입맛에 딱 맞는다. 브리토와 타코, 뜨거운 철판에 나오는 플레이트 메뉴가 특히 인기있다. 아이가 먹기에는 맵지 않고 담백한 폴로 치킨 플레이트가 좋다.

추천 메뉴 망고 셰이크, 브리토, 타코 플레이트(Taco Plate), 폴로 치킨 플레이트(Pollo Chicken Plate)
위치 스테이션 1 비치 로드 | **오픈** 10:30~22:00 | **전화** 036-288-3185

★ 찹스틱 ★
Chopstick

제대로 된 한국 음식을 먹고 싶은데, 단체 관광객으로 북적이는 곳은 싫다면 추천하는 곳. 가격이 저렴한 편은 아니나 맛이 좋고 깨끗해 외국인들이 많이 찾는다. 오픈 키친에서 정성껏 조리하는 요리사들의 모습도 볼 수 있다. 아이에게는 달걀과 김가루를 넣은 떡국, 어른에게는 푸짐한 해물을 넣어 끓인 해물라면과 쌈채가 나오는 제육볶음을 추천한다.

추천 메뉴 해물라면, 제육볶음, 뚝배기불고기, 떡국 | **위치** 디몰 벌룬 휠 근처 | **전화** 036-288-5817

★ 에픽 ★
Epic

밤이 되면 클럽으로 변하는 세련된 해변 레스토랑. 점심 무렵부터 밤늦게까지 넉넉한 해피 아워에 칵테일 한 잔을 주문하면 한 잔을 더 주는 곳으로 유명하다. 오후 6시~10시에는 즉석에서 구워주는 바비큐를 맛볼 수 있다. 핫도그, 치킨텐더 등 키즈 메뉴도 따로 갖추고 있다.

추천 메뉴 모히토, 바비큐, 스테이크, 감바스 | **위치** 스테이션 2 비치 로드 | **오픈** 11:00~03:00(바비큐 18:00~22:00, 칵테일 1+1 해피 아워 12:00~22:00) | **전화** 036-288-1466 | **홈피** www.epicboracay.com

★ 옐로 캡 피자 ★
Yellow Cab Pizza Co.

해변이나 리조트에서 간단히 식사를 해결하고 싶을 때 피자를 배달 주문하면 좋다. 숙소에서 피자를 주문할 때는 리조트 입구에서 받아와야 한다.

추천 메뉴 포시즌스 피자(Four Seasons Pizza) | **위치** 스테이션 1, 3 비치 로드
오픈 11:00~23:00 | **전화** 036-288-5550(스테이션 1 지점)

★ 비스트로 발할라 ★
Bistro Valhalla

보라카이 최고의 스테이크 맛집. 스테이크를 주문하면 간단한 샐러드와 감자 요리가 함께 나온다. 스테이크 외에도 다양한 해산물 요리, 파스타 메뉴를 갖추고 있으며 키즈 메뉴도 있다.

추천 메뉴 텍사스 립아이(Texas Rib Eye), 블랙 페퍼 인크러스티드(Black Pepper Encrusted) | **위치** 디몰 벌룬 휠 근처 | **전화** 036-288-5979

★ 아리아 ★
Aria

해변을 즐기며 화덕 피자가 먹고 싶을 때 찾으면 좋은 이탈리안 레스토랑. 인기가 좋아 늘 사람들로 북적인다. 파스타와 피자는 추천, 샐러드류는 가격 대비 부실한 편이다.

추천 메뉴 해산물 피자(Frutii di Mare), 하와이언 피자, 카르보나라 스파게티 | **위치** 디몰 비치 로드
오픈 11:00~24:00 | **전화** 036-288-5573

★ 레몬 카페 ★
Lemon Café

레스토랑과 디저트 카페를 겸한 곳. 브런치와 망고 케이크가 유명하며, 케이크와 함께 초도 살 수 있다.

추천 메뉴 망고 매드니스(Mango Madness), 망고 치즈 케이크 | **위치** 디몰 벌룬 휠 근처 | **오픈** 08:00~23:00 | **전화** 036-288-6782

★ 할로위치 ★
Halowich

망고 빙수와 망고 아이스크림, 망고 셰이크로 유명한 디저트 카페다. 주인이 한국인으로 필리핀식 디저트인 '할로할로'를 한국식으로 재해석해 선보인다. 커플 사이즈, 패밀리 사이즈의 푸짐한 빙수와 포켓 샌드위치도 맛볼 수 있다.

추천 메뉴 망고 아이스, 할로할로 | **위치** 디몰 중심가 | **오픈** 09:30~23:30 **전화** 036-288-6752

★ 크레이지 크레페 ★
Crazy Crepe

일본에 본점을 둔 크레페 전문점. 보라카이에만 2개의 지점이 있으니 그 인기를 짐작할 만하다. 의자 하나 없는 작은 매장으로 늘 사람들로 북적인다. 아이스크림이 든 망고 크레페가 유명하다.

추천 메뉴 망고 크럼블(Mango Crumble), 망고 캐러멜 바닐라(Mango Caramel Vanilla) | **위치** 스테이션 1 비치 로드, 디몰

다섯 아이와 함께 떠난 세부-보라카이 여행 스케치

TRAVEL STORY 06

초등학생 오빠 둘에 꼬맹이 유아 셋

평소 할머니 댁에서 만나면 잘 어울려 놀곤 했으니 뭉치면 어디서든 즐겁다. 꼬맹이들은 밀가루처럼 차진 모래로 높이높이 성을 쌓고, 오빠들은 날랜 수영 솜씨로 색색의 물고기를 쫓는다. 비치 체어에 길게 누운 시누이와 나, 그리고 남편은 물방울이 송글송글 맺힌 차가운 산 미구엘을 들이켜며 망중한을 즐긴다.
오후 2시부터는 아이들의 낮잠 시간. 때맞춰 어른들의 마사지 타임도 시작된다. 한숨 깊이 자고 기분이 좋은 아이들은 간식을 찾는다. 냉장고에 쌓아둔 망고와 망고스틴으로 열대과일 잔치를 벌인다.
해가 기울면 바다로 나가 세일링 보트를 탄다. 바람에 몸을 맡긴 채 석양에 물드는 수평선을 바라본다. 이따금 발에 스치는 시원한 바닷물이 기분 좋다. 숯불 연기가 피어오르는 해변 식당에서 방금 구운 바비큐와 갈릭라이스로 저녁식사를 한다. 비치 바에서 모히토와 망고 셰이크를 한 잔씩 들고, 별이 쏟아지는 보라카이의 낭만을 누린다.
아이들의 봄방학에 맞춰 7박 9일의 세부-보라카이 여행을 계획했을 때, 내가 그린 그림은 그랬다.

day 1 다섯 아이와 어른 셋, 세부로

생각해보면 시작부터가 무모했다. 다섯 아이와 어른 셋, 저가항공, 국제선 왕복 밤 비행에 여행 중반 다시 국내선 비행기를 타야 했고, 보라카이 카티클란 공항에서 숙소까지는 버스와 배까지 세상에 존재하는 거의 모든 교통수단을 이용해 산 넘고 물 건너가는 험난한 여정이었다. 모두의 나이를 합해도 어른 1명의 나이가 되지 않는 5명의 아이들과 10개의 짐도 우리 몫이었다. 듬직한 초등학생 조카 둘이서 돕는다고 해도 손이 부족했다. 우리가 세운 계획은 '상상 속에나 존재하는 핑크빛 이상'이었다는 것을 깨닫는 데는 그리 오랜 시간이 걸리지 않았다.

day 2~3 세부, 호텔 놀이란 이런 것?

그래도 세부 호텔에 도착하니 아이들은 신이 났다. 밤새 비행기를 타고 새벽에 도착해서 피곤할 법도 한데, 아침부터 수영을 한다며 부산을 떨었다.
"필리핀은 1년 내내 여름만 있는 여름 나라야?"
"우와! 그럼 매일매일 수영할 수 있어서 좋겠다~"
수영장만 있으면 그곳이 어디든 천국이었다. 세부에 머무는 사흘 내내 아이들은 호텔 수영장을 찾았고, 수영 후에는 늘 망고와 망고스틴 1봉지씩을 먹어치웠다.

day 4 조카의 생일 여행, 보라카이로!

이번 여행은 아이들의 2월 말 봄방학 기간에 맞춰 12월부터 계획했다. 12월은 외국의 항공사들이 경쟁적으로 다음 해 특가항공권을 내놓기 시작하는 시기다. 저가항공사 웹사이트에 들어가 이리저리 조합을 해보니 세부를 거쳐 보라카이로 가는 최저가 항공권이 눈에 들어왔다. 세부에서 쇼핑하고, 보라카이에서 휴양도 할 수 있는 최적의 코스였다.

필리핀 국내선은 프로펠러가 달린 작은 비행기를 운항하는데 비행기를 타고 구름 위로 팔랑팔랑 날개가 도는 모습을 보는 것도 아이들에게 재미있는 경험이 될 것 같았다. 무엇보다 인천에서 보라카이까지 직항을 타고 칼리보 국제공항에 내리는 것보다 세부를 거쳐 카티클란 공항에 내리는 것이 보라카이로 이동하기에 더 가깝고 편리하다는 점이 마음에 들었다. 항공권을 예약하느라 가족들의 여권 정보를 보다가 문득 큰 조카의 생일이 2월 24일인 것을 발견했다. 세부에서 보라카이로 넘어가는 날이었다. 만 11세가 되는 조카의 생일날, 우리는 지상 낙원이라는 보라카이 섬에 도착했다. 태어나 처음 마주한 화이트 비치에는 마침 생일 케이크를 닮은 모래성이 조각되어 있었다.

day 5 보라카이, 화이트 비치를 만나다

"우와~!"
다음 날 아침, 우리는 햇살에 반짝이는 진짜 화이트 비치를 만날 수 있었다. 한참을 걸어 들어가도 바닷물이 허리까지밖에 오지 않는 해변은 수영장과는 비교도 할 수 없는 아이들의 천국이었다. 파도도 거의 없고, 간혹 열대어들이 놀리듯 오가는 이곳에서 아이들은 온몸이 까맣게 타는 줄도 모르고 놀았다. 어른들은 한국에서부터 야심차게 준비해간 보냉 가방에 시원한 산 미구엘을 잔뜩 담아 꿈꾸던 비치 체어의 낭만을 만끽했다.

화이트 비치의 깨끗하고 고운 모래는 모래놀이를 하기에 정말 좋았다. 남편과 아이들이 모여 모래성을 쌓기 시작했다. 큰 아이들은 글씨를 조각하고, 작은 아이들은 해초를 주워다가 얹거나 장난감으로 장식했다. 꽤 그럴듯했다. 아니, 우리가 만든 작품이라고 믿기지 않을 정도로 멋졌다.

day 6   해변 패션의 완성?! 디몰 투어

보라카이 여행 3일 차, 해변을 뒤로하고 보라카이의 명동이라는 디몰로 향했다. 디몰은 관광객들을 위한 거리로 물가가 비싼 대신 안전하고 물건의 질이 좋았다. 필리핀 현지인들의 생활상을 볼 수 없는 것은 아쉬웠지만, 기념 티셔츠를 사고, 망고 아이스크림도 먹으며 즐거워했다. 어른들은 보라카이 해변에 어울리는 비치 웨어를 하나씩 마련했다. 꼬맹이들은 신데렐라의 호박 마차 같은 벌룬 휠(관람차)을 타고 보라카이의 하늘을 날아 오르기도 했다. 벌룬 휠에서 내린 아이들은 어제 우리가 케이크를 산 레몬 카페 위층에 케이크 공장이 있다는 고급 정보를 조심스럽게 전했다.

day 7 — 패러 세일링에서 선셋 세일링까지, 해양 스포츠를 만끽하다

어느새 여행 막바지. 조카들의 성화로 미뤄뒀던 해양 스포츠를 몽땅 해보기로 했다.
아이들은 패러 세일링을 가장 해보고 싶어 했다. 패러 세일링은 모터보트에 낙하산을
연결해 바다 위를 날아오르는 액티비티로 약간의 담력이 필요했다.
총 3명의 인원이 한번에 탈 수 있다기에 내가 아이들을 데리고 나섰다.
사실 두려웠다. 배를 타고 낙하산의 줄을 몸에 연결할 때는 살짝 떨리기까지 했다.
그런데 웬걸? 막상 낙하산이 펴지고 밧줄이 풀리며 하늘로 날아오르니 마치 열기구를 탄
듯 바람도, 소음도, 심지어 날고 있다는 사실도 느껴지지 않았다. 높이 떠올라 아래를
내려다보니 이제껏 보던 모습과는 전혀 다른 보라카이가 눈에 들어왔다.
우리는 보라카이 바다가 몇 가지 빛깔인지, 우리가 얼마나 용감한지에 대해 이야기를
나눴다. 패러 세일링을 시작하기 전에 직원들이 내려오고 싶으면 손을 흔들어 표시를
하라고 했으나 누구도 먼저 내려가겠다고 하지 않았다.
저녁에는 보라카이 여행의 꽃이라는 선셋 세일링에 나섰다. 오직 바람만으로 물살을
가르는 세일링 보트는 보기보다 안전했다. 가장 걱정했던 네 살, 다섯 살 꼬맹이들도
즐거워했다. 배에는 어린아이도 입을 수 있는 구명조끼가 있어서, 온 가족이 바닷물에
발을 담그고 해 지는 보라카이를 감상할 수 있었다. 이날 본 보라카이의 황홀한 석양은
지금도 생생하다.

day 8~9   비현실적인 현실, 집으로

집으로 돌아가는 길은 생각보다 험난했다. 2시간 남짓 버스와 배를 타고서야 드디어 공항을 만났다. 그런데 칼리보 국제공항은 우리가 흔히 생각하는 그런 공항이 아니었다. 마치 한국 시골의 시외버스 터미널 같이 작고 허름했다. '국제공항'이라는 이름이 무색할 정도였다. 공항은 비슷한 시각에 출발하는 사람들로 발 디딜 틈이 없었다.
한국행 비행기 3대가 새벽 1시경 출발한다고 했다. 탑승객 대부분은 가족여행객이었다. 어림잡아도 몇 백 명은 족히 되어 보였다. 그런데 앉을 자리가 없었다. 그나마 있는 의자에는 먼저 도착한 한국인들이 누워 있었다. 아이를 위한 배려는 전혀 없었다. 화장실도 전체를 통틀어 단 1칸뿐이었다.
보라카이는 다시 찾고 싶은 멋진 해변이고, 다섯 아이와의 여행도 나름 즐겁고 새로운 경험이었지만 칼리보 국제공항만큼은 다시는 경험하고 싶지 않았다.
그럼에도 불구하고 시간은 흘렀고, 그렇게 7박 9일의 길고도 짧은 필리핀 여행이 끝났다. 밤새워 한국에 도착하니 가장 먼저 우리를 반기는 것은 매서운 겨울바람이었다. 정신이 번쩍 들었다. 남편은 패딩 점퍼를 꺼내 입으며 말했다.
"바로 어제까지만 해도 문만 열면 해변이었는데, 오늘은 정말 비현실적인 현실이다."
일곱 살 진아는 해변 미용실에서 땋은 레게 머리를 개학할 때까지 풀지 않겠다고 했다. 여행 나흘째부터 물갈이를 하던 두 살배기 정균이는 다행히 단순 장염이라 했다. 이제 6학년이 되는 큰조카는 패러 세일링이 가장 기억에 남는다고 했다. 4학년이 되는 작은조카는 해변 레스토랑에서 먹은 브리토와 망고 셰이크가 최고라고 했다. 다섯 살 막내 조카는 그동안 까맣게 그을려 건강 미녀가 되었다.

나는 이번 여행을 계기로 가족 여행에 대한 생각이 많아졌다. 사흘이 지나도 여독이 풀리지 않을 정도로 힘들었지만 아이들과 친해질 수 있었던 여행이었다. 정신 없는 속에서도 새로운 즐거움을 찾고 생각할 기회를 가졌으니 그걸로 충분하다. 추워도 내 집이 있어 감사함을 느끼는 오후다.

TRAVEL STORY 07

보라카이 패셔니스타?!
진아의 레게머리 도전기

방콕의 카오산 로드나 발리의 꾸따 비치, 보라카이의 화이트 비치 등 여행자들이 많이 모이는 동남아시아 거리에는 그곳에서만 볼 수 있는 독특한 패션이 있다. 카오산 로드에서는 통이 넓은 피셔맨스 팬츠에 조리 정도는 신어줘야 비로소 여행자가 된 것 같고, 꾸따 비치에서는 바틱으로 만든 화려한 사롱(Sarong)으로 랩스커트를 만들어 입어야 느낌이 산다. 섬 대부분이 해변인 보라카이에서는 비키니와 서핑 팬츠가 기본~! 그러나 이들 패션에 기본이 되는 헤어스타일이 있으니, 그건 바로 레게머리다.

세상에서 가장 전망 좋은 미용실

보라카이 거리를 걷다 보면 해변에서 머리를 땋거나 헤나 문신을 하는 사람들을 자주 볼 수 있다. 보라카이의 화이트 비치는 진아식 표현으로 '바다 미용실', 보는 그대로 '해변 미용실'인 셈이다.
여행 6일 차, 보라카이에 온 지 3일째 되던 날이었다. 쇼핑하기 위해 디몰로 향하던 중 진아가 내 손을 잡아끄는 곳이 있었다. 아이의 시선 끝에는 비치 체어가? 아니, 가만 보니 그곳은 마사지와 네일 아트, 헤어 블레이드를 받을 수 있는 곳이었다.
"엄마, 나도 저렇게 머리 땋아줄 수 있어?"
아이와 내가 관심을 보이니 눈치 빠른 미용사가 사진이 잔뜩 프린트된 종이 한 장을 들고 온다.
"진아야, 이런 머리가 하고 싶은 거야?"
(끄덕끄덕)

카오산 로드의 추억

웃음이 났다. 그 마음을 알 것 같았다. 사실 나도 몇 년 전, 태국 여행 중 카오산 로드에서 레게머리를 땋은 적이 있다. 당시 난 직장인이었고, 연휴 동안 잠깐의 휴가를 즐기고 있었기에 며칠 후면 다시 사무실로 출근을 해야 했다. 일주일도 가지 못할 머리인 것을 알았지만, 태국 여행을 할 때마다 봐왔던 멋스러운 레게머리는 어느새 내게 여행의 로망이 되었다. 마침 스콜이 시원하게 쏟아지고 있었고, 때는 저녁이었다. 비가 오니 맥주를 마시는 것 외에는 딱히 할 일이 없다는 핑계를 대며 기다려야 하는 남편을 설득했다.

머리를 땋는 데는 생각보다 오랜 시간이 걸렸다. 그래도 다하고 나니 마치 내가 장기 여행자라도 된 기분이 들어 으쓱했다. 그런데… 하룻밤 자고 나니 땋은 부분이 땅기고 가렵기 시작했다. 머리 감는 데 불편한 것은 말할 것도 없고, 분명히 물로 깨끗이 헹궜는데 개운하지가 않았다. 나흘째 즈음 되니 색실로 묶은 머리카락이 부분부분 끊어지기까지 했다. 결국, 난 견디지 못하고 내 손으로 머리를 풀고 말았다. 그렇게 시원할 수가 없었다.

도전! 레게머리

레게머리는 '드레드, 블레이드, 콘로' 등 여러 가지 스타일이 있다. 남자들은 붙임머리를 더한 드레드 스타일을 선호하지만 여자가, 특히 아이가

하기에는 내가 했던 콘로 스타일이나 그냥 가늘게 머리를 땋는 블레이드 스타일이 적당하다. 진아에게 스타일북에서 원하는 모양을 고르게 하니 역시나 블레이드 스타일. 흥정 끝에 우리 돈 1만 원 정도에 하기로 합의했다.

아무리 일곱 살, 유치원에서는 목에 힘 좀 주는 맏언니라고 해도 아이가 한자리에 가만히 앉아 있을 수 있는 시간에는 한계가 있다. 머리를 땋는 데 걸리는 시간을 물으니 다행히 30분으로 길지 않다. 진아를 자리에 앉히니 미용사가 머리에 물 스프레이를 하고, 기다란 꼬리 빗으로 전체 머리카락을 3등분으로 나눠 조금씩 땋기 시작했다. 땋은 머리에 비즈를 붙이면 더 예쁘겠지만, 무게가 만만치 않을 것 같아 그냥 고무줄로만 묶기로 했다. 대신 아이가 좋아하는 핑크색으로 묶어달라고 부탁했다.

주변을 둘러보니 마사지와 페디큐어를 받는 한 여행자가 눈에 띈다. 아이가 머리를 하는 동안 나도 마사지를 받으면 어떨까 잠시 고민하다가 기다리는 가족들이 떠올라 해변 산책으로 대신하기로 했다. 날씨, 거리, 높이에 따라 시시각각 달라지는 보라카이 화이트 비치의 물빛에는 인간이 표현할 수 있는 모든 종류의 파란색이 다 있다고 해도 과언이 아니었다. 이렇게 전망 좋은 미용실이 세상에 또 있을까?

돌아와 보니 어느새 진아의 레게머리가 완성되어가고 있었다.

내가 온 것을 확인한 진아가 물었다.

"엄마, 나 아프리카 공주 같아?"

아프리카 공주의 추억

한국에 돌아가 봄방학이 끝나고 다시 유치원에 갈 때까지 머리를 풀지 않겠다던 아이. 하지만 현실은 머리를 땋은 그날부터 땡볕에 나가 종일 물놀이, 모래놀이를 하느라 머리 사이사이가 빨갛게 그을려 사흘 만에 풀 수밖에 없었다. 땋은 머리를 풀 때, 아이는 아파서 눈물을 흘리면서도 끝내 아쉬워했다. 나는 진아의 '아프리카 공주' 모습을 사진으로 찍어 인화해주기로 약속했다. 친구들에게 사진을 보여줄 수 있다는 기대감에 울다가도 방긋 웃음을 보이는 아프리카 공주님. 그 마음을 알 것 같아 나도 웃음이 났다.

TRAVEL STORY 08

탄성을 자아내는 풍경, 화이트 비치에서 만든 특별한 모래성

보라카이를 뜨겁게 달구던 해가 멀리 수평선 뒤로 사라질 때면 어디에선가 동네 아이들이 나와 해변에 모래성을 쌓기 시작한다. 가만 보니 삽으로 모래를 퍼와 높이 쌓고 물을 뿌려 손으로 다지는 폼이 한두 번 해본 솜씨가 아니다. 진짜 성 모양을 조각해 그 밑에 BORACAY라는 글씨와 날짜를 새겨 넣기도 했다. 완성된 조각에는 맥주병으로 등을 만들어 조명을 비쳤다.

보라카이 하면 떠오르는 대표적인 이미지인 '모래성'. 여행을 떠나기 전, 여행잡지에서 처음 이 모래성을 봤을 때는 어느 예술가의 작품이겠거니 했다. 야외 결혼식이나 특별한 이벤트가 있을 때 만드는 조각품일 수도 있겠다 싶었다. 혹시 내가 보라카이를 여행할 때, 한 번이라도 볼 수 있으면 얼마나 좋을까 생각했지만 큰 기대는 하지 않았다.

그런데 막상 보라카이에 도착하니 그 화려한 모래성을 어렵지 않게 만날 수 있었다. 매일 저녁, 어떤 날은 하루에 몇 개씩도 눈에 띄었다. 모래만으로 쌓은 성이라니! 거대한 보라카이의 모래성은 쌓는다기보다는 '짓는다'고 표현하는 것이 더 어울릴 것 같았다. 어두운 밤바다를 배경으로 은은하게 불을 밝힌 성은 그야말로 로맨틱했다. 첨탑 사이로 흔들리는 불빛이 어우러진 해변 풍경은 사진에서 본 것보다 훨씬 근사했다.

다음 날, 우리는 아이들과 함께 직접 모래성을 만들어보기로 했다. 머리 위로 태양이 이글거리는 한낮이었지만 바다 가까이에 자리를 잡고, 더우면 수영도 한 번씩 하며 저마다 예술혼을 불태웠다. 화이트 비치의 고운 모래는 물과 섞으면 점토처럼 잘 뭉치는 특성이 있다. 잘 눌러 다지면 높이 쌓기도 어렵지 않다. 그러나 성을 쌓는 데는 생각보다 많은 모래와 시간이 필요했다. 아이들은 장난감 플라스틱 양동이로 수없이 모래와 바닷물을 실어 날랐다. 해초를 주워다가 성 위에 얹거나 장난감으로 장식하는 등 제 나름의 아이디어를 내 치장하기도 했다. 함께 주저앉아 틀을 잡고 조각하기를 30여 분, 드디어 우리만의 모래성이 탄생되었다.

꽤 그럴듯했다. 사실 숙련된 필리핀 아이들의 솜씨를 따라갈 수 없었고 글씨도 비뚤비뚤했지만, 우리가 직접 만든 모래성이라 오히려 더 정이 갔다. 사진을 찍기 위해 돈을 낼 필요도 없었다. 평소 카메라만 들이대면 도망가는 아이들도 이번에는 서로 사진을 찍어달라며 졸라댔다. 우리는 모래성을 앞에 두고 갖가지 우스꽝스러운 포즈를 취하며 추억을 남겼다. 지나가던 외국인들도 엄지손가락을 치켜들었다. 이윽고 밀물이 들어왔고, 해가 지기도 전에 성은 무너지기 시작했다. 애써 만든 성이 쉽게 부서지는 모습을 보니 공연히 쓸쓸해졌지만 그 마음도 잠시, 튜브를 든 아이들이 웃으며 달려드는 통에 다시 정신이 없어졌다.

태양 가까이 멀어져 가는 아이들의 모습을 보며 생각했다.
'아이들은 알까? 우리가 쌓아 올린 것은 비단 모래성만이 아니었음을.'

TRAVEL STORY 09

태양은 뜨거웠고 노을은 불탔다.
보라카이의 석양 속으로

보라카이의 화이트 비치는 저녁이 되면 온통 로맨틱한 '해변 식당'과 '비치 바'로 변신한다.
해가 지면 곧 클럽의 리드미컬한 음악이 보라카이를 흔들어놓지만, 온 섬이 석양으로
물드는 이 순간만큼은 숨죽여 바다를 바라보기에 좋은 시간이다.
보라카이의 석양을 온몸으로 느낄 수 있는 가장 좋은 방법은 세일링 보트다. 불어오는
바람에 몸을 맡긴 채 바라보는 황홀한 석양, 해변에서 멀어질수록 가까워지는 태양은 온통
붉은빛으로 타들어간다.
수평선 너머로 해가 사라지는 순간, 진짜는 이때부터다. 한 손엔 샌들을, 다른 한 손엔
칵테일을 들고 해변을 걷는다. 모래의 까슬한 감촉이 싫어 계속 안아달라던 아이도,
이제는 제법 샌들의 모래를 툭툭 털어가며 앞장서서 걷는다.
함께 있으면 그 누구와도 사랑에 빠질 수 있을 것 같은 보라카이의 일몰.
어둠이 내린 후에는 이제껏 본 적 없는 선명한 별 무리를 볼 수 있었다.

한번쯤 대가족 여행
푸껫(Phuket)

결혼 후 처음 대가족 여행을 계획하는 계기는 보통 부모님의 환갑이다. 요즘 같은 고령화 시대에는 환갑잔치 대신 기념 삼아 부모님을 모시고 오붓하게 해외여행을 떠나는 가족이 많기 때문이다. 부모님과 형제, 자매, 그리고 아이들이 함께 어울려 떠나는 여행은 상상만으로도 흐뭇하다. 그러나 실전으로 들어가 여행 계획을 짜려면 고민되는 것이 한두 가지가 아니다. 가족 모두의 취향을 만족시키면서 합리적인 비용으로 다녀올 수 있는 대가족 여행지로는 어디가 좋을까? 관광과 휴양, 어느 것 하나 놓치고 싶지 않다면 태국의 대표 휴양지인 푸껫에 주목하자. '안다만 해의 진주'라고 불리는 푸껫은 아름다운 해변과 환상적인 일몰, 기암괴석과 울창한 정글, 싱싱한 해산물과 열대과일뿐만 아니라 다이빙, 스노클링, 코끼리 트레킹, 마사지까지 여행에 필요한 인프라를 제대로 갖추고 있어 다양한 연령대를 만족시키는 가족 여행지로 오랫동안 사랑받고 있다.

푸껫 면적은 제주도의 3분의 1에 불과하다. 하지만 안다만 해를 따라 늘어선 12개의 크고 작은 해변은 각각의 개성이 넘친다. 그중에서도 빠통, 까론, 까따 비치는 넓은 모래사장을 갖춘 푸껫의 3대 해변으로 유명하다. 푸껫 주변에는 영화 〈007 시리즈〉 촬영지로 알려진 팡아 만을 비롯해 피피 섬, 시밀란 섬, 라차 섬, 카이 섬 등 수십 개의 아름다운 섬이 있다.

푸껫은 여행사의 단골 가족 여행 상품이기도 하다. 즉, 가장 무난한 가족 여행지라고 할 수 있다. 유명한 관광지에는 다 이유가 있는 법. 처음 대가족 여행이라면 태국을 대표하는 관광지인 푸껫으로 떠나보자.

한눈에 보는 푸껫

비행시간: 인천 ↔ 푸껫 6시간 20분

시차: -2시간(한국이 오전 8시일 때 푸껫은 오전 6시)

날씨: 평균 29℃의 열대 기후. 5~10월은 우기, 11~4월은 건기로 3~4월이 가장 덥다. 날씨가 맑은 11~2월 중순이 해변과 바다 빛깔이 가장 아름다운 때다. 우기에는 열대성 스콜이 한두 차례 내리고 파도가 높다.

언어: 타이어

비자: 여권 유효 기간이 6개월 이상 남은 대한민국 여권 소지자라면 90일간 무비자로 체류할 수 있다.

통화: 바트(THB) / 1B = 약 33원 (2015년 4월 매매기준율)

전압: 220V로 한국과 같지만 원형 코드와 11자형 코드를 같이 쓴다. 만약의 경우를 대비해 돼지코 어댑터나 멀티어댑터를 준비하자.

꼭 해봐야 할 것: 팡아 만 투어, 싱싱한 해산물과 열대과일 먹기, 해변과 바다 즐기기, 타이 마사지

쇼핑 리스트: 실크 제품, 여자 속옷 (와코루), 말린 열대 과일, 다양한 맛의 어포, 꿀, 야돔

빠통 Patong

빠통 비치 Patong Beach

42 33

관광 경찰 안내소

쏭피농 Song Pee Nong

홀리데이 인 리조트 푸켓 Holiday Inn Resort Phuket

Ruamchai

바나나 워크 Banana Walk

와인 커넥션 Wine Connection

부츠 Boots

방라 로드 Bangla Rd

사보이 시푸드 Savoey Seafood

레츠 릴렉스 Let's Relax

Thanon Ratuthit Songroipi Rd

넘버 식스 Number 6

Thawewong Rd

Sawadirak Rd

Hai Patong Rd

축구장

정실론 Jungceylon

밀레니엄 리조트 빠통 Millenium Resort Patong

로빈슨 백화점, 빅 씨, 부츠 Robinson Department Store, Big C, Boots

몬트라 타이 마사지 & 스파 Montra Thai Massage & Spa

MK 수끼 골드, 후지, 와인 커넥션, 마루 MK Suki Gold, Fuji, Wine Connection, Maru

Thanon Ratuthit Songroipi Rd

빠통 병원 Patong Hospital

노보텔 푸켓 빈티지 파크 리조트 Novotel Phuket Vintage Park Resort

치앙라이 시푸드 Chiangrai Seafood

사왓디 빠통 리조트 Sawaddi Patong Resort

오리엔탈라 스파 Orientala Spa

디바나 빠통 리조트 & 스파 Deevana Patong Resort & Spa

Soi Ratchapathanuson

42 33

아이와 함께 푸껫 여행, 이것도 놓치지 말자

밤 비행이 많은 푸껫 비행기

푸껫에 취항하는 직항 노선은 대한항공, 아시아나항공, 타이항공, 그리고 저가항공사인 비즈니스에어 총 네 가지다. 대한항공과 아시아나항공은 매일 저녁에 출발해 자정 무렵 푸껫에 도착한다. 타이항공과 비즈니스에어는 운항일별로 출·도착 시간이 다르나 각각 오전, 오후에 출발하는  일정이 있다. 한국으로 돌아오는 비행편은 대부분 밤늦게 출발해 다음 날 오전에 인천에 도착한다. 시간 활용 측면에서 보면 국적기보다 외국 항공사를 이용하는 것이 더 매력적일 수 있다.

사람에 따라 선호하는 비행 시간대가 다르니 항공권 가격과 조건, 출·도착 시각 등을 잘 고려해 항공권을 구매하자. 시간 여유가 있다면 방콕 경유편을 예약해 방콕과 푸껫을 모두 둘러보는 것도 괜찮다.

푸껫 여행 필수 준비물

더운 동남아시아 여행의 필수품~! 한낮에는 햇살이 강하므로 챙 있는 모자와 선크림, 긴 팔 래시가드나 얇은 카디건을 챙겨야 한다. 아이와 함께 물놀이, 모래놀이를 즐기려면 튜브나 구명조끼, 모래놀이 도구도 준비하자. 푸껫은 인도가 좁고 바닥이 고르지 않아 유모  차를 몰기에 좋은 환경은 아니다. 하지만 유모차가 있으면 아이가 낮잠을 자거나 힘들어할 때 유용하다. 혹시 한국 음식을 그리워하실 부모님을 위해 컵라면과 즉석 밥도 몇 개 준비하자. 밤에는 모기가 많으니 모기퇴치제와 바르는 모기약 등이 필요하다. 한국의 휴가 시즌인 7~8월은 푸껫의 우기인데 이 시기에는 소나기가 매일 한두 차례 내린다. 우산도 잊지 말자.

 태국 모기에는 태국 모기약이 더 잘 듣는다는 말이 있다. 현지 마트나 약국에 다양한 약깐융(모기퇴치제)이 구비되어 있으니 참고하자.

저렴하게 무제한 인터넷 사용하기

여행 중 스마트폰으로 맛집 검색, 길찾기를 할 예정이라면 꼭 알아둬야 할 정보 하나! 푸껫에 도착하면 AIS, Dtac 등 태국 현지 통신사의 선불 심카드(USIM)를 산 후 무제한 인터넷 요금제에 가입하자. 7일간 약 199B(세금 7%와 심카드 구입비 49B 별도)의 비용으로 무제한 3G 인터넷을  즐길 수 있다. 심카드는 세븐 일레븐 편의점에서도 판매하나 푸껫 국제공항이나 푸껫 타운의 센트럴 페스티벌, 빠통의 정실론 로빈슨 백화점에 있는 현지 통신사 서비스 센터에서 직접 가입 및 개통을 하면 직원이 심카드 교체, 휴대전화 세팅 등을 모두 대행해준다.

푸껫의 주요 병원

푸껫은 큰 섬이자 세계적인 관광지라 호텔급의 시설 좋은 병원도 많다. 대표적인 종합 병원은 푸껫 국제 병원과 방콕 병원. 진료비가 비싼 편이지만 영어 접수 및 의사소통이 가능하다.

푸껫 국제 병원 Phuket International Hospital
위치 푸껫 타운 근처 | **주소** 44 Chalermprakiat Ror9 Road, Phuket | **전화** 076-249-400, 076-361-888, 076-210-935(응급 전화) | **홈피** www.phuketinternationalh ospital.com

방콕 병원 Bangkok Hospital Phuket
위치 푸껫 타운 근처 | **주소** 2/1 Hongyok Utis Alley, Talat Yai, Mueang Phuket | **전화** 076-254-425
홈피 www.phukethospital.com

최신 정보 가득한 인터넷 커뮤니티

▼ 태사랑
www.thailove.net
cafe.naver.com/taesarang

▼ 태초의 태국정보
cafe.naver.com/thaiinfo

현지 한인 여행사

▼ 푸껫 선라이즈
www.joyphuket.com

▼ 반녁(시골집)
www.phuket-bannork.com

▼ 클린푸껫
www.cleanphuket.com

▼ 몽키트래블
thai.monkeytravel.com

태국 필수 여행 정보

🗒 정치 상황에 대한 이해

2006년 실각했지만 측근을 통해 현재도 태국 내정에 관여하고 있는 탁신 친나왓 전 태국 총리. 태국의 정국 불안은 탁신을 옹호하는 '레드 셔츠'파와 반탁신파 '옐로 셔츠'파가 충돌을 거듭하며 심해졌다. 레드 셔츠는 농민과 도시 빈민, 북부 지역 거주자들이, 옐로 셔츠는 부유층과 도시 엘리트, 중남부 지역 거주자들이 주류를 이루고 있다. 각각 '프롤레타리아(레드)'와 '왕(옐로)'을 의미하는 색깔을 택했다. '색깔 전쟁'으로도 불리는 양측의 대립은 태국을 뒤흔들어 놓았다. 2014년 쿠데타 이후 프라윳 총리 정부가 들어서면서 태국 정국은 어느 정도 안정이 되었다고 알려져 있다. 그러나 여행을 떠나기 전 태국 정세를 미리 확인하고 출발하는 것이 좋다.

🗒 태국에서 어린이의 기준은 나이가 아닌 키

세계적으로 관광지 입장료나 대중교통 요금의 '어린이' 기준은 나이다. 즉, 만 6세 이상 12세 미만은 어린이다. 국가나 상황에 따라 만 5세와 12세를 포함시킬 것인지에 대한 논란은 있지만 기준은 대부분 비슷하다. 그런데 태국에서 어린이의 기준은 나이가 아닌 '키'로 보는 일이 흔하다. 90cm 이상, 120cm 미만 아이는 어린이로 본다. 지하철역이나 관광지 등에서 어렵지 않게 키를 잴 수 있는 눈금자를 볼 수 있다.

🗒 타이항공의 어린이 특별 혜택 ROH(Royal Orchid Holiday)

ROH는 태국 국적 항공사인 타이항공에서 만든 약 40년 전통의 에어텔 프로그램이다. 타이항공을 이용해야 하는 제약이 있지만 항공사에서 운영하는 프로그램인 만큼 성수기에도 발권이 어렵지 않고, 할인 항공권 가격으로 이용할 수 있다는 장점이 있다. 무엇보다 좋은 점은 부모와 함께 여행하는 어린이 1명은 무료라는 것! 매년 4~10월(태국 비수기)에 ROH에서 제시하는 호텔 중 한 곳에서 의무적으로 1박 또는 2박 이상을 숙박하면 성인 2인당 만 12세 미만 어린이 1명의 항공권을 무료로 제공한다(세금 별도). 어린이 항공 요금이 성인 정규 요금의 75%인 점을 감안하면 저가항공이나 초특가 프로모션 상품을 제외하고 아이와 함께 태국을 여행하는 가족에게 충분히 매력적인 상품이다. ROH 판매 여행사를 통해 예약할 수 있다.

☐ 1년에 한 번, 어메이징 타일랜드 그랜드 세일

매년 7~8월 여름에는 '어메이징 타일랜드 그랜드 세일(Amazing Thailand Grand Sale)' 기간이다. 이 시기에 방콕, 푸껫, 치앙마이, 파타야, 사무이 등 태국의 주요 관광지에서는 여행 관련 상품, 호텔, 리조트, 항공권뿐만 아니라 프리미엄 브랜드의 패션 아이템, 가방, 신발, 화장품 등을 최대 80%까지 할인된 가격에 구입할 수 있다.

☐ 여행자 부가세 환급 (VAT Refund for Tourists)

태국 출국일 기준 60일 내에 VAT Refund for Tourists 표시가 있는 상점(대부분의 백화점이 해당)에서 물건을 구입한 경우, 한 상점에서 하루에 구입한 물건값이 2,000B 이상이고, 전체 여행 기간 중 쇼핑한 비용이 최소 5,000B 이상이면 출국 시 부가세(7%)를 환급받을 수 있다.

1 | 상점(백화점)의 VAT Refund Office에 당일 영수증과 여권을 가져가 환급 신청서를 작성한다.
2 | 출국 수속 전, 공항 Customer Inspection Office에서 환급 신청서에 확인 도장을 받는다.
3 | 공항 출국 심사대 통과 후 면세 구역에 있는 Cash Refund Office에서 부가세 환급을 받는다.

단, 공항에서 환급 수수료 100B를 내야 한다. 태국에 180일 이상 머문 경우에는 해당되지 않는다.

푸껫 여행
4박 6일
추천 일정

DAY 1
23:30 푸껫 국제공항 도착

01:00 픽업 서비스로 리조트 도착, 휴식

DAY 2
10:00 아침식사 후 해변 산책

12:00 정실론에서 점심식사, 쇼핑 P.207
빠통에 있는 복합 쇼핑몰 정실론! MK 수끼 골드에서 태국식 샤부샤부를 맛보자.

DAY 3
07:00 팡아 만 투어 P.000
푸껫 여행의 하이라이트! 여행사 일일 투어로 다녀오자.

18:30 저녁식사 쌩피뇽 P.212
적당한 가격의 태국 음식점. 파인애플볶음밥 추천!

DAY 5
12:00 호텔 체크아웃 후 푸껫 타운으로 이동, 점심식사 찌라유왓 P.213

13:00 푸껫 시티 투어 P.205
디북 & 탈랑 로드, 왓 찰롱, 까따 뷰포인트, 프롬텝 곶

18:00 저녁식사 깐앵 @ 피어 P.210
해변의 일몰을 감상하며 마지막 만찬을 즐기자!

관광과 휴양, 나이트 라이프까지 원하는 모든 것을 즐길 수 있는 푸껫에서는 가족의 취향에 맞춰 다양한 테마로 일정을 계획할 수 있다. 해변과 기암 절벽, 맛집, 마사지, 쇼핑 등 가족 모두가 만족할 수 있는 알찬 4박 6일 코스를 준비했다.

푸껫 시티 투어
- **디북 & 탈랑 로드**: 올드 시티로 이국적인 포르투갈 양식의 건물이 가득한 곳
- **왓 찰롱**: 푸껫에서 가장 크고 화려한 사원
- **까따 뷰포인트**: 까론, 까따 비치를 한눈에 볼 수 있는 곳
- **프롬텝 곶**: 일몰 명소로 바다와 섬이 내려다보이는 언덕

넷째 날 거리가 먼 피피 섬 투어를 계획한다면 팡아만 투어는 둘째 날 하는 것이 좋다.
하루 투어, 하루 휴식이 기본!

16:00
마사지 P.208

17:30
저녁식사
해산물 레스토랑 P.209
싱싱한 해산물을 직접 고를 수 있다.

19:30
푸껫 판타 시 관람 P.206
태국 신화와 역사를 주제로 한 공연!
취향에 따라 '사이먼 카바레'를 봐도 좋다.

DAY 4

08:00
카이 섬 또는 라차 섬
일일 투어 P.204
열대어가 많은 스노클링 포인트!
물빛이 환상적이다.

16:30
호텔 휴식

17:30
저녁식사
란짠펜 P.213
숯불에 구운 돼지갈비와
돼지목살이 유명하다.

19:00
마사지 P.208

21:00
공항으로 출발

DAY 6

01:00
집으로

어디서 머물까?

푸껫은 태국 내에서 물가가 가장 비싼 지역이지만 태국을 대표하는 휴양지답게 게스트 하우스에서 고급 풀빌라까지 숙소 선택의 폭이 크다. 가족 여행으로 찾는 중급 이상의 호텔은 12~2월 성수기 시즌을 제외하고는 대부분 합리적인 가격으로 이용할 수 있다. 빠통 비치와 번화가에 있는 숙소는 맛집과 쇼핑몰 등 편의 시설 접근성이 좋고, 섬 남쪽의 까따 비치와 까론 비치는 해변에서 조용히 휴식을 취하기 좋다.

 tip 기념일임을 알리면 대부분의 호텔에서 침대에 꽃 장식 서비스를 해준다. 부모님 방에 장식해드려 오랜만에 로맨틱한 시간을 만들어드리면 어떨까?

빠통 비치 Patong Beach

푸껫의 상징이자 가장 번화한 지역. 파라솔이 줄지어 있는 해변에서는 다양한 해양 스포츠를 즐길 수 있고, 해변의 비치 로드에는 레스토랑, 기념품점, 마사지 숍, 쇼핑센터 등이 골목마다 빼곡히 들어차 있다. 빠통의 중심인 방라 로드(Bangla Road)는 밤이 되면 유흥가로 변해 또 하나의 볼거리를 만든다. 이곳은 편의 시설 접근성이 좋고 합리적인 가격의 호텔이 많지만 가족 여행임을 고려해 유흥가 중심 지역은 피하자.

추천 호텔
홀리데이인 리조트 푸껫, 노보텔 푸껫 빈티지 파크 리조트, 두앙짓 리조트, 이비스 푸껫 빠통, 디바나 빠통 리조트 & 스파, 사왓디 빠통 리조트, 밀레니엄 리조트 빠통

까론 비치 | Karon Beach

빠통 비치 아래에 있으며 빠통 비치나 까따 비치보다 조용하다. 느긋하게 해변을 즐기며 휴식을 취하기 좋다. 탁 트인 해변을 따라 가족여행객이 선호하는 고급 리조트가 줄지어 있다.

추천 호텔
르 메르디앙 푸껫 비치 리조트, 힐튼 푸껫 아카디아 리조트 & 스파, 뫼벤픽 리조트 & 스파, 센타라 그랜드 비치 리조트 푸껫

까따 비치 | Kata Beach

푸껫 남부 끝자락에 자리하고 있으며 세련된 레스토랑과 카페가 많다. 해변에는 고급 리조트가 있고, 메인 도로 뒤편 해변까지 10분 거리에는 룸 컨디션이 좋은 중급 호텔이 많다. 번잡한 것은 싫고, 그렇다고 너무 심심한 것도 싫은 가족여행객에게 알맞은 곳이다.

추천 호텔
까따타니 리조트, 사왓디 빌리지, 까따 비치 리조트

방타오 비치 | Bang Tao Beach

빠통의 북쪽 해변으로 최고급 리조트와 개성 있는 풀빌라들이 자리하고 있다. 빠통, 까론, 까따 비치에 비해 거리는 덜 번화하지만 리조트 단지 내에서 모든 것을 해결할 수 있을 정도로 수영장, 키즈 클럽 등 부대시설이 잘되어 있다. 단, 빠통 등 번화가와 거리가 멀어 한번 숙소에 들어가면 나오는데 시간과 교통비가 많이 든다.

추천 호텔
앙사나 라구나 푸껫, 반얀 트리 푸껫, 아웃리거 라구나 비치 리조트, 두짓타니 라구나

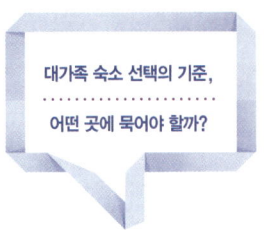

**대가족 숙소 선택의 기준,
어떤 곳에 묵어야 할까?**

대가족의 해외여행을 준비하는 일은 만만치가 않다. 기백만 원의 경비를 마련하는 것도 문제지만 가족구성원 모두가 만족하는 여행을 계획하기란 쉬운 일이 아니다. 일단 숙소부터가 문제다. 특급 호텔의 스위트룸이나 독채의 풀빌라에 묵고 싶지만 주머니 사정이 허락지 않는다. 그렇다고 부모님을 허름한 게스트 하우스에 모실 수는 없는 일. 아이와 부모님, 형제자매와 함께 여행하는 대가족은 어떤 호텔에 묵는 것이 좋을까?

1. 호텔 등급, 여행 일정과 지역적 특성을 고려하자

호텔에서 아침을 먹은 후 나가 저녁 무렵 돌아오는 여행이라면, 굳이 호화로운 시설을 고집할 필요가 없다. 대신 룸 컨디션과 위치가 중요하다. 깨끗하고 이동이 편리하며 주변에 편의 시설이 많고 아침 뷔페가 맛있는 중급 호텔이면 된다. 특히 가족 여행지로 인기 있는 푸켓이나 발리 등은 가격 대비 룸 컨디션이 좋고, 요금 할인 프로모션을 하는 곳도 있어 잘 찾아보면 괜찮은 곳이 많다. 후보지 3~4개를 추려놓고 원하는 조건을 하나씩 따져보자.

2. 패밀리 공간이 있어야 한다

호텔은 성인 기준 2인 1실이 규정이고 보통 12세 미만 아이 1~2명까지는 한방에 묵을 수 있다. 부모님과 아이 둘을 동반한 6인 가족이라면 최소 2개의 방을 사용해야 한다. 그러나 가족 여행이라면, 특히 호텔이 익숙지 않은 부모님이나 아이들과 함께라면 모두가 같이 시간을 보낼 수 있는 패밀리 공간이 있으면 좋다. 패밀리 공간이 있는 객실은 요금이 비싸지만, 방을 2개 얻는 것보다는 저렴해 경비 절약에도 도움이 된다.

호텔·리조트

- **스위트룸(Suite Room)**: 욕실이 딸린 침실 1~2개와 거실, 응접실이 있는 객실로 요금이 비싼 편이다.
- **패밀리 룸(Family Room)**: 스위트룸 가격이 부담되거나 인원 제한이 있다면, 객실 중 패밀리 룸이 있는지 알아보자. 패밀리 룸은 스위트룸과 구조가 비슷하거나 거실 없이 방과 침대가 2개 이상인 객실이다.

- **커넥팅 룸(Connecting Room)**: 패밀리 룸이 여의치 않을 때는 일반 객실 중 커넥팅 룸이 있는지 알아보자. 커넥팅 룸은 서로 연결되는 문이 있는 객실을 말한다. 문을 열면 2실 또는 그 이상을 연결해 자유롭게 드나들 수 있다.

레지던스·서비스드 아파트

레지던스는 서비스드 레지던스(Serviced Residence)의 약칭으로 호텔식 서비스를 제공하는 오피스텔을 말한다. 방 2~3개와 주방, 거실이 있는 형태다. 편리하고 요금이 합리적이라 대가족 여행에 알맞다. 그러나 시내 한복판에 있는 경우가 많아 관광지로의 접근성이 떨어지고, 휴양지에서는 찾기 어렵다는 단점이 있다. 비슷한 형태로 단기간 임대할 수 있는 아파트인 서비스드 아파트(Serviced Apartment)가 있다.

3. 수영장 등 부대시설을 살핀다

수영장 등 부대시설이 잘 갖춰졌는지도 중요하다. 수영장에 유아용 풀(Baby Pool)이 따로 있는지, 수심은 얼마나 깊은지 확인하자. 예산이 넉넉하다면 워터파크처럼 워터슬라이드나 놀이 시설이 잘 갖춰진 리조트가 좋겠지만 어린아이를 동반한 여행에는 한눈에 다 들어올 정도로 적당한 크기의 수영장을 갖춘 리조트도 괜찮다. 베이비 시팅 서비스나 키즈 클럽이 있다면 아이를 잠깐 맡기고 어른들만의 오붓한 시간을 즐길 수도 있다.

4. 엑스트라 베드나 아기 침대의 사용 여부를 확인하자

대가족 여행 시 아기 침대(Baby Cot)나 엑스트라 베드(Extra Bed)를 대여하면 조금 더 여유롭게 지낼 수 있다. 태국 등 동남아시아에서는 무료로 엑스트라 베드를 대여해주기도 하니 프로모션이 있는 호텔을 알아보자. 간혹 트윈 베드가 더블 베드 2개인 곳도 있다.

5. 가족 단위 관광객이 많이 묵는지 알아보자

아무리 좋은 호텔이라도 단체 패키지 관광객이 우르르 몰려다니거나 정장 차림의 비즈니스 투숙객이 많은 호텔은 왠지 불편하다. 트립 어드바이저(Trip Advisor)나 아고다(Agoda) 같은 호텔 예약·리뷰 사이트에서 가족 단위 관광객이 많이 묵는 호텔인지 평점은 물론이고 후기도 적극 살펴보자.

뭘 타고 다닐까?

공항에서 숙소까지

푸켓 국제공항에서 시내 호텔까지 이동은 공항 택시와 미니버스를 이용하는 것이 일반적이다. 그러나 인원이 많은 가족여행객이라면 리조트·호텔·여행사의 픽업 서비스를 예약하는 것이 좋다. 이동 시간은 중심가인 푸켓 타운까지 약 30분, 빠통 비치까지 약 40분, 까론 비치나 까따 비치까지는 1시간 정도가 걸린다.

픽업 서비스

리조트나 호텔, 여행사에서 제공하는 픽업 서비스를 예약하는 방법. 인원이 많으면 승합차를 이용할 수 있어 대가족 여행에 적합하다. 직원이 이름이 적힌 피켓을 들고 공항에서 기다린다. 이용 요금은 편도 800~900B. 픽업이나 인원이 많을 경우에는 추가 요금이 붙는다.

택시

공항에 대기하고 있는 택시를 이용하는 방법. 미터기를 사용하는 택시도 있으나 대부분 목적지별로 가격을 흥정한 후 출발한다. 요금은 빠통 비치까지 800B 정도.

미니버스

공항에 대기하고 있다가 정원 9명이 모두 타면 출발한다. 들르는 곳이 많고 숙소나 여행 상품을 권유하기도 한다. 공항을 나오면 바로 미니버스 티켓 판매소가 있다. 요금은 1인당 가격으로 푸켓 타운 150B, 빠통 비치 180B, 까따·까론 비치 200B.

공항 버스

공항에서 푸켓 타운까지만 운영하며 호텔이 많은 빠통, 까따, 까론 비치는 운행하지 않는다. 요금은 푸켓 타운까지 1인당 100B로 가장 저렴하다. 푸켓 공항 버스 안내 홈페이지(www.airportbusphuket.com)에서 시간표를 확인할 수 있다.

섬 내 교통수단

푸껫의 물가가 비싸게 느껴지는 이유 중 하나는 대중교통이 없다는 것이다. 썽태우라는 현지 버스가 있지만 운행 간격이 길고 정류소 찾기도 쉽지 않다. 미터 택시는 푸껫 타운이나 공항 등 이용할 수 있는 곳이 한정적이고 툭툭은 바가지요금이 심해 불편하다. 여행자를 위한 픽업 서비스와 기사 포함 렌터카 서비스가 발달해 있으니 적절히 이용하면 좋다.

썽태우 Songtaew

트럭이나 버스를 개조해 두 줄의 긴 의자를 놓은 현지 버스로 정해진 노선을 다닌다. 노선은 앞 유리 상단에 표시되어 있다. 약 30분 간격으로 운행되며 푸껫 타운을 중심으로 빠통, 까론, 까따 비치 등으로 연결된다. 버스 정류장이 있으나 손을 들면 정류장이 아니더라도 세워준다. 일정에 여유가 있거나 현지 교통수단을 체험해보고 싶은 가족에게 추천한다. 요금은 30B 내외.

툭툭 TukTuk

승합차를 개조해 만든 택시로 길에서 흔히 볼 수 있다. 호객 행위와 바가지요금이 심하기로 유명하고, 매번 흥정을 해야 하지만 여행자들이 많이 이용할 수밖에 없는 교통수단이다. 차량에 따라 4명에서 10명까지 탈 수 있다. 관광객이 많은 빠통, 까론, 까따 비치 내 혹은 비치 간 이동은 가격이 200~600B로 정해져 있다. 정차된 툭툭보다는 이동하는 차량을 잡아 흥정하는 것이 더 저렴하다. 소음과 매연이 심하니 가까운 거리만 이용하자.

기사 포함 렌터카

푸껫 내 주요 명소를 둘러보거나 장거리 여행을 계획할 때는 차량을 빌리는 것이 효율적이다. 한국과는 운전석과 주행 방향이 반대(오른쪽 운전, 왼쪽 통행)라 익숙하지 않으니 여행사에서 기사 포함 렌터카를 예약하는 것을 추천한다. 기사 식비와 유류비 등을 포함해 시간 단위로 계약하며 승용차뿐 아니라 승합차도 이용할 수 있다. 한국으로 돌아가는 마지막 날 밤 비행기를 타는 여행자들이 5시간~8시간 일정으로 많이 이용하며 요금은 1,500~1,800B 수준이다. 1시간 추가 시 200B, 마지막 코스가 공항일 경우에는 추가 요금이 붙는다.

픽업 서비스

여행사 투어 상품이나 쇼 등을 예약하면 보통 호텔 픽업 서비스가 포함되어 있다. 투어를 마치고 호텔로 돌아갈 때는 이동 경로에 따라 원하는 곳에서 내려줄 수도 있으니 확인해보자.

★ 입맛대로 고르는 푸껫 일일 투어 ★

푸껫은 자체가 최고의 휴양지이자 관광지이지만 주변에 크고 작은 섬이 많아 섬 투어가 발달되어 있다. 여행사의 일일 투어를 이용해 석회 동굴로 유명한 팡아 만이나 주변의 피피 섬, 라차 섬, 카이 섬 등을 둘러보며 푸껫의 다채로운 자연을 만끽하자. 업체별로 다양한 프로그램이 있으니 일정과 포함 사항을 꼼꼼하게 살펴본 후 예약하는 것이 좋다. 투어를 떠나기 전에 젖어도 되는 옷과 신발, 모자와 선글라스, 선크림과 타월 등을 준비해야 한다. 대부분 36개월 미만 유아는 무료, 만 3~11세는 어린이 요금을 받는다.

팡아 만 투어
Phang-Nga Bay Tour

팡아 만은 석회암 절벽의 신비한 모습을 볼 수 있는 곳으로 푸껫을 찾는 여행자라면 꼭 들려야 하는 '해상국립공원'이다. 만이라는 지형적 특성으로 파도가 잔잔해 우기에도 멀미 걱정 없이 아이와 함께 즐길 수 있다. 푸껫을 대표하는 관광지인 만큼 여행사 상품도 다양하다. 유람선을 타고 팡아 만으로 이동한 후 카누에 2~3명씩 나눠 타고 가이드와 함께 석회 동굴을 둘러보는 프로그램이 가장 유명하다. 차로 팡아 만까지 이동한 후 코끼리 트레킹, 과일 농장 방문, 보트를 타고 제임스 본드 섬 등을 둘러보는 코스는 부모님과 아이를 동반한 가족여행객에게 인기다. 색다른 투어를 원한다면 팡아 만을 둘러본 후 근처의 피피 섬까지 가 스노클링을 즐기는 코스, 오후에 출발해 팡아 만에서 선셋을 본 후 풍등을 날리는 코스 등 여행사에 다양한 상품이 있으니 잘 살펴보자.

요금 1,600B(어린이 900B)부터. 호텔 픽업, 영어 가이드, 해상국립공원 입장료, 점심식사, 음료수 등 포함

피피 섬 투어
Phi Phi Island Tour

푸껫이 휴식과 쇼핑, 나이트 라이프 등 모든 것을 즐길 수 있는 태국의 대표 관광지라면 피피 섬은 아름다운 풍경만으로도 충분히 우리를 사로잡는 조용하고 평화로운 곳이다. 푸껫에서 피피 섬까지는 페리로 2시간(스피드 보트로는 1시간) 정도 걸린다. 투어는 보통 아침 일찍 페리를 타고 출발해 피피 섬에서 스노클링을 즐긴 후 점심을 먹고 돌아오는 코스로 진행된다. 오후 2~3시쯤 피피 섬을 출발해 푸껫으로 돌아온다.

요금 2,100B(어린이 1,700B) 정도. 호텔 픽업, 영어 가이드, 점심식사, 스노클 장비 등 포함

- 부모님과 아이를 동반한 가족 여행이라면 스노클링 투어보다는 일정에 여유를 두고 피피 섬에서 하루나 이틀 머무는 것을 추천한다. 피피 섬까지 왕복 페리 요금은 900B부터다.
- 우기(5~10월)에는 파도가 높아 뱃멀미를 할 수 있으니 가까운 라차 섬 또는 카이 섬 투어를 추천한다.

라차 섬 투어
Racha Island Tour

아이를 동반한 가족 여행이라면 이동 거리가 멀고 바쁘게 움직여야 하는 투어보다 가까운 라차 섬이나 카이 섬의 한적한 해변에서 휴식을 취하는 코스를 추천한다. 라차 섬은 푸껫 남단의 찰롱 항구에서 스피드 보트로 약 20분 정도 가면 만날 수 있는 작은 섬으로 깨끗하고 아름다운 바다가 있어 다이버들의 사랑을 받아온 곳이다. 대표적인 해변은 빠똑 베이(Patok Bay), 씨암 베이(Siam Bay), 콘카레 베이(Konkare Bay)로 일일 투어를 이용하면 섬 근처 바다에서 스노클링을 즐긴 후 점심을 먹고 '라차 리조트(The Racha Resort)'가 있는 빠똑 베이 해변에서 시간을 보내게 된다. 추가 비용을 내면 라차 섬에서 숙박을 하고 아침에 나오는 코스로 예약할 수 있다.

요금 1,100B(어린이 700B)부터. 호텔 픽업, 스피드 보트, 스노클 장비, 영어 가이드, 점심식사, 음료수 등 포함. 오리발과 비치파라솔은 유상 대여 가능

 배에서 보내는 시간이 긴 스노클링 투어의 특성상 파도가 높은 우기에는 뱃멀미를 할 수 있다.

카이 섬 투어
Kai Island Tour

푸껫 남단의 찰롱 항구에서 스피드 보트로 약 20분 거리에 있는 카이 섬은 물빛이 환상적이고 열대어가 많아 스노클링 포인트로 유명하다. 수심이 얕은 바다는 맑은 날이면 바다까지 햇살이 비춰 물 밖에서도 오색의 물고기를 볼 수 있다. 섬이 작아 매점을 겸한 식당 외에는 편의 시설이 없다. 파라솔과 비치 체어를 빌려 쉴 수 있다. 카이 섬을 제대로 즐기려면 건기에 찾는 것이 좋지만 우기에도 맑은 날 아침에는 투명하고 환상적인 바다를 만날 수 있다. 오후가 될수록 바다색이 짙어지니 아침 일찍 서두르는 것이 좋다. 점심을 먹고 돌아오는 반나절 코스로도 다녀올 수 있다.

요금 1,100B(어린이 1,000B)부터. 호텔 픽업, 스피드 보트, 스노클 장비, 비치 체어, 영어 가이드, 점심식사, 음료수 등 포함

마이톤 섬 요트 투어
Maithon Island Yacht Tour

정원 30명의 럭셔리 요트 '썬타 카마란'을 타고 마이톤 섬으로 가서 스노클링, 선상 바비큐, 바다낚시 등을 즐기는 투어. 바람을 가르며 돛으로 항해하는 요트의 낭만을 한껏 느낄 수 있고, 운이 좋다면 돌고래도 볼 수 있다. 배 위에서 먹는 바비큐 맛도 일품~! 오전에 출발해 오후 3시쯤 돌아오는 코스로 일정에 여유가 있고, 한국인 가이드 투어라 가족여행객의 만족도가 높은 편이다.

요금 1,700B, 호텔 픽업, 스노클 장비, 한국인 가이드, 점심식사, 스낵, 음료수 등 포함

 배에서 보내는 시간이 길다. 파도가 높은 우기에는 투어 진행이 어렵다.

푸껫 시티 투어
Phuket City Tour

보통 밤 비행기로 한국에 돌아가는 자유여행자들이 일정 마지막 날 여행사에서 기사 포함 렌터카를 예약해 돌아보는 코스다. 평소 가보고 싶었던 곳이나 가족의 취향을 고려해 일정을 자유롭게 구성할 수 있는 장점이 있다. 아래 코스를 참고해 우리 가족에게 알맞은 일정을 짜보자.

요금 8시간 1,800B 정도. 1시간 추가 시 200B, 최종 목적지가 공항인 경우 추가 요금

12:00 호텔 체크아웃, 기사 미팅 후 일정 전달
12:30 푸껫 타운 맛집에서 점심식사(찌라유왓), 올드타운 산책 (디북 & 탈랑 로드)
15:00 코끼리 정글 트레킹 체험
18:00 저녁식사 (깐앵 @ 피어)
16:00 왓 찰롱 사원, 까따 뷰포인트, 프롬텝 곶 선셋 관광
19:00 마사지
21:00 공항 이동

 코끼리 트레킹을 원할 경우 예약은 필수! 30분간 진행되며 1인당 약 700B의 비용이 든다.

★ 온 가족 함께 즐기는 나이트 라이프 ★

독특한 공연과 나이트 라이프로 유명한 푸껫에는 해가 져도 가족과 함께 즐길 수 있는 다양한 공연이 있다. 아이를 동반한 대가족 여행에는 코끼리와 태국 역사를 주제로 한 푸껫 판타 시가 무난하나 부모님의 만족이 우선이라면 오직 태국에서만 볼 수 있는 사이먼 카바레를 추천한다.

푸껫 판타 시
Phuket Fanta Sea

3,000석 규모의 코끼리 궁전에서 펼쳐지는 태국의 신화와 역사를 주제로 한 공연. 스케일이 크며 다양한 특수 효과와 등장인물, 코믹한 퍼포먼스 등으로 구성되어 아이들이 좋아한다. 공연 시간은 21:00~22:30으로 늦은 편이나 픽업 시간이 빠르다. 일찍 도착하면 주변 테마파크를 둘러보며 기념 촬영을 하기에 좋다. 공연 중에는 촬영 금지.

주소 99 M3, Kamala, Kathu, Phuket 83150 | **오픈** 21:00, 목요일 휴관(테마파크 운영 시간 17:00~23:30)
요금 쇼 1,300B(어린이 동일)부터, 뷔페 포함 쇼 1,600B(어린이 1,500B)부터 | **홈피** www.phuket-fantasea.com

사이먼 카바레
Simon Cabaret

1990년대에 첫 공연을 한 이래 현재까지도 명성을 이어오고 있는 쇼. 남자라고 믿기 어려운 아름다운 레이디 보이들이 펼치는 화려한 공연으로 1시간 남짓한 시간에 춤과 노래, 코미디 등을 선보인다. 다소 선정적인 복장이 눈에 띄기도 하지만 내용 자체는 가족이 즐기기에 무리 없다. 한국의 부채춤을 추거나 아리랑, 가요를 부르기도 한다. 공연 중에는 사진 촬영을 할 수 없지만 끝난 후 약간의 팁을 주면 출연진과 함께 기념사진을 찍을 수 있다. 젊은 층보다는 부모님의 만족도가 높은 공연. 비슷한 공연으로 아프로디테 쇼도 있다.

주소 8 Sirirach Road, Patong, Kathu, Phuket 83150 | **오픈** 18:00, 19:45, 21:30 | **요금** 쇼 680B(어린이 600B)부터
홈피 www.phuket-simoncabaret.com

★ 구경만 해도 즐거운 쇼핑몰 ★

푸껫에는 고급 백화점에서 복합 쇼핑몰, 대형 마트까지 다양한 쇼핑센터가 있다. 가장 많이 찾는 곳으로 번화가인 빠통 비치 근처의 대형 쇼핑몰인 정실론, 고급 브랜드가 많은 푸껫 타운의 센트럴 페스티벌 푸껫, 그리고 대형 마트인 빅 시가 있다.

정실론
Jungceylon

빠통에 있는 대형 복합 쇼핑몰로 로빈슨 백화점, 까르푸 등 대형 마트와 의류, 스포츠용품, 액세서리, 전통 수공예품점, 맛집, 마사지 숍 등이 모여 있다. MK 수끼 골드, 일식집 후지, 한식집 마루 등 세계 각국의 음식을 맛볼 수 있는 깨끗한 레스토랑과 맥도날드, 스타벅스, 오봉뺑 등 다국적 매장을 만날 수 있다.

쇼핑 포인트 와코루(로빈슨 백화점) | **주소** 181 Rat-u-thit 200 Pee Road, Patong, Kathu, Kratu Phuket 83150
오픈 11:00~22:00 | **홈피** www.jungceylon.com

센트럴 페스티벌 푸껫
Central Festival Phuket

현지인은 '센탄'이라고 부른다. 푸껫 타운에 있으며 정실론보다 고급 브랜드가 많다. 유명 브랜드 의류, 스포츠용품, 짐 톰슨, 나라야 등이 있고, 맛집으로는 MK 수끼, 일식집 젠과 후지, 피자 컴퍼니 등이 있다. 대형 푸드 코트가 있어 쾌적한 분위기에서 부담 없이 한끼를 해결할 수 있는 곳이기도 하다.

쇼핑 포인트 짐 톰슨(Jim Thomson) 실크, 톱스 마켓(Top's Market) 태국 향신료와 식재료, 기념품 | **주소** 74-75 Wichitsongkran Road, Phuket City, 83000 | **오픈** 10:30~22:00 | **홈피** www.centralfestivalphuket.com

빅 시
Big C

센트럴 페스티벌 푸껫 근처의 대형 마트로 여행 중 필요한 물건이나 맥주, 기념으로 한국에 가져갈 만한 태국 식재료(소스 등), 말린 과일을 사기에 좋다. 1층에 주요 매장과 MK 수끼, KFC, 던킨 도넛 등 음식점이 있다.

쇼핑 포인트 망고, 망고스틴 등 열대과일, 말린 과일, 어포, 꿀, 야돔 | **주소** 72 Moo 5 Vichit, Muang Phuket 83000 | **오픈** 09:00~23:00

★ 여행의 피로를 풀어주는 마사지 ★

푸껫, 특히 빠통에서는 저렴한 해변 마사지부터 아로마 오일이나 진주를 이용한 고급 스파까지 다양한 마사지를 받을 수 있다. 아이와 함께하는 대가족이라면 쾌적한 분위기의 스파 숍이나 정실론에 있는 마사지 숍을 이용해 시간대를 나눠 쇼핑과 마사지를 번갈아가며 즐기면 좋다. 오일 마사지의 경우 제공되는 속옷을 입고 별도의 방에서 진행되니 참고하자.

레츠 릴랙스
Let's Relax

푸껫은 물론 방콕, 치앙마이 등에도 여러 개의 지점이 있는 검증된 스파 브랜드. 가격이 조금 비싸지만 조용하고 아늑한 분위기에서 타이 마사지, 발 마사지, 아로마 오일 마사지 등을 받을 수 있다.

위치 빠통 정실론에서 600m | **주소** 209/22-24 Rat-u-thit 200 Pee Road, Patong, Phuket
요금 타이 마사지(1시간) 500B, 발 마사지(45분) 400B | **전화** 076-346-080 | **홈피** www.letsrelaxspa.com

몬트라 타이 마사지 & 스파
Montra Thai Massage & Spa

정실론에 있는 마사지 숍. 지하에도 같은 이름의 저렴한 마사지 숍이 있지만 가족과 함께라면 조금 더 쾌적한 분위기의 3층 마사지 숍을 추천한다.

위치 빠통 정실론 3층, Sense of Wellness 내 위치 | **요금** 타이 마사지(1시간) 500B, 머리 · 목 · 어깨 마사지(1시간) 500B, 발 마사지(1시간) 400B

오리엔타라 스파
Orientara Spa

16개의 프라이빗 룸이 있는 깨끗한 마사지 숍. 빠통 지역 호텔에 묵을 경우 무료 픽업 서비스를 제공한다. 여행사를 통해 예약하면 더 저렴하다.

위치 디바나 빠통 리조트 & 스파 입구 | **주소** 49/145 Rat-u-thit 200 Pee Road, Patong, Phuket | **전화** 076-290-387
오픈 10:00~22:00 | **요금** 타이 마사지(2시간) 950B, 타이 마사지+발 마사지(2시간) 900B, 아로마 마사지 1,500B
홈피 orientaldephuket.com

세계에서 손꼽히는 맛있는 음식으로 유명한 태국. 그중에서도 바다를 접하고 있는 푸껫은 해산물 요리가 유명하다. 주석 광산 노동자로 건너온 중국인이 들여온 중국식 국수와 덮밥, 주변국인 말레이시아, 인도네시아 등의 영향을 받은 꼬치 요리가 많은 것도 푸껫 음식의 특징. 세계적인 관광지인 만큼 다국적 기업의 프랜차이즈도 많고 일본, 이탈리아 등 세계 각국의 음식도 많다. 길거리 음식부터 해변의 고급 레스토랑까지 다양한 가격대의 태국 음식을 경험해보자.

 태국 음식에는 팍치(고수)나 레몬그라스 등 향신료를 많이 사용한다. 거부감이 든다면 주문 시 '마이 싸이 팍치(팍치 빼주세요)'라고 말하자.

★ 해산물 레스토랑 ★

해산물 요리는 세계 어디서나 비싼 음식. 푸껫에서도 예외가 아니니 어느 정도 비용 지출은 감안해야 한다. 푸껫의 해산물 레스토랑에서는 수조나 얼음 진열대에 놓인 머드크랩이나 타이거새우 등 싱싱한 해산물을 직접 고를 수 있다. 가격은 무게를 달아 정하고, 조리 방식과 소스는 선택할 수 있다. 해산물 요리 2~3가지에 볶음밥 등 태국 음식 몇 가지를 곁들여 먹는다.

추천 메뉴 뿌 팟퐁 커리(게카레볶음), 꿍 파오(새우구이), 텃만 꿍(새우튀김), 얌 탈레(해산물 샐러드), 쁠라믁 팟 남 프릭파우(매운 오징어볶음), 매운 것을 못 먹는 아이들에게는 카우팟 뿌(게살볶음밥)를 추천한다.

사보이 시푸드
Savoey Seafood

빠통에서 가장 오래된 시푸드 레스토랑 중 하나. 얼음 진열대와 수조에서 싱싱한 해산물을 고를 수 있다. 가격은 비싼 편이지만 맛이 좋다.

위치 빠통 비치 로드, 방라 로드 근처 | **주소** 136 Thaweewong Road, Patong, Kathu, Phuket | **오픈** 10:30~24:00 | **전화** 076-341-171~4

치앙라이 시푸드
Chiang Rai Seafood

야시장 같은 분위기에서 해산물 요리를 맛볼 수 있는 곳. 비교적 저렴하며 주변에 비슷한 해산물 식당이 줄지어 있다. 한글 메뉴가 있어 주문하기 편하다.

위치 빠통 방라 로드 입구 오른쪽 골목 | **주소** 51 Rat-U-Thit, Bangla Road, Patong, Kathu, Phuket 83150 | **전화** 081-979-6614

깐앵 @ 피어
Kan Eang @ Pier

이름 그대로 찰롱 부두 옆에 있어 탁 트인 바다 풍경을 즐기며 식사할 수 있다. 넓은 식당 안에 있는 수족관에서 직접 살아 있는 해산물을 골라 주문할 수 있다. 해 질 무렵 해변을 마주한 빨간 파라솔의 야외 테이블에서 바라보는 석양이 특히 아름답다.

위치 찰롱 항구 앞 오른편 | **주소** 44/1 Viset Road, Moo 5 T. Rawai A. Muang, Phuket 83130 | **전화** 076-381-212
홈피 www.kaneang-pier.com

★ 로맨틱 디너, 다국적 음식 ★

어느 정도 규모 있는 푸껫의 레스토랑은 태국 음식 외에도 스테이크나 피자, 햄버거 같은 다국적 메뉴를 갖추고 있다. 가족의 다양한 취향과 입맛을 만족시켜줄 음식점을 소개한다.

와인 커넥션
Wine Connection

방콕, 치앙마이 등에도 있는 프랜차이즈로 푸껫에는 빠통의 비치 로드, 정실론, 센트럴 페스티벌 푸껫 등에 지점이 있다. 특히 빠통 비치 로드 남쪽 바나나 워크 지점에서는 해변을 내려다보며 분위기 있게 음식을 즐길 수 있다.

추천 메뉴 피자, 스테이크, 와인 | **위치** 빠통 비치 로드 바나나 워크 | **주소** Banana Walk, 1st Floor, Zone C, Patong, Phuket
전화 076-510-622 | **홈피** www.wineconnection.co.th

투 셰프스 바 & 그릴
Two Chef's Bar & Grill

스웨덴 출신 요리사 2명이 만드는 다국적 음식과 태국 음식을 맛볼 수 있는 모던 레스토랑. 인기가 좋아 여러 곳에 지점이 있다. 한글 메뉴가 있어 주문하기 편하며 키즈 메뉴도 따로 갖추고 있다.

추천 메뉴 스테이크, 슈니첼, 그라탱, 멕시코 음식 | **주소** 229 Koktanod, Kata Beach, Phuket 83100(까따비치점), 256-7 Patak Road, T.Karon, A.Muang, Phuket 83100(까론비치점) | **전화** 093-592-8845(까타비치점), 076-286-479(까론비치점) | **홈피** twochefs-phuket.com

마루
MARU

쇼핑몰 정실론에 있는 깔끔한 한식당. 푸껫 여행 중 한번쯤 그리울 한국 음식을 빠통 중심가에서 맛볼 수 있다.

추천 메뉴 제육볶음, 김치찌개, 비빔밥, 떡볶이 | **위치** 정실론 후문 맥도날드 옆 | **전화** 076-366-219

★ 적당한 가격대의 태국 식당 ★

푸껫에는 분위기 있는 고급 레스토랑뿐 아니라 적당한 가격대의 맛집도 많다. 거리에는 수많은 식당이 있으며 대부분 어느 곳에 들어가 어느 음식을 주문해도 맛있다. 태국인들이 찾는 진짜 태국 음식점을 만나려면 푸껫 타운으로 가는 것이 좋다.

추천 메뉴 팟 타이(볶음국수), 카우 팟(볶음밥), 팟 끄라 프라우 무쌉(매콤한 돼지고기덮밥), 팟 붕 화이뎅(모닝글로리 굴소스볶음), 매운 것을 잘 못 먹는 아이들에게 뽀삐아 텃(춘권튀김), 파인애플볶음밥 등을 추천

쌩피뇽
Song Pee Nong

한국인에게 특히 인기 있는 음식점. 실내가 넓고 깨끗해, 가족여행객이 식사하기에 좋다. 근처에 지점이 2개 있다.

추천 메뉴 파인애플볶음밥, 팟 타이, 팟 붕 화이뎅 | **위치** 빠통 홀리데이인 리조트 푸껫 근처, 정실론 방면
주소 Soi Kep Sab, Patong, Phuket

넘버 식스
Number 6

입구에 늘 긴 줄이 늘어서 있는 소문난 현지 맛집. 간단한 토스트부터 똠양꿍까지 다양한 메뉴가 있다. 긴 테이블에 여럿이 앉아 먹는 형태의 음식점이라 가족여행객에게는 맞지 않을 수 있다.

위치 방라 로드 끝 | **주소** Rat-u-thit 200 Pee Road, Patong, Phuket | **오픈** 07:30~24:00 | **전화** 081-922-4804

란짠펜
Ran Janpen

숯불에 구운 양념 돼지갈비와 돼지목살이 유명한 곳. 태국 북부 지방 이싼 음식 전문점으로 찰밥과 파파야 샐러드도 맛있다. 보글보글 끓이며 먹는 전골인 찜쭘도 이 집의 추천 메뉴. 한글 간판과 메뉴가 있다.

추천 메뉴 씨콩무양(돼지갈비구이), 커무양(돼지목살구이), 싸이양(곱창구이), 쏨땀(파파야 샐러드), 카오 니여우(찰밥), 찜쭘(전골)
위치 푸껫 타운 | **주소** Luang Pho Wat Chalong Road, Muang, Phuket

찌라유왓
Jirayuwat

푸껫에 이주해온 화교들이 들여온 중국식 밀가루 국숫집. 메뉴는 단순하게 비빔국수, 국물국수가 있으며 비빔국수에는 춘장이 들어간다. 재료가 떨어지면 일찍 문을 닫는다. 에어컨 룸이 별도로 있다.

추천 메뉴 바미 남(비빔국수), 바미 행(국물국수) | **위치** 푸껫 타운, 펄 호텔 뒤 | **주소** 42 Montri Road, Muang, Phuket
오픈 08:30~16:30 | **전화** 081-891-4336

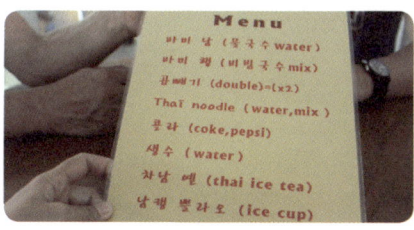

솜칫 누들
Somchit Hokkien Noodle

찌라유왓과 양대산맥을 이루는 국숫집. 국수의 굵기와 양을 따로 선택해 주문할 수 있다.

추천 메뉴 바미 남(비빔국수), 바미 행(국물국수) | **위치** 푸껫 타운 수린 서클 | **주소** 214/6 Phuket Road, Muang, Phuket

SPECIAL PAGE 04

대가족 해외여행을 계획할 때 고려해야 할 다섯 가지

여행 중 만났던 어느 가족의 이야기다. 어머니의 환갑을 맞아 세 딸과 사위들, 손주들이 어렵게 일정을 맞춰 대가족 자유여행을 떠나왔다고 했다. 고급 풀빌라를 예약해 여유로운 휴식을 즐기는 듯 보였다. 그런데 가만 보니 정작 주인공인 어머니의 표정이 밝지 않았다. 가족들이 잠시 자리를 비운 사이 말씀을 나눠보니 정작 당신은 휴양보다 관광을 하고 싶으셨단다. 자식들에게 미안해 이야기 못했지만 돌쟁이 손녀와 함께 집을 지키는 일은 한국에서 하는 것만으로도 충분하다고 하셨다.

1 | 여행 콘셉트와 타깃을 확실히 하자

첫 대가족 해외여행의 계기는 보통 부모님의 환갑이다. 당연히 주인공은 부모님, 콘셉트는 효도 여행이다. 형제자매와 아이들의 취향도 물론 고려해야겠지만 효도 여행은 그 타이틀만큼이나 부모님의 만족이 우선이다. 평소 부모님께서 등산을 좋아하시는지, 쇼핑을 즐기시는지 등 취향을 고려해 여행지와 일정을 계획해야 한다.

2 | 일정을 꼼꼼하게 계획하자

대가족 해외여행은 잘 짜인 패키지여행을 가는 것이 현명하다. 인원이 많다 보니 숙박에서 차량, 식당까지 예약하지 않고 그냥 이용할 수 있는 것이 없기 때문이다. 그러나 정해진 일정에 따라 움직여야 하며 필수로 쇼핑센터에 들러야 하는 단점이 있다. 자유여행을 원한다면 가족 중 1명이 인솔자가 되어 돌아볼 곳과 유명한 음식점을 미리 찾아보고 패키지여행 일정에 버금가는 꼼꼼한 계획을 세워야 한다. 여행사 일정표와 먼저 다녀온 사람들의 인터넷 후기를 적극 참고하는 것이 좋다.

3 | 소통과 사전 협의가 기본이다

큰 비용을 들여 떠나는 해외여행이니 계획할 때부터 가족 구성원들과 의견을 나누는 것이 중요하다. 네이버 밴드나 카카오 그룹 등 소그룹 SNS 공간에서 소통하며 함께 여행을 계획하는 방법을 추천한다. 형제자매가 많다면 큰 계획은 함께 세우고, 세부 계획은 분담하는 것이 좋다. 이렇게 하면 서로 부담은 덜고 더불어 준비하는 기쁨과 책임을 느낄 수 있다.

4 | 호텔 선정이 중요하다

대가족 해외여행에서는 숙소 위치도 중요하지만 패밀리 공간이나 수영장 등 부대시설도 살펴봐야 한다. 특히 해외여행이나 호텔에 익숙지 않은 부모님과 아이가 있는 가족이라면 한 객실에 방 2~3개와 주방, 거실이 있는 콘도형 호텔이나 레지던스 또는 패밀리 룸이 있는 호텔을 추천한다.

5 | 기억에 남을 이벤트를 만들자

여행에도 기승전결과 클라이맥스가 있다. 부모님의 환갑 기념 여행이라면 한국에서 현수막을 준비해 주요 관광지에서 현수막을 들고 가족사진을 찍어보자. 혹은 깜짝 선물을 준비해 이벤트를 마련하고 마지막 날 저녁은 기억에 남을 만한 만찬으로 추억을 만들어보자. 직접 준비한 여행과 이벤트는 서툴어도 오래도록 가족의 가슴에 남는 추억이 될 것이다.

태국에도 짜장면과 짬뽕이 있다?

국수의 나라, 태국

태국은 '국수의 나라'라고 해도 과언이 아닐 만큼 다양한 종류의 국수 요리가 있다. 대표적인 것이 쌀국수, 태국에 관심 있는 사람이라면 한 번쯤 들어봤을 '팟타이'는 아삭아삭 씹히는 숙주의 맛이 일품인 쌀국수볶음이다. 태국인이 주식으로 가장 많이 먹는 '꿔이 띠여우'는 즉석에서 육수에 말아 주는 국수를 의미한다. 쌀국수는 면의 굵기에 따라 센미(가는 면)부터 센야이(넓은 면)까지 부르는 이름도 다양하고, 고명도 어묵에서 해산물, 닭다리 하나를 통째로 얹어 먹기도 하는 등 선택의 폭이 크다. 가격도 저렴해서 팟타이는 가장 저렴하게 해결할 수 있는 한 끼 식사다.

쌀국수만 있는가 하면 밀가루 국수도 있다. 아래 지방인 푸껫에는 마치 라면처럼 노르스름한 빛을 띠는 밀가루 국수, '바미'를 더 많이 먹는다. 밀가루에 달걀노른자를 섞어 만든 바미국수는 대개 삶아서 양념장에 비비거나 육수에 말아 먹는데 얼핏 보면 짜장면이나 짬뽕과 비슷한 모습이다. 알고 보니 바미국수는 오래전 푸껫에 주석 광산 노동자로 건너온 중국인들이 들여온 중국 푸젠 성(福建省)식 국수란다. 한국 짜장면의 역사가 인천 부두 노동자로 건너온 중국인들로부터 시작됐다더니, 태국에도 중국식 자장미엔(炸醬面)을 현지 입맛에 맞게 변형시킨 바미국수가 있다.

국수에 얽힌 이야기가 흥미롭기도 하고, 한국의 짜장면이나 중국식 자장미엔과는 어떻게 다른지 궁금하기도 해 푸껫의 명물이라는 바미국수를 먹어보기로 했다. 짜장면과 짬뽕은 한국인이라면 남녀노소 누구나 좋아하는 메뉴이니 부모님과 아이에게도 부담 없을 것 같았다. 검색을 하던 중 푸껫 타운에 있는 '찌라유왓'이라는 곳이 레이더에 걸렸다.

원조 바미국수를 찾아서

유명세에 비해 소박한 식당으로 오래되어 보이는 주방이 눈에 띄었다. 태국 국숫집은 대개 이렇게 주방이 열려 있어 조리하는 과정이나 재료 관리 상태를 한눈에 볼 수 있어 좋다. 아줌마 한 분이 익숙한 손놀림으로 국수를 삶아내는 것을 보고 있으니 갑자기 배가 출출해졌다. 에어컨이 나오는 시원한 방에 자리를 잡고, 음료와 얼음 잔을 주문했다. 메뉴판은 한국인 관광객에게 유명세를 탄 덕에 한글로도 쓰여 있었다. 이 집의 대표 메뉴인 '바미 남(국물국수)'과 '바미 행(비빔국수)'을 주문했다.

잠시 후 비빔면인 '바미 행'이 먼저 나왔다. 그런데 기대했던 짜장면의 모습이 아니었다. 꼬불꼬불한 면은 그냥 라면을 삶아낸 것 같기도 했다. 짜장은 없고 닭고기와 새우, 숙주, 각종 채소와 땅콩가루만 수북이 올려져 있었다. 이게 맞나 싶어 국수를 계속 째려보던 중 끼얹어진 검은 소스가 눈에 들어왔다. 엇, 이게 혹시 짜장 소스? 테이블에 놓인 고춧가루와 식초, 설탕 등을 뿌려 비비니 춘장 맛이 나면서도 달콤, 새콤한 태국 특유의 향이 어우러졌다. 음식 하나에서 중국과 태국의 맛이 동시에 느껴지다니, 재미있는 경험이다. '바미 남'은 해물 육수에 바미국수를 끓여 고명을 얹어낸 음식인데, 짬뽕 국물처럼 붉은 국물에 새우 향이 배어 무척 시원했다. 역시 짬뽕이라기엔 많이 달랐지만, 전날 밤 남은 술을 탈탈 털어 마신 남편에게는 그 자체로 충분히 훌륭한 해장국이 되었다.

음식 통해 맞추는 역사의 퍼즐

짜장면을 먹는다고 좋아하더니 정작 식당에 도착할 즈음에는 낮잠이 들어 식사를 못한 아이를 위해 주방 한편에 쌓여 있던 '쫑즈'를 하나 샀다. 쫑즈는 찹쌀을 삼각형이나 원추형으로 만들어 대나무 잎 등으로 감싼 일종의 주먹밥으로 중국 단오절에 먹는 명절 음식이라고 했다. 그런데 이 냄새, 어쩐지 낯익다. 겉잎을 한 겹 벗기니 쫄깃한 찰밥 속에 고기, 대추, 밤, 당근 등이 듬뿍 들어 있다. 재료를 보나 맛을 보나 영락없는 약밥이다. 뒤통수를 맞은 듯 멍해졌다. 갑자기 '약밥'의 뿌리가 궁금해졌다. 약밥도 중국 음식일까? 아니면 우리 음식이 중국을 거쳐 태국까지 건너온 것일까? 낯선 곳에서 뜻하지 않게 만나는 익숙한 음식, 하나씩 맞춰보는 역사의 퍼즐이 재미있다.

뱃길 따라 펼쳐지는 신기한 풍경, 팡아 만 투어

TRAVEL STORY 10

시아버지의 환갑을 맞아 3대가 함께 태국 여행을 떠나기로 했다. 자칭 태국 마니아인 우리 부부가 가족 여행지로 결정한 곳은 푸껫~! 휴양을 할 수 있으면서도 너무 심심하지 않고, 어른과 아이가 모두 만족할 수 있는 곳을 생각하니 답은 하나였다. 사실 내게 푸껫은 이미 여러 번 가본 여행지지만 가족과 함께는 처음이다 보니 신중을 기해 가족 모두에게 만족도가 높은 곳으로 코스를 짰다.

푸껫을 대표하는 여행지, 팡아 만

가장 먼저 떠오른 곳이 팡아 만 해상국립공원. 팡아 만은 120개의 섬이 모여 신비한 모습을 연출하는 곳으로 푸껫을 찾는 여행자라면 꼭 들러야 하는 필수 코스다. 석회암 절벽이 모여 만든 독특한 해안선과 주변에 흩어져 있는 수십 개의 섬들은 마치 한 폭의 동양화같이 신비로운 모습을 연출한다.
팡아 만을 제대로 보려면 현지 전문 여행사의 일일 투어를 이용하는 것이 효율적이다. 푸껫의 대표 관광지인 만큼 유람선 투어, 선셋 투어, 스노클링 투어 등 다양한 상품이 있다. 우리는 항해의 낭만과 섬 구석구석까지 둘러보는 재미를 한꺼번에 느낄 수 있어 자유여행객에게 인기 있다는 '팡아 만 시 카누' 투어를 예약했다.

일일 투어로 떠나는 팡아 만

일일 투어가 있는 날은 아침부터 바쁘다. 아직 잠에서 깨지 않은 아이를 안고 조식 뷔페에서 빵 몇 조각을 챙긴 후 픽업 차량을 탔다. 호텔 몇 곳을 들른 후 50여 분을 달려 도착한 곳은 아오포 선착장. 항구는 이미 먼저 도착한 여행자들로 북적였다.
빨간색 지붕이 멋스러운 유람선을 타고 바람을 가르며 항해를 시작했다. 오늘 일정은 파낙 섬과 제임스 본드 섬이라 불리는 홍섬을 둘러본 후 선상에서 점심을 먹고, 라와노이 섬까지 갔다 다시 푸껫 항구로 돌아오는 코스다. 섬과 섬 사이는 거리가 멀어 유람선을 타고, 섬을 둘러볼 때는 2~3명씩 시 카누라는 고무보트로 갈아탄 후 가이드와 함께 다니게 된다.

팡아 만 투어의 하이라이트, 카누 타고 즐기는 동굴 탐험

바닷길을 따라 섬에 가까이 가면 파도에 의해 침식된 석회 동굴이 나타난다. 동굴 속에는 박쥐를 비롯한 야생 조류의 서식처가 있는데, 태국 정부에서는 이를 보호하기 위해 '팡아 만 해상국립공원'으로 지정했다. 노련한 카누잡이가 지시하는 대로 뾰족한 석회 기둥을 피해 머리를 숙이거나 눕는 자세를 취하다 보면 어느새 동굴 탐험을 시작하고 있다.

팡아 만의 물빛은 신비롭다. 흔히 에메랄드 빛 바다가 아름답다고 하지만 자연이 빚어낸 웅장한 석회암과 기암절벽 사이로 빛나는 진한 초록색 바다는 이제껏 느껴보지 못한 묘한 매력이 있다. 시 카누를 타고 동굴을 누비며 보는 침식 흔적과 열대 야자, 맹그로브 숲은 감탄사를 연발하게 한다. 마치 이곳에 생명의 근원이라도 있을 것 같은 신비한 분위기가 흐른다. 동굴 틈으로 새어 들어오는 한 줄기 햇살은 이 세상이 아닌 듯한 느낌까지 더한다. 노가 물살을 가르는 소리 외에는 아무것도 들리지 않아 주변의 풍경에 더욱 집중할 수 있다.

영화 007 시리즈와 제임스 본드 섬

다시 유람선을 타고 10분 정도 이동하면 팡아 만 해상국립공원에서 가장 눈에 띄는 거대한 바위섬, 일명 '제임스 본드 섬'이 나타난다. 원래 이름은 '못 섬'이라는 뜻인 카오 핑칸 섬이었으나 영화 007 시리즈 〈황금 총을 가진 사나이〉(The man with the golden gun)〉의 마지막 장면을 찍고 난 후 유명세를 타 현재는 제임스 본드 섬이라는 별명으로 더 유명하다. 제임스 본드 섬에서는 재미난 포즈로 기념사진을 남겨야 제 맛이다. 원근법을 이용해 손바닥 위에 섬을 올려놓는다거나 두 사람 사이에 섬을 두고 끌어안는 자세는 이곳을 찾는 사람이면 누구나 해본다는 공식(?) 기념사진 포즈~! 처음에는 쑥스러워하시던 부모님도 나중에는 독창적인 포즈를 취하며 즐거워하셨다.

빨대로 만든 꽃다발

선상에서 뷔페로 점심을 먹은 후 도착한 마지막 섬에서는 카누를 타거나 수영을 하는 등 각자 자유 시간을 가졌다. 이따금씩 보이는 야생 원숭이나 앵무새가 아이를 즐겁게 했다. 다시 유람선을 타고 선착장으로 향하는 길, 선원 하나가 세 살배기 딸내미에게 빨대로 만든 꽃다발을 건넨다. 낮잠 자는 아이 곁에서 함께 누워 있기도 하고, 투어 내내 세심하게 아이를 챙겨주어 고마웠는데 이런 감동 이벤트까지 열어주었다. 정성이 듬뿍 담긴 꽃다발을 들고 뛰노는 아이를 보며 아버님은 맥주 1캔을 비우셨다. 마침 내가 좋아하는 '그린데이'의 노래가 흘러나와 해 지는 바다에 운치를 더했다.

사실은 엄마의 로망
하와이(Hawaii)

꽃목걸이 '레이'를 걸어주며 훌라 댄스를 추는 여인, 와이키키 비치와 서핑을 즐기는 사람들, 1년 내내 따뜻한 기후에 산해진미가 가득한 곳, 이름만 들어도 어디선가 몽롱한 우쿨렐레 선율이 들려오는 것 같은 낭만의 섬. 굳이 길게 설명하지 않아도 하와이는 이미 오래전부터 검증된 파라다이스다.

미국의 50번째 주인 하와이는 자동차로 한나절을 여행하면 제자리에 돌아오는 작은 섬이 아니다. 하와이는 130여 개가 넘는 섬으로 이루어진 제도이며 이 중 오아후, 카우아이, 마우이, 빅 아일랜드, 라나이, 몰로카이 6개 섬만이 관광객을 허용한다. 하지만 우리가 상상하는 하와이의 이미지는 대부분 호놀룰루 국제공항이 있는 오아후 섬에 있다.

처음 하와이를 찾는 가족여행객은 와이키키 비치 주변에 베이스캠프를 두고 아름다운 자연과 동서양이 어우러진 명소를 둘러본다. 저녁에는 훌라 댄스 공연이나 불꽃놀이를 감상하고, 하루나 이틀쯤 이웃 섬에 다녀오기도 한다.

천혜의 자연환경과 친절한 사람들, 험한 곳까지 잘 닦인 도로, 다양한 볼거리와 여행 상품, 게다가 쇼핑까지 하와이는 여행에 필요한 모든 것을 다 갖춘 완벽한 여행지다. 그러나 너무 많은 것을 욕심내지는 말자. 짧은 시간 하와이를 훑고 가는, 그것도 아이와 함께 느릿느릿 경험할 수 있는 여행이란 한정적일 수밖에 없다. 어쩌면 느즈막이 일어나 생크림을 듬뿍 올린 팬케이크를 먹고, 와이키키 비치에서 부기보드를 타며 여유를 부리는 것이 하와이를 더 하와이답게 즐기는 방법일 수 있다. 한 번쯤 꿈꿔봤을 로망의 섬, 하와이를 만나러 떠나보자.

한눈에 보는 하와이

비행시간: 인천 ↔ 하와이 9시간

시차: -19시간(한국이 오전 9시일 때 하와이는 전날 오후 2시)

날씨: 평균 26℃의 열대 기후. 5~10월은 여름(평균 기온 29.4℃), 11~4월은 겨울(평균 기온 25.6℃)이다. 겨울에는 소나기가 자주 내리나 사계절 쾌적한 편이다.

언어: 영어, 하와이어

비자: 여권 유효 기간이 6개월 이상 남은 대한민국 여권 소지자가 전자여행허가증(ESTA)이 있는 경우 최대 90일간 무비자 여행 가능

통화: 달러(USD) / $1 = 약 1,100원 (2015년 4월 매매기준율)

전압: 110V. 한국에서 쓰는 220V 제품을 사용하려면 돼지코 어댑터나 멀티어댑터가 필요하다.

꼭 해봐야 할 것: 새우트럭, 셰이브 아이스 등 다양한 하와이 먹거리 맛보기, 오아후 섬 둘러보기, 해변과 바다 즐기기, 쇼핑

쇼핑 리스트: 마우나 로아 마카다미아 너트, 하와이언 호스트 초콜릿, 코나 커피, 호놀룰루 쿠키, 비타민, 장난감, 유아용품, 의류 등

오아후
Oahu
선셋 비치
Sunset Beach
카후쿠
Kahuku
터틀 비치
Turtle Beach
폴리네시안 문화센터
Polynesian Cultural Center
노스쇼어
North Shore
할레이바
Haleiwa
930
83
803
99
돌 파인애플 농장
Dole Plantation
93
801
쿠알로아 랜치
Kualoa Ranch
와이아나에
Waianae
99
750
와이켈레 프리미엄 아웃렛
Waikele Premium Outlets
베이비저러스
Babies R us
830
토이저러스
Toys R us
H1
H3
카네오헤
Kaneohe
카일루아 비치
Kailua Beach
93
진주만
Pearl Harbor
76
78
카일루아
Kailua
라니카이 비치
Lanikai Beach
95
H201
H1
61
72
호놀룰루 국제 공항
Honolulu International Airport
호놀룰루
Honolulu
H1
KCC 파머스 마켓
Saturday Farmer's Market KCC
마카푸우 포인트
Makapuu Point
와이키키 비치
Wikiki Beach
72
카피올라니 공원
Queen Kapiolani Regional Park
호놀룰루 동물원
Honolulu Zoo
와이키키 수족관
Waikiki Aquarium
다이아몬드 헤드
Diamond Head
할로나 블로 홀
Halona Blow Hall
하나우마 베이
Hanauma Bay
Nature Preserve Park
카우아이
Kauai
리후에 공항
Lihue Airport
비행기 40분
오아후
Oahu
몰로카이
Molokai
비행기 50분
비행기 40분
호놀룰루 국제공항
Honolulu International Airport
카훌루이 공항
Kahului Airport
라나이
Lanai
마우이
Maui
힐로 국제공항
Hilo International Airport
비행기 50분
코나 국제공항
Kona International Airport
빅아일랜드
Big Island

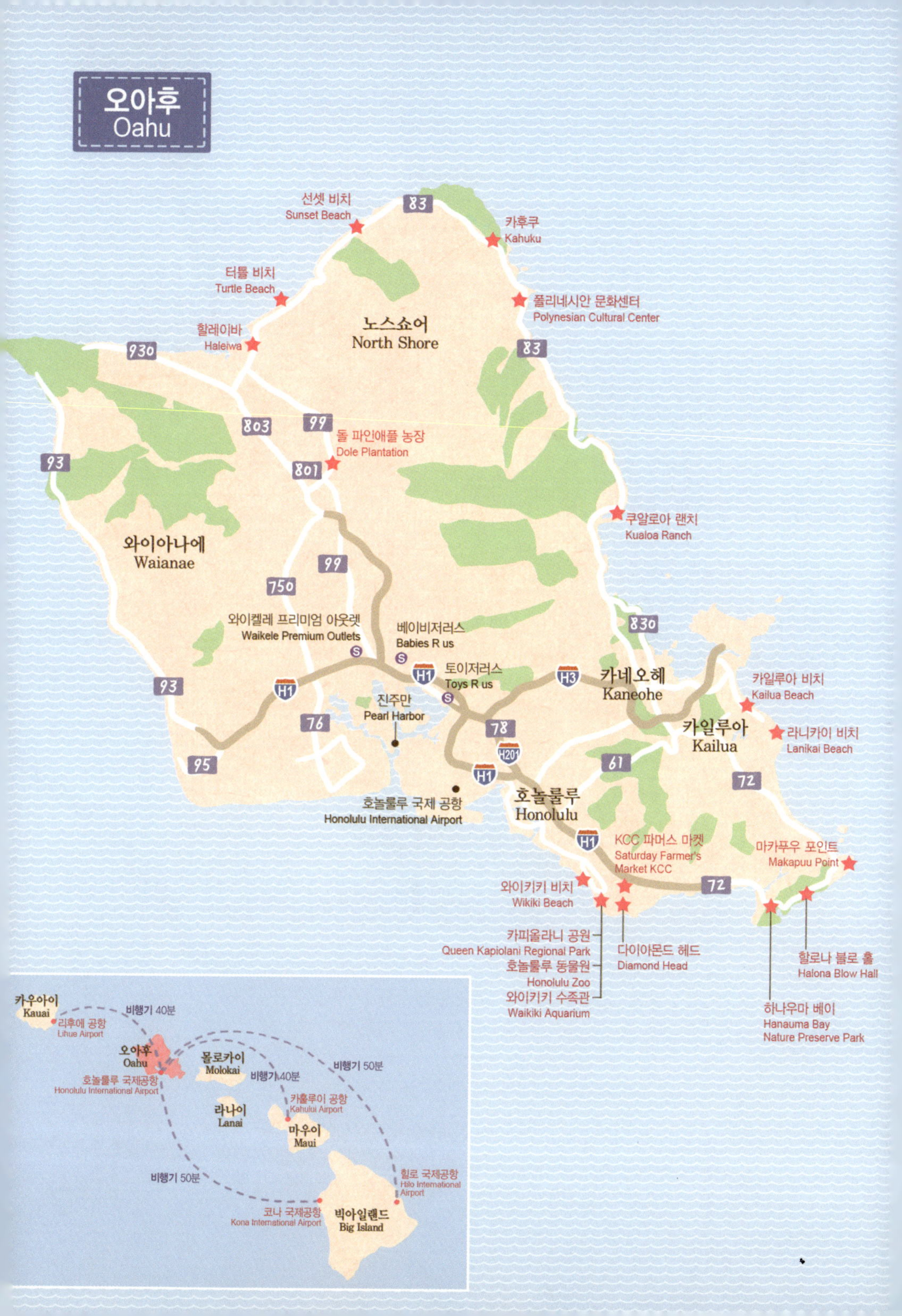

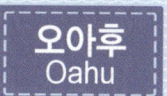

아이와 함께
하와이 여행,
이것도 놓치지 말자

항공권, 결혼 시즌은 피하자

최고의 신혼여행지로 알려진 하와이. 한국 결혼 시즌인 5월과 9월의 토·일요일 항공권은 비싸고 좌석 구하기도 어렵다. 하와이 가족 여행을 계획한다면 되도록 주중에 떠나는 것이 좋으며, 빨리 예약할수록 저렴한 항공권을 구할 수 있다. 하와이의 성수
기인 12월 중순~1월, 7~8월과 일본 최대 연휴인 골든 위크가 있는 4월 마지막 주에도 붐빈다. 이때는 적어도 3개월 전, 항공권을 알아봐야 한다. 하와이에 취항하는 직항 항공사는 대한항공, 아시아나항공, 하와이언항공이 있다. 모두 인천국제공항에서 저녁에 출발해 현지 시각으로 같은 날 아침 일찍 하와이 호놀룰루 국제공항에 도착하고, 하와이에서는 점심 무렵에 비행기를 탄 다음 날 오후에 인천에 도착하는 스케줄이다. 하와이로 갈 때는 밤새 꼬박 비행기를 타야 하지만, 밤에 잘 자는 아이와 함께라면 장시간 지루하지 않게 갈 수 있다. 아침에 도착하니 시차 적응에도 도움이 된다.

쇼핑족이라면 겨울을 노려라

하와이를 포함한 미국 전역에서는 추수감사절과 크리스마스 시즌에 대대적인 세일을 한다. 특히 추수감사절(11월 마지막 주 목요일) 다음 날인 금요일은 '블랙 프라이데이(Black Friday)'로 대부분의 물건을 50% 이상
세일된 가격으로 판매한다. 쇼핑족이라면 해당 기간에 알라모아나 센터와 와이켈레 프리미엄 아웃렛을 노려보자.

미국 여행의 시작, 전자여행허가제

비자면제프로그램(VWP)에 가입된 대한민국 국민은 관광 및 상용 목적으로 최대 90일 동안 비자 없이 미국을 여행할 수 있다. 단, 유효 기간이 6개월 이상 남은 전자 여권을 소지해야 하며, 미국 대사관의 전자여행허가제 (ESTA) 사이트에서 어른, 아이 모두 2년간 유효한 허가증을 받아야 한다. 비용은 1인당 $14로 신용카드로만 결제할 수 있다. 허가증은 하와이 출입국 심사 시 꼭 필요하니 왕복 항공권과 함께 프린트해서 여권 사이에 끼워두자.

하와이의 팁 문화

미국에서는 식당이나 카페, 택시를 이용했을 때 보통 총 금액의 15% 정도를 팁으로 준다. 짐을 들어줬을 때 1개당 $1, 객실 정리에 $1, 발레파킹에 $2~3 정도 주는 것이 상식이다. 동양인 관광객이 많은 하와이에서는 팁이 계산서에 포함되어 있는 경우도 있다. 계산 전, 청구서를 꼼꼼히 확인해 팁을 두 번 주는 일이 없도록 하자.

세금

농산물을 제외한 물건을 구매할 때는 소비세를 부과한다. 오아후 섬은 세율이 4.712%로 미국 내에서는 낮은 편이라 쇼핑하기에 좋다. 객실 요금에는 소비세 이외에 약 9.25%의 숙박세(Bed Tax)가 붙는다.

저렴하게 인터넷 사용하기

호텔 로비나 맥도날드, 스타벅스 같은 프랜차이즈 매장에서 무료 와이파이(Wi-Fi)를 사용할 수 있다. 하지만 여행 중 스마트폰으로 맛집 검색, 길찾기를 할 예정이라면 해외 로밍보다 현지 통신사의 선불 심카드를 구입해 이용하는 것이 저렴하다.
T-Mobile이나 AT&T 등 현지 통신사 대리점에서 '프리페이드 심카드(Prepaid SIM Card)'를 구입하면 직원이 심카드 교체, 휴대전화 세팅 등을 대행해준다. 한 달 이내 단기로 사용할 경우, 500MB 데이터, 전화와 문자가 가능한 요금제가 심카드 포함해 $40 정도 된다. 한 가지 주의할 점은 오아후, 마우이 섬에서만 이용할 수 있다는 것. 그 외 이웃 섬은 통신환경이 좋지 않아 심카드보다 버라이즌 통신사의 에그 사용을 추천한다.

하와이 여행 필수 준비물

하와이는 열대 기후이나 여름철 낮 최고 기온이 27~29℃ 정도로 온화하며, 무역풍이 불어 사계절 쾌적하다. 그러나 밤에는 기온이 5℃ 정도 떨어지고, 강한 바람이 불어 쌀쌀하니 긴팔 옷이 꼭 필요하다. 와이키키나 코올리나 비치처럼 아이들이 놀기 좋은 얕은 바다가 있는 곳에서는 물놀이 도구가 필수다. 돗자리, 튜브 등은 편의점인 ABC마트에서도 쉽게 살 수 있으나 유아용 보행기 튜브가 필요하다면 가져가는 것이 좋다. 햇빛이 강하니 챙 있는 모자, 선크림을 챙기자. 도로 사정이 좋고, 아이와 여행하는 가족여행객이 많아 유모차를 몰기에도 부담 없다.

하와이의 주요 병원

미국 병원은 한국에 비해 의료비가 비싼 편이니 여행을 떠나기 전 반드시 여행자보험을 들어두자. 감기약, 진통제, 해열제 등 일반 의약품은 가까운 마트나 약국(Drug Store)에서도 쉽게 살 수 있다.

서세모 & 서필립 병원 (한인 병원)
위치 알라 모아나 센터 옆 | **주소** 1441 KAPIOLANI BLVD #1405 HONOLULU HI 96814 | **오픈** 월·화·목·금요일 09:00~12:00, 14:00~16:00, 수·토요일 09:00~12:00 | **전화** 808-946-1414

카피올라니 여성 & 아동 병원 Kapiolani Medical Center for Women and Children
주소 1319 Punahou St, Honolulu, HI 96826(와이키키에서 차로 7분) | **오픈** 12:00~23:59(24시간 응급진료실 운영) | **전화** 808-983-6000 | **홈피** www.hawaiipacifichealth.org/kapiolani

---

최신 정보 가득한 인터넷 커뮤니티

▼ 하와이 넘버원
cafe.naver.com/hawaiino1

▼ 드라이브 트래블(드래블)
cafe.naver.com/drivetravel

현지 한인 여행사

▼ 가자 하와이
www.gajahawaii.com

▼ 블루 하와이 www.bluehawaii.co.kr

▼ 엔조이 하와이 www.enjoyhawaii.co.kr

하와이
4박 6일
추천 일정

DAY 1

20:30 밤 비행기로 출발

09:20 호놀룰루 국제공항 도착
하와이와 시차가 -19시간이므로 현지 시간으로 같은 날짜에 도착한다.

12:00 숙소에 짐 맡긴 후 점심식사
울프강 스테이크 하우스 P.257

DAY 2

08:30 렌터카 수령

09:00 하나우마 베이에서 스노클링 P.244
하와이 최고의 스노클링 포인트

12:00 점심식사
미리 간식이나 도시락을 준비하자!

DAY 3

08:00 노스쇼어 드라이브 P.247
서퍼들의 독특한 문화를 볼 수 있는 노스쇼어로 출발!

19:00 와이키키 비치 도착, 저녁식사
서울정 P.259

DAY 4

09:00 카일루아 비치에서 물놀이 P.246
아이와 물놀이하기 좋은 아름다운 해변

12:00 점심식사
쿠아 아이나 P.258
아보카도 버거 추천!

14:00 호놀룰루 동물원 & 와이키키 수족관 관람 P.243

하와이 가족 여행은 오아후 섬의 와이키키 비치에 숙소를 잡고 최소 4박 6일 정도 관광과 휴양, 쇼핑을 즐기는 것이 일반적이다. 첫날은 와이키키 비치 주변, 둘째 날은 오아후 섬 동부, 셋째 날은 서핑 포인트로 유명한 노스쇼어 드라이브, 넷째 날은 해변에서 시간을 보내고, 오후에는 동물원과 수족관을 다녀오는 코스로 일정을 짜봤다.

오아후 섬은 대중교통이 잘 발달되어 있지만 노스쇼어나 섬의 구석구석을 둘러보고 싶다면 1~2일 정도 차를 빌리거나 여행사 일일 투어를 이용할 것을 권한다. 이웃 섬 관광은 무리하게 당일 코스로 다녀오기보다 일정이 최소 일주일 이상일 때 1박 이상 계획해보자. 아이와 함께 가장 많이 찾는 이웃 섬은 마우이다.

13:00
와이키키 비치 P.241,
칼라카우아 거리 산책 P.251
와이키키 비치를 따라
늘어선 세련된 상점가

15:00
호텔 체크인 후
휴식

19:00
저녁식사
치즈케이크 팩토리 P.256

14:00
할로나 블로 홀,
마카푸우 포인트 P.245
검은 용암 절벽과
에메랄드빛 바다의 조화가 일품!

16:00
호텔에서 휴식

18:00
알라 모아나 센터 쇼핑 P.250,
저녁식사
부바 검프 P.257
영화 〈포레스트 검프〉를 테마로 한 새우 요리 전문점

 tip 자동차 렌트를 하루만 할 예정이라면 둘째 날은 대중교통으로 하나우마 베이와 알라 모아나 센터에 다녀오고, 할로나 블로 홀과 마카푸우 포인트 관광은 넷째 날 일정에 포함시키자.

17:00
와이켈레 프리미엄
아웃렛 쇼핑 P.253,
저녁식사
푸드 코트

DAY 5·6

08:00
공항으로 출발

10:50
집으로
인천 국제공항 도착
17:10(+1일)

어디서 머물까?

오아후 섬 대부분의 호텔은 편의 시설과 교통의 요지인 와이키키 비치를 중심으로 모여 있다. 100여 개의 호텔과 리조트는 전망, 객실 구성, 해변 접근성, 수영장 등 부대시설 등에 따라 선택의 폭이 다양하고 가격도 천차만별이다. 아이를 동반한 가족여행객에게는 힐튼 하와이안 빌리지처럼 수영장과 다양한 부대시설이 잘 갖춰진 호텔이나 주방과 취사도구가 있는 콘도형 호텔이나 개인 소유의 집을 단기 임대하는 형식의 베이케이션 렌털(Vacation Rentals)을 추천한다. 콘도형 호텔이나 베이케이션 렌털을 이용할 때는 주방에 가스레인지나 전기레인지가 설치되어 있어 실제 취사가 가능한지 확인하자. 일부는 커피포트와 전자레인지 정도만 갖춘 간이 주방이 있다.

추천 호텔

- **콘도형 호텔**: 트럼프 인터내셔널 호텔 와이키키 비치 워크, 애스턴 와이키키 비치 타워, 엠버시 스위트 와이키키 비치 워크, 아쿠아 퍼시픽 모나크, 아울라니 디즈니 리조트(코올리나 지역)
- **일반 호텔**: 힐튼 하와이안 빌리지(일부 객실 콘도형), 하얏트 리젠시 와이키키, 쉐라톤 와이키키 호텔, 하얏트 플레이스 와이키키 비치, 와이키키 비치 메리어트 리조트 & 스파, 애스턴 와이키키 비치 호텔, 와이키키 리조트 호텔

베이케이션 렌털 예약 사이트

- VRBO(Vacation Rentals By Owner): www.vrbo.com
- Home Away: www.homeaway.com
- 에어비엔비(airbnb): www.airbnb.com

 리조트 이용료 Resort Fee
하와이 호텔은 객실 이용료 외에 별도로 리조트 이용료를 내는 곳이 많다. 리조트 이용료에는 주차비, 생수비, 전화비, 인터넷 사용료, 헬스장 이용료 등이 포함되어 있으며 요금은 하루에 $10~30 정도다. 렌터카 여행을 할 예정이라면 주차비를 따로 내야 하는지 꼭 확인하자. 또 체크인 전, 체크아웃 후 짐을 맡아주는 것도 별도 비용을 청구할 수 있다.

공항에서 숙소까지

한국에서 출발하는 하와이행 비행기는 모두 오아후 섬의 호놀룰루 국제공항에 착륙한다. 마우이나 다른 이웃 섬에도 국제공항이 있지만 한국 직항이 없어 오아후에서 갈아타야 한다. 호놀룰루 국제공항에서 호텔 밀집 지역인 와이키키까지는 약 15km로 차로 30분 정도 걸린다. 세계적인 관광지인 만큼 택시, 스피디 셔틀, 버스 등 다양한 교통수단이 발달되어 있다.

스피디 셔틀 Speedi Shuttle

하와이 주정부에서 운영하는 공식 셔틀 서비스. 차량은 미니버스로 호놀룰루 국제공항에 도착해 스피디 셔틀 사인을 따라 1층 출구로 가거나 빨간색 꽃무늬 셔츠를 입은 스피디 셔틀 직원에게 물어보면 타는 곳을 알려준다. 현장에서 바로 티켓을 살 수 있다. 추가 금액을 내면 카시트, 꽃목걸이 서비스 등을 받을 수 있다.

요금 1인당 편도 $15.48(만 3세 이상 어른 요금, 2세 이하 무료), 왕복 탑승 시 10% 할인, 1인당 짐 2개까지 무료, 1개는 좌석에 들고 탑승 가능 | **홈피** www.speedishuttle.com(인터넷 예약 가능)

로버츠 하와이 Roberts Hawaii

스피디 셔틀과 비슷한 공항 셔틀 서비스. 예약제로 운영되며 공항 입국장으로 직원이 마중 나온다.

요금 1인당 편도 $16, 왕복 $30(만 4세 이상 어른 요금, 만 3세 이하 무료, 1인당 짐 2개까지 무료, 카시트·유모차 운반 무료) | **홈피** www.airportwaikikishuttle.com(인터넷 예약 가능)

버스 Bus

하와이의 대중교통인 '더 버스(The Bus)'를 이용하는 방법. 19, 20번을 타면 와이키키 비치까지 갈 수 있으며 1시간 정도 걸린다. 의자 밑에 들어가는 크기의 작은 짐만 가지고 탈 수 있다. 짐이 크고 많은 가족여행객에게는 추천하지 않는다.

요금 어른 $2.5, 어린이(만 6~17세) $1.25, 만 5세 이하 무료 | **홈피** www.thebus.org

여행사 픽업 서비스

현지 한인 여행사에서 운영하는 픽업 서비스. 예약 시 추가 금액을 내면 아침에 도착하는 항공 스케줄에 맞춰 호텔 체크인 시각(보통 오후 3시)까지 3~4시간 동안 한인 가이드와 함께 호놀룰루 시내 관광과 월마트 쇼핑 등을 할 수 있다.

요금 1인당 편도 $12, 왕복 $20, 시내 관광 포함 1인당 $35(만 3세 이상 어른 요금, 만 2세 이하 무료)

렌터카 Rent-a-car

공항 내에 Budget, Hertz, National 등 주요 렌터카 업체가 입점해 있다. 예약한 업체의 정기 순환 셔틀버스를 타고 사무실로 이동해 관련 서류 작성 및 확인 후 차량을 인수해 호텔까지 가면 된다. 미국 교통법상 반드시 뒷좌석에 카시트를 설치하고 아이를 따로 앉혀 안전벨트를 채워야 한다.

택시 Taxi

짐이 많은 가족여행객이 공항에서 호텔까지 이용할 수 있는 가장 편리한 교통수단. 모든 택시는 흥정 없이 미터당 요금제로 운영된다. 공항에서 나오면 바로 앞 도로변에 택시 승강장이 있다. 길이 막히지 않으면 와이키키까지는 약 20~30분 걸리며, 요금은 $30~35 정도 나온다. 여기에 요금의 15%의 팁과 짐이 있다면 1개당 $1씩을 더 계산해야 한다. 요금이 비싸지만 최대 4인까지 탈 수 있으니 가족여행객이라면 이용할 만하다.

시내 교통수단

여행자가 이용할 수 있는 하와이의 교통수단은 트롤리와 버스, 택시, 렌터카가 있다. 호텔과 레스토랑 등 주요 편의 시설이 모여 있는 와이키키 비치 주변은 그리 크지 않아 트롤리와 버스만 이용해도 충분하다. 그러나 와이키키, 호놀룰루 이외의 지역을 여행할 계획이 있거나 어린아이와 함께라면 짧은 거리라도 편하게 다닐 수 있는 렌터카를 추천한다.

더 버스 The Bus

노선이 복잡하지만 스마트폰의 '구글 맵(Google Maps)' 애플리케이션의 길찾기 기능을 이용하면 목적지까지 버스 노선과 정류장, 갈아타는 방법까지 자세히 나와 버스 여행도 어렵지 않다. 또, 'The Bus Hea(hea.thebus.org)' 사이트에서 정류장 번호를 입력하면 실시간 버스 도착 시간을 확인할 수 있다. 탑승 시 환승 티켓을 받아두면 당일 표시된 시각까지 총 두 번 갈아탈 수 있다. 4일권은 ABC 스토어에서 구입할 수 있다.

요금 어른 $2.5, 어린이(만 6~17세) $1.25, 만 5세 이하 무료, 4일권 $35 | **홈피** www.thebus.org

렌터카 Rent-a-car

와이키키와 호놀룰루는 대중교통이 잘 발달되어 있고 주차비가 비싸서 렌터카는 오아후 섬 일주하는 날 하루나 이틀 정도 빌리는 것이 일반적이다. 그러나 아이와 함께해 짧은 거리라도 편하게 다니고 싶거나 짐이 많다면 전 일정 렌터카를 추천한다. 오아후 섬에서 소형차 렌트비는 하루에 $40 정도다. 여기에 보험료와 세금, 내비게이션, 카시트(25kg 이하 어린이는 카시트 의무), 주차비,

유류비 등을 고려하면 총 비용은 하루 $120 이상 예상해야 한다. 업체별 할인 옵션이 있으니 조건과 가격을 비교해보자. 계약 시 국제운전면허증, 한국운전면허증, 운전자 명의의 신용카드가 필요하다. 오아후 섬은 일방통행이 많고 출퇴근 시간에는 막히는 구간이 있지만, 도심을 벗어나면 길이 복잡하지 않아 몇 가지 안전 수칙만 지킨다면 운전하기 어렵지 않다.

와이키키 트롤리 Waikiki Trolley

와이키키 호텔과 쇼핑센터, 주요 관광지를 연결하는 관광객을 위한 교통수단이다. 노선에 따라 핑크, 그린, 레드, 블루 라인이 있다. 이 중 핑크 라인만 1회씩 현금 승차할 수 있다. 다른 라인은 T 갤러리아, 로열 하와이언 센터 내 매표소에서 1일권(스티커)를 사야 탈 수 있다. 배차 간격은 핑크 라인 10분, 그 외 라인은 30분 이상이다.

요금 ① 핑크 라인 1회 $2, 레드·그린·블루 라인 1일권 어른 $20, 어린이(만 3~11세) $15
② 무제한 트롤리 정기권
- 1일권 어른 $38, 어린이(만 3~11세) $28
- 4일권 어른 $67, 어린이(만 3~11세) $49 – 와이키키 수족관, 호놀룰루 미술관 입장권 포함

홈피 www.waikikitrolley.com(온라인 구매 시 10% 할인)

① 핑크 라인 Pink Line / Shopping Tour

T 갤러리아를 출발해 알라 모아나 센터까지 가는 코스로 쇼핑 라인이라고도 불리며 가장 많은 여행자들이 이용한다. JCB 카드를 제시하면 동반 1인(유아 2인)까지 무료 이용이 가능하며 일본인 승객이 많다.

② 레드 라인 Red Line / Historic Tour

호놀룰루 시내의 이올라니 궁전, 주정부청사 등을 갈 수 있는 노선으로 마지막 정거장은 알라 모아나 센터.

③ 그린 라인 Green Line/ Senic Tour

다이아몬드 헤드, KCC 파머스 마켓(토요일 오전)에 가는 노선으로 다이아몬드 헤드 등산객들이 주로 이용한다.

④ 블루 라인 Blue Line / Panoramic Tour

남동쪽 해안을 끼고 달리는 2층 투어 버스. 하루 3회 운영되며 투어에 2시간 18분이 소요된다. 하나우마 베이, 할로나 블로 홀, 하와이 카이 룩아웃 등을 거치며 주요 관광지에서는 5분간 포토타임이 주어진다. 짧은 시간 동안 오아후 섬을 돌아보고 싶다면 추천한다.

 일본인만 탈 수 있는 트롤리가 있다?!

일본인 관광객이 많은 하와이의 특성상 일본 여행사나 항공사에서 운영하는 일본인 전용 트롤리도 있다. 정류장을 함께 사용해서 헷갈릴 수 있는데, 'OLI OLI', 'Lea Lea'라고 쓰인 트롤리는 특정 여행사 카드가 있어야만 탈 수 있다. 와이키키 트롤리보다 자주 눈에 띄니 참고하자.

어떻게 즐길까?

오아후 섬에는 하와이를 상징하는 와이키키 비치와 다이아몬드 헤드 외에도 스노클링하기 좋은 하나우마 베이, 빅웨이브 서핑으로 유명한 선셋 비치, 원주민의 생활상을 볼 수 있는 폴리네시안 문화센터, 할리우드 영화의 단골 배경인 쿠알로아 랜치, 아이들이 좋아하는 동물원과 수족관 등 볼거리, 즐길 거리가 무궁무진하다.

★ 다이아몬드 헤드 ★
Diamond Head

35만 년 전 화산 폭발로 인해 형성된 분화구로 와이키키 비치와 더불어 오아후 섬의 상징이다. 정상에서 바라보는 풍경이 아름다워 트레킹 코스로 인기 있다. 왕복 1시간 30분~2시간 코스로 비교적 난이도가 높지 않지만, 아이와 함께라면 각오가 필요하다. 유모차는 가지고 갈 수 없다. 아이가 어리다면 등산용 아기 캐리어를 준비하는 것이 좋다. 보통 렌터카나 현지 여행사 일일 투어를 이용해 새벽에 다녀온다.

위치 와이키키 비치에서 차로 5분 | **오픈** 06:00~18:00 | **요금** 도보 시 1인당 $1, 개인 차량 이용 시 1대당 $5

★ 와이키키 비치 ★
Wikiki Beach

바로 우리가 상상하는 하와이의 대표 이미지다. 탁 트인 하늘에 낮게 깔린 구름, 산과 바다, 호텔과 쇼핑몰, 젊은이와 노인 등 와이키키 비치는 전혀 어울리지 않을 것 같은 이 모든 것이 조화롭고 활기차게 공존하는 곳이다. 1년 내내 쇼핑백을 든 인파로 붐비지만 야트막한 바다에는 아이들과 함께 튜브를 타며 물놀이를 즐기는 가족도 많다. 서핑을 배워보고 싶다면 낮고 부드러운 파도가 있는 와이키키 비치에서 시작해보는 것도 좋다. 해변에는 서핑의 아버지 격인 '듀크 카하나모쿠(Duke Kahanamoku)'의 동상이 있다. 관광객이라면 누구나 한 번쯤 사진을 찍는 포인트이니 놓치지 말자. 어둠이 내리기 시작하면 거리 곳곳에 가로등 대신 횃불을 피워 원시미 넘치는 분위기를 연출한다

★ 쿠히오 비치 훌라 쇼 ★
Kuhio Beach Torch Lighting & Hula Show

저녁이 되면 와이키키 비치 주변에는 가로등 대신 횃불이 켜지고 쿠히오 비치 훌라 마운드(Kuhio Beach Hula Mound) 해변 공연장에서는 무료 전통 음악 공연과 훌라 댄스 공연이 펼쳐진다. 잔디밭에 앉아 주홍빛으로 물드는 석양과 함께 감상하는 하와이 전통 공연은 고급 호텔의 공연 못지 않다. 유명한 공연이라 사람이 많으니 좋은 자리를 잡으려면 일찍 출발하는 것이 좋다.

위치 와이키키 비치 듀크 카하나모쿠 동상 근처 야외 무대 | **주소** Kuhio Beach Hula Mound, Honolulu, HI 96815
오픈 화 · 목 · 토 · 일요일 18:30~19:30(동절기 18:00~19:00)

 일정은 예고 없이 바뀔 수 있으며 비가 오면 공연이 취소되기도 한다.

★ 카피올라니 공원 ★
Queen Kapiolani Regional Park

하와이에서 가장 크고 오래된 공원이자 하와이 출신 오바마 대통령이 휴가 때 가족 피크닉을 해서 유명한 곳이다. 와이키키 비치, 다이아몬드 헤드와 접해 있으며 호놀룰루 동물원과 와이키키 수족관도 모두 이곳에 있다. 카펫처럼 곱게 깔린 잔디밭에는 곳곳에 반얀트리가 우거져 있어 나무 그늘에서 쉬거나 도시락 소풍을 즐기는 사람들이 많다. 주말이면 공연과 축제가 열리기도 한다.

위치 와이키키 비치 근처 | **주소** 3902 Paki Avenue, Honolulu, Oahu, HI 96815

★ 호놀룰루 동물원 ★
Honolulu Zoo

와이키키 한복판에 있는 작은 동물원. 높은 울타리로 둘러싸인 보통의 동물원과는 달리 나무와 풀이 우거진 들판에서 뛰노는 동물을 볼 수 있다. 코끼리, 기린, 하마, 사자, 뱀, 새를 비롯해 한국 동물원에서는 볼 수 없는 신기한 열대 동물, 하와이에 사는 커다란 거북이나 하와이를 상징하는 야생 거위 '네네'도 볼 수 있다. 호랑이 같은 맹수류나 조류 외에는 철조망이 없어 아이와 함께 동물을 만나기에 좋은 환경이다.

주소 151 Kapahulu Avenue, Honolulu, HI 96815 | 오픈 09:00~16:30
요금 만 13세 이상 $14, 만 3~12세 $6, 만 2세 이하 무료 | 홈피 www.honoluluzoo.org

★ 와이키키 수족관 ★
Waikiki Aquarium

하와이 근처에서 사는 색색의 열대어와 산호, 상어 등 500여 종, 3,000여 마리의 해양 동식물을 볼 수 있는 곳이다. 한국의 대형 아쿠아리움을 상상하면 실망할 수 있지만 하와이에서만 만날 수 있는 바다 생물을 직접 보고 만져볼 수 있어 아이와 함께 둘러보기에 좋다. 와이키키 비치 번화가에 있으며 호놀룰루 동물원 옆에 있어 함께 돌아볼 수 있다.

주소 2777 Kalakaua Avenue, Honolulu, HI 96815 | 오픈 09:00~16:30
요금 만 13세 이상 $12, 만 4~12세 $5, 만 3세 이하 무료 | 홈피 www.waikikiaquarium.org

★ 힐튼 하와이언 빌리지 불꽃놀이 ★
Fireworks at Hilton Hawaiian Village Waikiki Beach Resort

가족여행객이 많이 묵는 힐튼 하와이언 빌리지 수영장에서는 매주 금요일 오후 7시부터 45분간 하와이언 뮤직과 훌라 댄스 공연을 하는 쇼 'Rockin' Hawaiian Rainbow Revue'가 열린다. 공연 끝에는 화려한 불꽃놀이가 펼쳐지는데, 이 불꽃은 호놀룰루 시내에서도 보일 정도로 장관이다. 힐튼 하와이언 빌리지 수영장에서 정식 공연을 즐기려면 별도의 비용(1인당 $20, 마이타이 펀치나 무알코올 음료 포함)이 필요하다. 하지만 근처 해변에서 불꽃놀이만 본다면 무료! 하와이 하늘을 수놓는 낭만적인 불꽃이 보고 싶다면 미리 리조트 근처 해변에 자리를 잡아보자. 불꽃놀이는 오후 7시 45분부터 10분 정도 진행된다.

위치 힐튼 하와이언 빌리지 내 | **주소** 2005 Kalia Road, Honolulu, HI 96815
오픈 매주 금요일 19:45(메인 공연 19:00~19:45) | **홈피** www.hiltonhawaiianvillage.com

---

★ 하나우마 베이 ★
Hanauma Bay

수십 마리의 열대어 떼가 산호초 사이로 다니는 모습을 볼 수 있는 하와이 최고의 스노클링 포인트. 바닷속 산호초가 큰 파도를 막고 수심이 얕아 아이들이 놀기에 좋다. 해양생물 보호구역이라 7분 정도 시청각 교육을 받아야만 입장할 수 있다. 입장객을 매일 3,000명으로 제한해 아침부터 긴 줄이 늘어서 있으니 스노클링을 하고 싶다면 도시락 간식을 준비해 일찍 서둘러 가는 것이 좋다.

위치 와이키키 비치 동쪽, 차로 30분 | **주소** 100 Hanauma Bay Road, Honolulu, Oahu, HI 96825 | **오픈** 06:00~18:00
(스노클 장비 렌털 숍 07:00~16:30) | **휴무** 화요일 | **요금** $7.50(12세 이하 무료), 주차비 $1 | **전화** 808-396-4229

★ 할로나 블로 홀 ★
Halona Blow Hole

해안가의 돌 사이로 솟구쳐 오르는 바다 분수를 볼 수 있는 곳. 파도가 심할 때는 '우우웅' 하는 소리와 함께 최대 10m까지 하늘 높이 솟구쳐 오르는 물줄기를 볼 수 있다.

위치 하나우마 베이 동쪽, 차로 7분 | **주소** 8699 Hawaii 72, Honolulu, HI 96825

★ 마카푸우 포인트 ★
Makapuu Point

하와이를 대표하는 뷰포인트. 오아후 섬 동쪽 끝에 위치한 마카푸우 포인트에 서면, 속이 훤히 들여다보이는 푸른 바다와 용암이 굳어 형성된 검은 절벽, 구불구불한 해안선이 어우러진 아름다운 풍경이 펼쳐진다.

위치 할로나 블로 홀 동쪽, 차로 5분 | **주소** Makapuu Lighthouse Road, Honolulu, HI 96825

★ 카일루아 비치 ★
Kailua Beach

인파로 북적이는 와이키키 비치와 대조되는 조용한 해변으로 오아후 섬에서 가장 아름다운 비치 중 하나다. 현지인도 가족과 함께 즐겨 찾는 곳으로 넓은 해변의 고운 모래와 얕고 잔잔한 에메랄드 빛 바다는 아이와 함께 물놀이하기에 좋다. 화장실, 샤워기, 피크닉 시설, 주차장 시설이 잘 되어 있다.

위치 와이키키 비치에서 차로 30분 | **주소** 526 Kawailoa Road, Kailua, Oahu, HI 96734

★ 폴리네시안 문화센터 ★
Polynesian Cultural Center

남태평양을 대표하는 하와이, 피지, 타히티 등 폴리네시아 지역 7개 나라의 풍물과 문화를 재현해놓은 거대한 거대한 테마파크. 카누를 타고 고대 원주민들이 즐기던 민속춤과 노래, 놀이 등을 보며 옛 폴리네시안들의 생활을 체험할 수 있다. 이곳에서 하와이식 디너쇼인 루아우(Luau)를 비롯한 다양한 원주민 공연도 즐길 수 있으니 아이가 문화 체험을 좋아한다면 반나절 이상 시간을 내어 들러보자.

주소 55-370 Kamehameha Hwy, Laie, HI 96762 | **전화** 800-367-7060 | **요금** 어른 $39.9~, 만 5~11세 $31.95~, 만 12~17세 $35.95~(섬 투어, 루아우, 저녁식사를 포함한 다양한 패키지 입장권 판매) **오픈** 12:30~21:00 | **홈피** www.polynesia.co.kr

★ 오아후 노스쇼어 드라이브 ★

오아후 섬은 전체 면적이 제주도보다 약간 작은 정도라 바쁘게 다니면 하루에 노스쇼어의 주요 관광지를 모두 둘러볼 수 있다. 와이키키 비치를 출발해 쿠알로아 랜치 → 카후쿠 → 선셋 비치 → 터틀 비치 → 할레이바 → 돌 파인애플 농장을 돌아보는 것이 대표적인 코스다. 시간과 체력이 허락한다면 돌아오는 길에 와이켈레 프리미엄 아웃렛과 베이비저러스, 토이저러스에 들러 쇼핑을 즐겨보자. 혹시 운전이 부담된다면 여행사의 일일 투어 상품 (어른 약 $65, 만 3~11세 $45)도 있다.

오아후 노스쇼어 드라이브 코스
총 8.6km, 약 9시간 소요

와이키키 비치 출발 – (38km, 43분) → ① 쿠알로아 랜치 – (25km, 30분) → ② 카후쿠, 새우트럭 점심 – (12km, 13분) → ③ 선셋 비치 – (8.4km, 10분) → ④ 터틀 비치 – (3.5km, 4분) → ⑤ 할레이바, 셰이브 아이스 간식 – (11.7km, 12분) → ⑥ 돌 파인애플 농장

1 쿠알로아 랜치
Kualoa Ranch

〈주라기 공원〉, 〈로스트〉 등 영화와 드라마의 단골 배경. 높은 절벽과 넓은 잔디밭, 야자수와 에메랄드빛 바다 풍경이 환상적인 조화를 이룬다. 영화 촬영지를 둘러보는 다양한 투어가 있다.

2 카후쿠
Kahuku

새우 양식장이 있는 지역으로 카후쿠에서 할레이바에 이르는 도로 주변에 서퍼들이 즐겨 찾는 저렴한 새우 요리 트럭이 10여대 있다.

3 선셋 비치
Sunset Beach

서핑의 메카 노스쇼어에서 큰 파도가 치기로 유명한 곳으로 매년 세계 선수권 대회가 열린다. 하와이 홍보물에 등장하는 서핑 사진은 대부분 이곳에서 찍었다고 해도 과언이 아닐 만큼 사계절 빅웨이브를 타는 서퍼들을 볼 수 있으며 일몰이 아름답다.

4 터틀 비치
Laniakea Beach, Turtle Beach

실제 이름은 라니아케아 비치지만 거북이 자주 나타난다고 해서 터틀 비치라는 별명이 있다. 해변에서 휴식을 취하는 야생 거북을 볼 수 있는 곳. 야생 거북이 해변으로 올라오면 자원봉사자들이 주위에 빨간 선을 두른다. 환경 보호를 위해 거북을 만지거나 선 안으로 들어가는 일이 없도록 하자.

5 할레이바
Haleiwa

노스쇼어에서 가장 큰 마을로 레스토랑과 보드 숍 등 서퍼들에게 필요한 모든 것이 있다. 무지개 시럽을 넣은 얼음 과자 '셰이브 아이스'가 유명하다.

6 돌 파인애플 농장
Dole Plantation

파인애플 농장 견학과 시식을 할 수 있는 곳. 증기 기관차, 세계에서 가장 긴 미로 등 즐길 거리도 다양하다. 달고 맛있는 하와이산 파인애플 아이스크림을 꼭 먹어보자.

★ 알라 모아나 센터 ★
Ala Moana Center

하와이에서 가장 쇼핑의 유혹이 심한 곳. 와이키키 비치에서 가까운 하와이 최대 규모 쇼핑몰이다. 4층 건물에 메이시스(Macy's), 노드스트롬(Nordstrom), 니만 마커스(Neiman Marcus) 등 미국 백화점 체인과 290여 개의 의류·신발 브랜드, 드러그스토어, 레스토랑에서 각종 기념품 숍까지 없는 것이 없다. 디즈니, 레고, 갭, 바나나 리퍼블릭, 짐보리, 폴로, 아베크롬비, 나인 웨스트, 빅토리아 시크릿, 애플, 마이크로 소프트 등 이름만 대면 알 만한 브랜드들이 촘촘하게 들어차 있다. 매장이 크고 넓어 길을 잃을 수 있으니 인포메이션 센터에서 지도부터 챙기는 것이 좋다. 매일 오후 1시에는 약 20분간 무료 훌라 쇼가, 일요일에는 케이키(어린이) 훌라 쇼가 개최된다. 트롤리 핑크 라인이나 버스로도 쉽게 갈 수 있다. 1층에 푸드코트가 있어 한 끼 식사를 저렴하게 해결하기에도 좋다.

주소 1450 Ala Moana Boulevard, Honolulu, HI 96814 | **오픈** 월~토요일 09:30~21:00, 일요일 10:00~19:00
전화 808-955-9517

 비씨 글로벌 카드를 인포메이션 센터에 제시하면 프리미어 패스포트 쿠폰북을 준다. 한국어 안내도가 비치되어 있다.

★ 칼라카우아 거리 ★
Kalakaua Avenue

와이키키 해변을 따라 현대식 상점과 화려한 레스토랑이 줄지어 있는 약 3km의 번화가. 거리 곳곳에는 유용한 쿠폰북들이 비치되어 있고 해변에 어울리는 옷이나 기념품을 파는 상점, 하와이를 모티브로 한 예술품 상점, ABC 스토어 등의 편의점, 샤넬이나 루이비통 같은 명품 숍 등 다양한 상점을 만날 수 있다. 해 질 무렵이면 거리 곳곳에서 소규모 공연이 펼쳐지니 저녁식사 후, 아이의 손을 잡고 시원한 바닷바람을 맞으며 걸어보자. 대부분의 상점은 문 닫는 시간이 늦어 오후 11시까지 영업한다.

★ 월마트 ★
Walmart

하와이 현지인들도 애용하는 대형 마트. 연중무휴 24시간 운영하며 'Everyday Lowest Price'라는 슬로건을 자랑한다. 초콜릿이나 마카다미아 넛, 코나 커피 등 지인을 위한 기념품과 슬리퍼, 스노클 장비, 선크림 등 당장 사용할 여행용품, 그리고 어린이 장난감, 먹거리 등을 저렴하게 구입할 수 있다.

 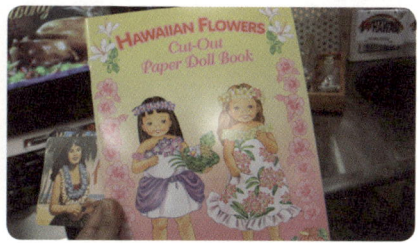

위치 알라 모아나 센터 근처 | **주소** 700 Keeaumoku Street, Honolulu

★ ABC 스토어 ★
ABC Stores

하와이 어디서나 쉽게 찾을 수 있는 대표 편의점. 음료, 스낵에서부터 하와이 기념품, 물놀이용 튜브, 돗자리까지 다양한 물건을 판매한다.

오픈 06:30~01:00 홈피 www.abcstores.com

★ KCC 파머스 마켓 ★
Saturday Farmer's Market KCC

매주 토요일, KCC(Kapiolani Community Collage)에서 열리는 재래시장. 대부분 농민들이 직접 재배한 농산물을 들고 나오기 때문에 신선하고 저렴하다. 싱싱한 파인애플과 커피 등 하와이 지역 농산물은 물론 빵, 샐러드, 하와이 명물 음식, 그리고 기념품으로 구매하기 좋은 티셔츠, 가방, 액세서리 등 다양한 하와이 관련 상품을 판다. 홈페이지에 매주 판매 상품을 소개하니 먼저 살펴보면 좋다. 오전 9시 이후에는 단체 관광객이 많으니 아침 일찍 갈 것을 추천한다.

주소 4303 Diamond Head Road, Honolulu, Oahu, HI 96816 오픈 07:30~11:00
홈피 hfbf.org/markets/markets/kcc/

★ 와이켈레 프리미엄 아웃렛 ★
Waikele Premium Outlets

미국 '프리미엄 아웃렛' 계열 쇼핑몰. 와이키키 비치에서는 차로 40분 정도 거리에 있고, 매장이 50여 개 정도로 규모는 크지 않지만 할인 폭이 큰 제품이 많아 언제나 사람들로 붐빈다. 폴로, 타미힐피거, 짐보리 등 유·아동복 브랜드에서 나인웨스트, 바나나 리퍼블릭 등 유명 브랜드의 의류, 신발 등을 대폭 할인된 가격에 살 수 있다. 마이클 코어스와 코치 가방도 저렴하다. 단, 아웃렛 전용 상품도 있으니 유의하자.

주소 94-790 Lumiaina Street, Waipahu, HI 96797 | **오픈** 월~토요일 09:00~21:00, 일요일 10:00~18:00
홈피 www.premiumoutlets.com

 홈페이지 가입 후 쿠폰을 출력해가면 인포메이션 센터에서 VIP 쿠폰북으로 교환해준다. 자동차 카트 대여 가능.

★ 토이저러스 ★
Toys R us

아이뿐 아니라 어른도 즐거운 장난감 천국. 대형 마트 크기의 매장에 장난감부터 게임용품, 물놀이용품 등 아이들이 좋아할 만한 물건이 넘쳐난다. 한국과 가격 차이가 많이 나는 주방 놀이, 공구 놀이, 인형의 집, 세일 제품 등을 눈여겨보자.

주소 98-211 Pali Momi Street, Aiea, HI 96701 | **오픈** 10:00~21:00 | **전화** 808-487-5811

★ 베이비저러스 ★
Babies R us

토이저러스의 아기 버전. 젖병, 옷, 아기 장난감, 아기 과자, 유모차 등 아기를 위한 모든 것이 있다. 와이켈레 프리미엄 아웃렛 근처에 있으니 렌터카로 여행한다면 아웃렛과 베이비저러스, 토이저러스 쇼핑으로 이어지는 코스를 계획해봐도 좋다.

주소 1150 Kuala Street, Pearl City, HI 96782 | **오픈** 10:00~21:30 | **전화** 808-454-8438

★ 하와이 이웃 섬 ★

하와이에는 오아후 외에도 유명한 섬이 많지만 그중 관광객이 많이 찾는 섬은 3곳이다. 세계 최대의 휴화산과 고래가 찾아오는 해변이 있는 '마우이', 하와이에서 가장 젊은 섬으로 살아 있는 화산의 경이를 온 몸으로 느낄 수 있는 '빅 아일랜드', 그리고 영화 〈아바타〉의 촬영지로 '신들의 정원'이라 불리는 '카우아이'가 바로 그것이다. 이웃 섬을 보지 않고는 하와이를 모두 봤다고 할 수 없다는 말이 있을 정도로 각 섬은 개성과 매력이 넘친다. 가능하면 하루 이상, 여유로운 일정으로 둘러보자.

옛 하와이의 수도, 마우이 Maui

신혼여행객과 아이를 동반한 가족여행객이 가장 많이 찾는 로맨틱한 이웃 섬이다. 럭셔리 리조트와 환상적인 해변, 옛 도시의 모습을 그대로 간직하고 있다. 섬 아래쪽에서는 겨울(1~4월)에 짝짓기를 하러 내려온 혹등고래의 모습을 볼 수 있고, 위쪽에는 3,000미터급 휴화산의 경이로움을 느낄 수 있는 할레아칼라 국립공원(Haleakala National Park)이 있다. 19세기 하와이 거리를 그대로 재현해놓은 라하이나 프런트 스트리트(Lahaina Front St.)는 미국의 'Great Place In America'로 지정된 바 있다. 마우이 오션 센터(Maui Ocean Center)는 아이들이 좋아하는 볼거리이자 놀거리다.

 추천
- 맑은 날 할레아칼라(Haleakala) 분화구 관광
- 카아나팔리 비치(Kaanapali Beach)에서 물놀이
- 라하이나(Lahaina) 산책 및 쇼핑
- 몰로키니(Molokini) 섬 스노클링 투어

순수한 원시 자연, 카우아이 Kauai

섬 전체가 원시 밀림으로 덮여 있어 '신들의 정원'이라 불린다. 이웃 섬 중 가장 나이가 많은 곳으로 무려 500만 년 전부터 화산 폭발로 흐른 용암이 굳어 있다. 주름진 산맥과 원시 밀림, 아름다운 해안이 그대로 보존되어 있는 천혜의 자연을 즐길 수 있다. 작은 섬이라 꼭 가봐야 할 관광지도 많지 않고, 편의 시설도 별로 없다. 하지만 자연 그대로의 순수하고 평화로운 하와이를 즐기기에는 카우아이가 제격! 특히 영화 〈아바타〉의 촬영지인 칼랄라우 계곡과 나팔리 코스트는 둘러보는 것 자체로 감동이다.

- 칼랄라우 전망대(Kalalau Lookout)에서 나팔리 코스트(Napali Coast) 관광
- 하와이의 그랜드 캐니언, 와이메아 캐니언(Waimea Canyon State Park) 관광
- 포이푸 비치 파크(Poipu Beach Park)에서 바다표범과 함께 수영

활화산이 있는 젊은 섬, 빅 아일랜드 Big Island

하와이에서 가장 크고 젊은 섬이다. 현재도 용암이 흐르는 활화산과 하와이 대표 커피인 코나 커피가 유명하다. 초록의 원시림과 우주적인 매력이 있는 검고 드넓은 용암지대, 폭포와 화산, 깎아지른 절벽 밑으로 펼쳐지는 웅장한 바다 등 이제껏 상상할 수 없었던 자연의 경이로움을 한번에 느낄 수 있다. 재래시장인 힐로 파머스 마켓에서는 신선한 과일과 간단한 먹거리를 사 먹는 재미도 쏠쏠하다.

- 하와이 화산국립공원(Hawaii Volcanoes National Park)에서 활화산과 검은 용암 지대 관광
- 안개 낀 정글을 지나 아카카 폭포(Akaka Falls State Park) 관광
- 아기자기한 재래시장 힐로 파머스 마켓(Hilo Farmers Market)에서 신선한 과일과 잼 맛보기
- 마우나로아 마카다미아 넛 공장(Mauna Loa Macadamia Nut Factory) 견학

하와이는 다양한 인종이 모여 사는 곳으로 특히 사탕수수 농장에서 일하기 위해 오래전 한국, 일본 등에서 건너온 아시아인 후손이 많다. 여기에 제국주의 열강들의 식민 시절 들어온 포르투갈, 미국인들의 문화까지 어우러져 음식 역시 미국의 대중적인 프랜차이즈 음식에서부터 동서양의 영향을 받은 하와이 퓨전 요리까지 다양하다. 물론 아이들 입맛에 맞는 한국 음식과 달달한 디저트도 많다.

★ 치즈케이크 팩토리 ★
Cheesecake Factory

미국 전역에 체인을 둔 패밀리 레스토랑으로 칼라카우아 거리 대로변에 늘 긴 줄이 있어 눈에 쉽게 띈다. 스테이크, 피자, 파스타 등 기본 메뉴 외에 참치 포케, 루아우 샐러드 등 하와이언 음식도 있어 메뉴 선택의 폭이 넓다. 이곳에서는 아무리 배불러도 치즈케이크를 꼭 맛보자. 테이크아웃 전용 주문대에서 케이크만 따로 포장할 수 있다. 단품 식사 메뉴는 $20 정도이며 메뉴가 다양하지만 한글 표기가 있어 주문하기 어렵지 않다.

추천 메뉴 참치 포케, 스테이크 다이앤(Steak Diane), 딸기 치즈케이크(Fresh Strawberry Cheesecake), 얼티메이트 레드 벨벳 치즈케이크(Ultimate Red Velvet Cheesecake)
위치 로열 하와이언 센터 1층 | **주소** 2301 Kalakaua Avenue, Honolulu | **전화** 808-924-5001

★ 알란 웡스 ★
Alan Wong's

하와이 요리를 세계화한 주역으로 하와이식 퓨전 요리인 '퍼시픽 림 퀴진'으로 유명한 셰프 알란 웡의 레스토랑. 높은 인기와 유명세만큼이나 가격도 비싼 고급 레스토랑이지만 오직 이곳에서만 맛볼 수 있는 독특한 메뉴가 많다. 마우이산 소고기나 오아후산 파인애플 등 하와이산 식재료로 만든 요리가 시즌별로 제공되며 보통 5코스, 7코스 요리로 주문한다. 예산은 1인당 $70~90 정도이며 저녁에만 문을 연다.

주소 1857 South King Street, Honolulu | **오픈** 17:00~22:00(연중무휴) | **전화** 808-949-2526
홈피 www.alanwongs.com

★ 부바 검프 ★
Bubba Gump Shrimp Co.

영화 〈포레스트 검프〉를 테마로 한 새우 요리 전문점. 활기차고 캐주얼한 매장 분위기로 아이와 함께 하기에 좋다. 특정 음료를 주문하면 불이 들어오는 컵에 담아준다. 기념으로 가져갈 수 있어 아이들이 좋아한다.

추천 메뉴 슈림퍼스 헤븐(Shrimper's Heaven) | **위치** 알라 모아나 센터 4층 | **주소** 1450 Ala Moana Boulevard, Honolulu
오픈 일~목요일 10:30~22:00, 금·토요일 10:30~23:00 | **전화** 808-949-4867

★ 울프강 스테이크 하우스 ★
Wolfgang's Steakhouse

드라이 에이징(Dry Aging) 방식으로 숙성시킨 최고급 블랙 앵거스 소고기를 사용하는 스테이크 하우스. 제대로 된 미국식 스테이크를 맛볼 수 있다. 가격이 부담된다면 런치 스페셜 메뉴를 이용해보자. 예약은 필수!

추천 메뉴 스테이크 포 투(Steak For Two, 2~4인분 단위로 주문), 필레 미뇽, 립아이 스테이크
위치 로열 하와이언 센터 3층 | **주소** 2301 Kalakaua Avenue, Honolulu | **오픈** 일~목요일 11:00~22:30, 금·토요일 11:00~23:30 | **전화** 808-922-3600 | **홈피** wolfgangssteakhouse.net

★ 쿠아 아이나 ★
Kua Aina

하와이 최고의 햄버거 전문점으로 화산석에 구운 육즙 가득한 패티와 신선한 하와이산 채소가 푸짐하게 들어간 버거가 일품이다. 세트 메뉴가 없고 모든 메뉴는 단품으로 주문해야 한다. 버거는 $7~8, 탄산음료는 $1.5 정도. 음료를 가져와서 먹어도 된다. 할레이바 외에 호놀룰루 지역 워드센터에도 지점이 있다.

추천 메뉴 아보카도 버거(Avocado Burger), 파인애플 버거(Pineapple Burger), 키디 버거(Kiddie Burger)
주소 66-160 Kamehameha Hwy, Haleiwa(할레이바점), 1240 Ala Moana Boulevard, Honolulu(워드센터점)
오픈 11:00~20:00(할레이바점), 월~토요일 10:30~21:00, 일요일 10:30~20:00(워드센터점)
전화 808-637-6067(할레이바점), 808-591-9133(워드센터점)

★ 새우 트럭 ★
Shrimp Truck

새우 양식장이 있는 오아후 섬의 북쪽 해안가는 신선하게 조리한 스캄피 새우를 저렴하게 먹을 수 있는 새우 트럭으로 유명하다. 가장 유명한 곳은 지오반니 카후쿠(Giovanni's Kahuku)와 페이머스 카후쿠(Famous Kahuku). 겉보기에는 허름한 트럭이지만 버터와 마늘을 듬뿍 넣어 즉석에서 조리한 새우는 우리 입맛에도 잘 맞는다. 한 접시에 $11~13 정도.

추천 메뉴 슈림프 스캄피(Shrimp Scampi, 칠리 새우, 버터 새우 등 트럭마다 소스와 조리법이 다르다.)
주소 66-472 Kamehameha Hwy, Haleiwa(지오반니 카후쿠)

★ 서울정 ★
Seoul Jung

한진그룹에서 운영하는 와이키키 리조트 호텔 내부에 있는 한식당. 한국 특급 호텔 출신 요리사의 전통 한식 요리가 제공된다. 깔끔하고 맛도 있어 아이가 한식을 그리워할 때 가볼 만하다.

추천 메뉴 대장금 정식, 해물파전, 갈비, 찌개반상 | **위치** 와이키키 리조트 호텔 2층 | **주소** 2460 Koa Avenue, Honolulu | **오픈** 11:00~13:30, 17:00~21:30 | **전화** 808-921-8621

★ 에그 엔 팅스 ★
Eggs' N Things

소문난 브런치 맛집. 아침 일찍부터 긴 줄이 서 있다. 딸기와 생크림, 슈거 파우더를 푸짐하게 얹은 두툼한 팬케이크로 유명하다. 메뉴판에 달걀로 표시된 것이 인기 메뉴다. 오아후 섬에 3개의 지점이 있다.

추천 메뉴 스트로베리 팬케이크(Strawberry Pancake), 로코모코(Loco Moco)
주소 2464 Kalakaua Avenue, Honolulu(와이키키점), 451 Piikoi Street, Honolulu(알라모아나점) | **오픈** 06:00~22:00
전화 808-926-3447(와이키키점), 808-538-3447(알라모아나점)

★ 아일랜드 빈티지 커피 ★
Island Vintage Coffee

세계 3대 커피인 하와이 코나 커피를 맛볼 수 있는 카페 중 가장 유명한 곳이다. 시원하게 마실 수 있는 커피 셰이크(Frozen Kona Coffee) 중 쌉싸래한 원두 알갱이가 그대로 씹히는 빈티지 코나 모카가 가장 인기 있다. 서퍼들의 영양 간식으로 불리는 과일빙수, 아사이 볼도 맛볼 수 있다.

추천 메뉴 빈티지 코나 모카(Vintage Kona Moca), 하와이언 허니 라떼(Hawaiian Honey Latte), 아사이 볼(Acai Bowl), 프로즌 핫 초콜릿(Frozen Hot Chocolate) | **주소** 2301 Kalakaua Avenue, Honolulu(로열하와이언센터점), 1450 Ala Moana Boulevard, Honolulu(알라모아나센터점) | **오픈** 06:00~23:00(로열하와이언센터점), 월~토요일 08:00~21:00, 일요일 08:00~19:00(알라모아나센터점) | **홈피** www.islandvintagecoffee.com

SPECIAL PAGE 06

맛으로 추억하는 하와이

흔히 미국 음식은 햄버거나 핫도그 외에 특별할 것이 없다고 한다. 하지만 하와이 음식은 조금 다르다. 폴리네시아 원주민의 식문화에 미국, 포르투갈, 중국, 일본, 한국 등의 식문화가 더해져 독특하면서도 세계인의 입맛에 두루 친숙한 퓨전 음식 문화를 꽃피웠기 때문이다. 하와이에 가면 꼭 맛봐야 하는 하와이 음식 몇 가지를 소개한다.

하와이언 초밥, 스팸 무스비 Spam Musubi

하와이언 초밥으로 불리는 스팸 무스비는 제2차 세계대전 즈음 하와이에서 생선 대신 스팸과 김을 이용해 초밥을 만들어 먹은 데서 유래했다. 하와이에서는 우리네 삼각김밥처럼 아침 대용으로 즐기며 치킨, 소시지 등 다양한 재료로 만들기도 한다. 편의점에서 쉽게 살 수 있다.

햄버그스테이크, 로코모코 Loco Moco

흰 쌀밥에 햄버그스테이크와 치즈를 올리고 그레이비 소스를 듬뿍 뿌린 뒤 다시 달걀 프라이를 얹어낸다. 스팸 무스비와 함께 하와이를 대표하는 음식으로 맛의 차이는 그레이비 소스에 있다고 한다.

서퍼들의 새우 철판 요리, 갈릭 버터 슈림프 Garlic Butter Shrimp

카후쿠의 허름한 새우 트럭에서 만드는 갈릭 버터 슈림프는 세계의 여행자들이 찾는 하와이의 명물~! 아이스크림 스쿱으로 퍼낸 밥 한 덩이, 샐러드 조금, 그리고 버터와 마늘로 볶은 새우가 듬뿍 얹어진 플레이트 런치를 맛보지 않고는 하와이에 다녀왔다고 할 수 없다.

참치회무침,
포케 Poke

하와이식 해산물 절임. 흔히 아히(참치)를 한입 크기로 잘라 무친 것을 말하며 연어나 문어 포케도 있다. 들어가는 양념과 재료에 따라 맛이 달라지며 밥과 함께 한 끼 식사로 먹기도 한다. 우리 입맛에 잘 맞는다.

무지개 아이스크림,
셰이브 아이스 Shave Ice

눈처럼 곱게 갈아 올린 얼음에 무지갯빛 색색의 시럽을 뿌려 먹는 하와이 대표 디저트. 시럽이 각각의 경계선에 닿지 않게 잘 뿌리는 것이 포인트다. 달콤하고 시원하지만 색마다 다른 맛을 내지는 않는다.

부드러운 코나 커피 Kona Coffee

블루 마운틴, 모카 마타리와 함께 세계 3대 커피로 불리는 하와이의 코나 커피. 하와이에서는 신선한 100% 코나 커피를 맛볼 수 있는 곳도, 저렴하게 살 수 있는 곳도 많다.

맥주 마니아라면,
빅 웨이브 Big Wave

하와이에는 과일 맛의 롱 보드(Long Board), 커피 맛의 파이어 락(Fire Rock) 등 코나 브루잉 컴퍼니에서 생산하는 개성 있는 로컬 맥주들이 많다. 그중에서 가장 인기 있는 맥주는 단연 빅 웨이브~! 골든 에일(Golden Ale)이라 불리는 이 맥주는 누구나 반할 만한 매력적인 하와이 맛이다.

바삭바삭,
마우이 칩 Maui Chip

하와이 감자로 만든 감자칩. 보통 감자칩보다 두껍고 바삭하다. 짭쪼름한 맛이 맥주 안주로 딱이다.

하와이 특산품,
마카다미아 너트 Macadamia Nut

하와이 특산품인 마카다미아 너트는 '마우나 로아(MAUNA LOA)'가 가장 유명하다. 아무것도 넣지 않은 'Unsalted'가 가장 비싸지만 역시 맛있다. 선물하기에는 캔으로 된 6개 세트가 좋고, 조금 저렴한 것을 원한다면 'Mac Farms'라는 브랜드도 괜찮다.

향긋한 선물,
릴리코이 버터 Passionfruit Butter

하와이어로 릴리코이라 불리는 패션프루트는 레몬보다 작고 동그란 모양의 열대과일이다. 하와이에서는 흔히 파머스 마켓 등에서 주스나 버터, 잼으로 만들어 파는데, 새콤달콤한 맛과 향이 독특해 선물하기도 좋다.

SPECIAL PAGE 07

알로~하, 하와이!
아이와 함께 하와이로 떠나야 하는 다섯 가지 이유

누구에게나 로망이 되는 도시가 있다. 예술가에게는 파리가, 배낭여행자에게는 인도가, 그리고 많은 여자들에게는 '하와이'가 그런 곳일 것이다. 비록 하와이에 도착해 처음 만나는 풍경이 후텁지근한 공항일지라도, 꿈같은 와이키키 비치 풍경 뒤에는 낭만에 취한 여행자의 지갑을 노리는 거대 상점가가 있더라도, 그런 잠깐의 실망 따위는 하와이에 대한 로망을 쉽게 무너뜨리지 못한다. 실제로 본 하와이언은 모두가 머리에 꽃을 꽂고 훌라 춤을 추거나 서핑을 하지는 않았다. 그러나 하와이는 알아갈수록 숨은 매력이 있는 멋진 여행지다. 특히 아이와 함께 떠나기에는 더없이 좋은 환경을 갖춘 도시임에는 분명하다.

하나, 환상적인 날씨, 무지개를 기다리게 되는 곳

성수기인 11~4월은 하와이의 겨울이자 우기가 시작되는 때다. 겨울이라고 해도 여전히 낮 기온은 25℃ 정도이고, 하루 한두 차례 잠깐 소낙비가 지나가는 정도라 햇살을 즐기는 데는 아무 문제가 없다. 여행 중의 비는 늘 불청객이다. 그러나 하와이에서만큼은 오히려 비를 기다리게 되었다. 우산을 펼칠 겨를도 없이 후두둑 여우비가 스쳐 가면 거짓말처럼 봉긋 무지개가 솟아올랐다. 일곱 빛깔이 그대로 읽히는 선명한 무지개를 본 것이 얼마만이던가? 우연인 줄만 알았던 무지개와의 만남은 이후 하와이를 여행하는 내내 계속됐다. 그래서인지 하와이의 상징은 '무지개'다. 자동차 번호판에도, 달콤한 셰이브 아이스에도 모두 눈부신 무지개가 들어 있다.

**둘,
지상 낙원을
만드는
강력한
'금연법'**

아이와 함께 여행할 때 가장 신경 쓰이는 것 중 하나는 '담배 연기'다. 특히 사방이 열린 바닷가에서 피우는 담배는 바람을 타고 연기가 더 멀리까지 퍼져오는 것 같다. 다행히 하와이는 섬 전체가 금연 구역이다. 해변 환경과 해양 생물 보호를 한다는 명분이지만, 아이와 함께 여행을 즐기기에 더없이 좋다. 공원, 쇼핑센터, 수영장, 식당이나 술집, 버스 정류장, 공항, 길거리 등 공공장소뿐만 아니라 와이키키 비치를 비롯한 섬의 주요 해변, 호텔 로비와 전 객실, 심지어는 객실 내 라나이(발코니)에서도 담배를 피울 수 없다. 호텔 투숙 시에는 금연 서약서에 따로 사인을 해야 할 정도다. 일부 건물 뒤편에 지정된 흡연 장소가 있지만 웬만한 노력으로는 찾기 어렵다. 지정 장소 이외에서 담배를 피우다가 걸리면 처음엔 $100, 두 번째는 $200의 벌금이 부과되는 등 벌금도 세다. 실제로 내가 하와이를 여행할 때 담배 피우는 사람들을 본 곳은 으슥한 호텔 뒷문에서뿐이었다. 혹시 흡연자라면, 하와이 여행 계획과 함께 금연 계획을 세워보는 것은 어떨까?

**셋,
하와이언의
주식은
밥?**

울창한 수풀과 눈이 시리도록 푸른 바다, 때로는 우주적인 용암지대의 풍경, '알로~하' 인사하는 다른 모습의 사람들, 처음 만난 하와이는 이국적이고 낯설다. 그러나 하와이의 전통 음식은 어디에선가 본 것 같다는 인상을 지울 수 없다. 햄버그스테이크를 닮은 '로코모코', 초밥 모양의 '스팸 무스비', 밥과 새우, 샐러드 등을 한 그릇에 담아주는 '새우 트럭 플레이트 런치' 등에는 모두 흰 쌀밥이 들어 있다. 알고 보니 하와이 음식은 오래된 이민의 역사 속에서 탄생했다고 한다. 하와이가 사탕수수의 주요 생산지로 자리 잡은 1900년대부터 한국, 일본 등 아시아계 노동자들이 들여온 동양의 음식문화가 자연스럽게 하와이의 음식 역사가 되었다. 여기에 식민 시절 유입된 포르투갈 문화, 미국 문화까지 어우러졌다. 요즘 하와이에는 대중적인 프랜차이즈에서부터 퓨전 레스토랑, 서양 음식점, 한식 전문점까지 너무나 다양한 음식점이 있다. 즉, 아무리 입맛 까다로운 아이와 함께라도 음식 걱정은 전혀 하지 않아도 된다는 이야기다.

**넷,
쇼핑 천국에서
만나는
디즈니 스토어와
레고 숍**

하와이 여행 중 가장 놀란 것은 바로 '쇼핑의 유혹'이었다. 제주도 크기만 한 오아후 섬에는 각종 명품과 패션 브랜드, 아웃렛 등이 어마어마하게 많이 들어서 있었다. 특히 세계 최대 규모의 야외 쇼핑몰인 '알라 모아나 센터'에는 무려 290개가 넘는 숍이 지상 4층까지 빼곡히 들어차 있다. 그중 아이들에게 가장 인기 있는 곳은 디즈니 스토어와 레고 숍~! 실제로 디즈니 스토어에는 국적과 인종에 관계없이 세상에서 딸 가진 부모들은 다 모인 듯했다. 평소 알뜰 직구족이라 자부하는 나였지만, 화려하게 장식된 공주 드레스와 왕관, 하와이를 모티브로 한 한정판 캐릭터, 할인 중인 액세서리와 인형에 홀려 처참하게 지갑을 털렸다. 여자 아이들에게 디즈니 스토어가 인기라면, 레고 숍은 남자 아이들이 열광하는 곳이다. 어쩌면 아이들을 핑계로 아빠들이 더 흥분하는 곳일지도 모르겠다. 레고 숍은 지역마다 가격이 다르다. 하와이 레고 숍은 미국 내에서도 비싼 편이라고 한다. 하지만 정신 바짝 차리지 않으면 대부분의 여행자처럼 양손 주렁주렁 쇼핑백을 드는 일은 순식간이다.

**다섯,
영어가 서툴러도
부담 없는 곳**

하와이에서라면 영어에 대한 부담 없이 차를 빌려 아이와 여행을 떠나도 좋다. 무슨 말이냐고? 발음이 정확하지 않으면 바로 'Sorry?'라는 답변이 돌아와 여행자를 주눅들게 하는 미국 본토와는 달리, 하와이에서는 서툰 영어로도 얼마든지 대화할 수 있기 때문이다. 하와이언은 언제나 들을 준비가 되어 있고 그 근간은 배려와 포용의 철학, '알로하(Aloha)' 정신에 있다. 오래전 이민 온 아시아계 황인종이 하와이 인구의 다수를 이루고 있다는 점, 세계 각국의 사람들이 찾는 관광 도시라는 점도 무시할 수 없다. 단, 하와이도 미국의 일부이니 미국의 엄격한 법률과 처벌 규정을 따른다. 예를 들면 아이와 여행할 때 카시트는 필수다. 또 잠깐이라도 아이만 혼자 차에 남겨두면 안 된다. 노란색 스쿨버스가 정차해서 아이들을 내려주고 있다거나 횡단보도가 아닌 곳에 서라도 길을 건너려는 사람을 보면 무조건 정차해야 한다. 알고 보면 크게 걱정할 일은 아니다. 아이 가진 부모로서 상식적으로 행동하면 된다.

궁극의 햄버거, 쿠아 아이나

이탈리아는 피자, 프랑스는 바게트, 일본은 초밥… 세계 어디든 나라를 대표하는 음식이 있다. 그렇다면 미국은? 오래 생각할 것 없이 '햄버거'다. 아시아에서 중동까지 세계를 하나의 입맛으로 아우르는 햄버거는 때로는 '빅맥' 지수라 불리며 물가 수준을 가늠하는 경제 지표가 되고, 여행 경비를 산출하는 데 도움이 되는 미국 음식 문화의 상징이다.

몇몇 거대 프랜차이즈가 햄버거의 인식을 싸구려 한 끼 식사로 만들어놓았지만 원래 햄버거의 역사는 독일식 '함부르크스테이크'로부터 시작되었다. 비교적 저렴한 다진 고기로 만든 스테이크는 미국 도시 노동자들의 사랑을 받았고, 이들이 칼과 포크 없이 손쉽게 먹을 수 있도록 빵 사이에 스테이크를 끼운 것이 햄버거의 시초였다고 한다. 지글대는 스테이크의 소리와 냄새를 맡으며 점심시간이 오기만을 기다렸을 그들의 모습은 요즘의 햄버거 전문점 풍경과는 사뭇 달랐을 것 같다.

그런데 여기. 하와이 한복판에서 나는 제대로 된 햄버거를 만날 수 있었다. 겉보기에는 캐주얼한 여느 프랜차이즈와 다를 바 없었지만, 가게에 들어선 순간부터 그윽하게 소고기 패티가 구워지는 냄새를 맡을 수 있는 곳, 같은 버거라도 옛날식 '슬로 푸드'를 지향하는 수제 버거집 말이다. 햄버거를 파는 곳이라면 응당 있어야 할 '세트 메뉴'가 없어 나를 당황케 했지만, 햄버거 하나를 주문할 때도 빵의 종류와 고기의 구워지는 정도를 고민해야 한다는 점에서부터 뭔가 다른 기대를 가지게 했다.

쿠아 아이나에서 파는 버거는 어린이 버거(Kiddie Burger)를 포함해 일곱 가지, 샌드위치는 더 많아서 20가지나 된다. 가장 인기가 좋은 것은 아보카도 버거와 파인애플 버거다. 햄버거 패티의 양은 1/2파운드와 1/3파운드 중에서 고를 수 있고, 따로 주문하지 않는 한 고기는 미디엄(Medium)으로 구워 준다. 빵은 기본이 되는 카이저 롤(Kaiser Roll) 등 세 가지 중에서 선택할 수 있으며 프렌치프라이 등 사이드 메뉴와 음료는 모두 따로 주문해야 한다. 음료 메뉴 마지막에 B.Y.O.B(Bring Your Own Booze)라고 쓰여 있는 걸 보니 별도로 맥주 등을 가져와 먹는 사람도 있는 것 같다.

나는 이 집에서 가장 유명하다는 아보카도 버거와 콜라, 그리고 홈메이드라는 말에 혹해 프렌치프라이까지 주문했다. 아보카도 버거의 가격은 $8.5, 햄버거치고는 저렴한 편은 아니었다. 그러나 팁을 따로 계산하지 않아도 되니 그다지 비싼 가격도 아니었다. 더듬거리며 주문을 마칠 즈음에 점원이 내 이름을 물었다. 하와이의 카페나 레스토랑에서는 오래 기다려야 하는 음식을 주문하면 이름을 묻는 경우가 있다. 당황하지 말고 간단하게 이름이나 성 정도 알려주면 된다.

햄버거는 기대 이상이었다. 주문을 하면 그때부터 만들기 시작한다는 패티는 화산석에서 구워서 그런지 기름기가 쏙 빠져 있었다. 그런데도 육질의 담백함과 촉촉함은 그대로 살아 있었다. 신선한 양상추와 토마토, 갓 썰어낸 아보카도가 듬뿍 쌓인 빵은 보는 것만으로도 침이 고였다. 속을 그대로 드러낸 햄버거 두 쪽을 합쳐 한입 가득 베어 무니 미디엄으로 구운 고기의 속살이 드러나며 진한 육즙이 배어났다. 크림처럼 부드러운 아보카도의 풍미가 입 안 가득 퍼졌다. 아~! 햄버거가 이럴 수도 있구나. 이게 바로 진짜 햄버거 맛이구나~!

한없이 부드러운 햄버거와는 달리 통감자를 가늘게 잘라 만든 프렌치프라이는 바삭바삭한 과자 같았다. 우리가 그간 먹어왔던 감자튀김은 감자를 으깨 다시 길쭉한 모양으로 성형한 것이고, 그 과정에서 첨가물도 많이 들어간다고 들었는데, 이건 어디를 봐도 그냥 못생긴 통감자였다. 양이 너무 많아 결국 남기고 말았지만, 한국에 돌아와서도 가끔 그때 남긴 프렌치프라이가 생각날 만큼 중독성이 있었다.

어느 정도 버거를 먹고 나서 주위를 둘러보니 벽에 걸린 서프보드가 눈에 들어왔다. 가난하지만 열정이 넘치는 젊은 서퍼들이 즐겨 먹던 두툼하고 큼직한 햄버거. 미국 대통령인 오바마도 어린 시절 서핑을 하다가 종종 할레이바에 있는 쿠아 아이나 본점에 들러 끼니를 때우곤 했다고 한다.

남은 콜라를 마시다가 문득 영수증에 쓰인 내 이름을 들여다봤다. 세트 메뉴가 없는 메뉴판, 참을성 있게 주문 하나하나를 확인하는 직원, 주문 직후 햄버거를 만들기 시작하는 시스템, 아보카도 한 쪽을 통 크게 썰어 올려주는 인심, 대기 번호 대신 이름을 불러주는 곳, 쿠아 아이나 햄버거의 맛은 하와이 사람들을 닮았다.

굳이 알로하 정신까지 언급하지 않더라도, 결국 맛의 차이는 음식과 사람을 대하는 마음가짐에서부터 나오는 것이 아닐까 하는 생각이 들었다. 하와이의 수많은 전통 음식보다도 쿠아 아이나의 햄버거가 더 기억에 남는 건 비단 '맛' 때문만은 아닌 것 같다.

PART 4

5~7세,
생각을 키우는
도시 & 자연 여행

눈과 입이 즐거운 도시 여행,
방콕(Bangkok)

★

대자연 속으로,
캐나다 로키(Canadian Rocky Mountains)

눈과 입이 즐거운 도시 여행
방콕(Bangkok)

방콕은 다채롭다. 왕궁과 사원의 평화로움이 있는가 하면 복잡한 도시의 활기 넘치는 풍경도 있다. 도심 한복판에는 화려한 광고판이 눈길 닿는 곳마다 있고, 그 사이로 스카이 트레인이 빛의 속도로 지나다닌다. 마음먹기에 따라 쇼핑과 맛있는 음식을 즐길 수도, 호텔 놀이와 마사지, 차오프라야 강의 한가로움을 즐길 수도 있다.

태국 경제와 산업의 중심지인 수도 방콕은 서울의 두 배 크기로 거대 도시다. 인구는 1,000만 명으로 서울과 비슷하지만 세계 각지에서 몰려드는 관광객으로 언제나 북적인다. 방콕은 태국 내 다른 도시로 여행하기 위한 출발지이자 동남아시아 교통의 요지이기도 하다. 수완나품 국제공항은 인도, 아프리카, 호주 등을 연결하는 아시아의 허브 공항으로도 유명하다. 저렴한 물가, 낙천적인 사람들, 무엇보다 즐길 거리가 풍부하며 여행을 위한 기반 시설과 프로그램이 잘되어 있는 방콕. 비록 매년 되풀이되는 홍수와 몇 년째 계속되는 정치 분쟁으로 몸살을 앓고 있지만 여전히 세계 자유여행자들에게 가장 인기 있는 도시 중 하나임에는 틀림없다. 굳이 땡볕에 왕궁과 유적지를 찾아다니지 않아도 좋다. 아이와 함께라면 그저 호텔 수영장과 맛집 탐방만으로도 낮과 밤이 지루하지 않다. 방콕만큼 다양한 즐길 거리와 먹거리가 있는 곳도 드물다.

한눈에 보는 방콕

비행시간: 인천 ↔ 방콕 5시간 30분

시차: -2시간(한국이 오전 8시일 때 방콕은 오전 6시)

날씨: 평균 29℃의 열대 기후. 5~10월은 우기, 11~4월은 건기로 3~4월이 가장 덥다. 날씨가 맑고 선선한 11~2월 중순이 여행하기에 가장 좋은 시기이다. 우기에는 열대성 스콜이 한두 차례 내린다.

언어: 타이어

비자: 여권 유효 기간이 6개월 이상 남은 대한민국 여권 소지자라면 90일간 무비자로 체류할 수 있다.

통화: 바트(THB) / 1B = 약 33원 (2015년 4월 매매기준율)

전압: 220V로 한국과 같지만 원형과 11자형 코드를 같이 쓴다. 만약의 경우를 대비해 돼지코 어댑터나 멀티어댑터를 준비하자.

꼭 해봐야 할 것: 다양한 태국 음식과 열대과일 맛보기, 왕궁 관광, 야경 감상, 타이 마사지

쇼핑 리스트: 실크 제품, 여자 속옷(와코루), 꿀, 말린 열대과일, 다양한 맛의 어포, 야돔

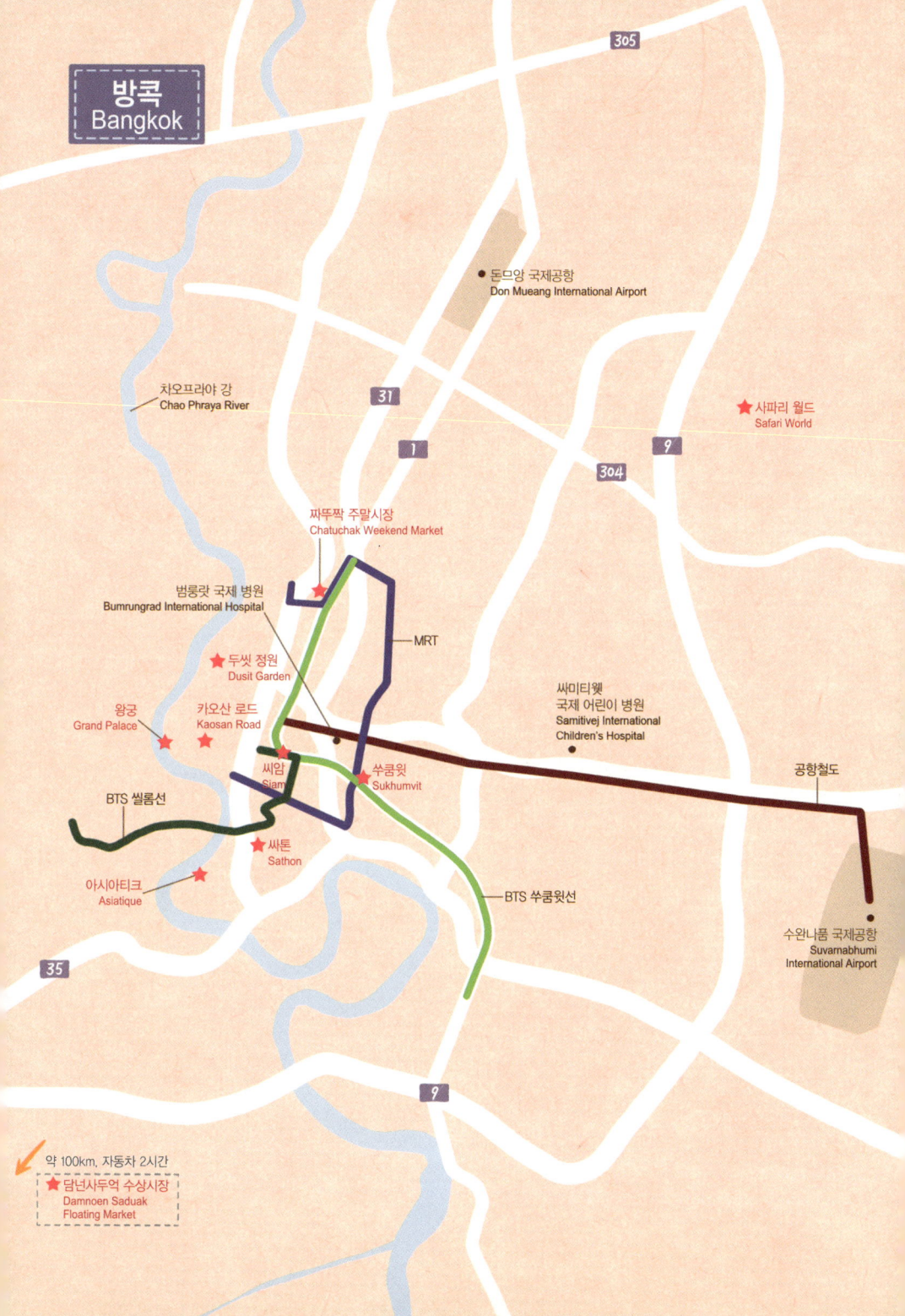

아이와 함께 방콕 여행, 이것도 놓치지 말자

선택의 폭이 넓은 방콕 비행기

인천-방콕 구간은 대형 항공사인 대한항공, 아시아나항공, 타이항공부터 저가항공사인 진에어, 제주항공, 이스타항공, 티웨이항공, 에어아시아까지 매일 여러 편의 직항 노선을 운항한다. 특히 2014년에 에어아시아 방콕 직항 노선이 신설되어 종종 편도 10만 원 미만  의 저렴한 항공권이 나오기도 한다. 출·도착 시각은 늦은 밤인 오후 9시~새벽 1시나 이른 아침인 오전 6~9시에 집중되어 있다.

 에어아시아로 방콕에 갈 경우, '수완나품 국제공항(Suvarnabhumi International Airport)'이 아니라 저가항공사 전용 공항인 '돈므앙 국제공항(Don Mueang International Airport)'을 이용하게 된다.

아이와 함께라면, '프라이어리티 레인'을 이용하자

방콕 국제공항 입출국 심사대에는 긴 줄을 기다릴 필요 없이 별도의 전용 심사대에서 빠르게 수속을 할 수 있는 프라이어리티 레인(Priority Lane)이 있다. 유아, 임산부, 70세 이상 노약자, 장애인과 보호자가 함께 이용할 수 있으니 공항에 도착하면 바로 프라이어리티 레인을 찾아보자.

 프리미엄 레인(Premium Lane)과 헷갈리지 말자. 프리미엄 레인은 항공사 비즈니스 클래스 이상 승객 또는 여행사에서 별도의 비용(약 1,000B)을 내고 예약한 사람에게 주는 유료 혜택이다.

저렴하게 무제한 인터넷 사용하기

여행 중 스마트폰으로 맛집 검색, 길찾기를 할 예정이라면 꼭 알아둬야 할 정보 하나! 방콕에 도착하면 AIS, Dtac 등 태국 현지 통신사의 선불 심카드(USIM)를 산 후 무제한 인터넷 요금제에 가입하자. 7일간 약 199B(세금 7%와 심카드 구입비 49B 별도)의 비용으로 무제한 3G 인터넷을 즐길 수 있다. 수완나품 국제공항 2층 입국장 7번 출구 앞, 돈므앙 국제공항 1층 에스컬레이터 근처, 또는 씨암 파라곤 3층, 시내 곳곳에 있는 현지 통신사 서비스 센터에서 가입 및 개통을 하면 직원이 심카드 교체, 휴대전화 세팅 등을 모두 대행해준다. 한 가지 주의할 점은 현지 심카드로 교체하면 전화번호도 바뀐다는 사실. 기존 애플리케이션은 그대로 사용할 수 있다.

방콕의 주요 병원

태국 병원과 의료 서비스는 세계 의료 서비스 인증기관 JCI로부터 아시아 최초로 공인받은 만큼 수준이 높은 편이다. 대형 종합병원은 온라인 예약과 통역 서비스를 지원하고 있어 외국인 환자들도 많이 찾는다. 의료비가 비싼 편이니 여행자보험을 꼭 들어두자.

범룽랏 국제 병원 Bumrungrad International Hospital

태국을 대표하는 종합병원으로 동남아시아에서 가장 큰 병원. 한국어 통역 가능

주소 33 Sukhumvit 3, Wattana, Bangkok 10110 | **전화** 662-667-1000, 응급실 662-667-1555
홈피 www.bumrungrad.com

싸미티웻 국제 어린이 병원 Samitivej International Children's Hospital

150여 명의 소아과 전문의가 있는 어린이 전문 병원, 내부도 놀이방처럼 꾸며져 있다.

주소 488 Srinakarin Rd., Suanluang, Bangkok 10250 | **전화** 02-711-8181
홈피 www.internationalchildrenshospital.com

방콕 여행 필수 준비물

1년 내내 더운 태국이지만 방콕은 대도시이기에 에어컨 빵빵한 실내에서 생활하는 시간이 길다. 선크림, 모자와 함께 꼭 챙겨야 할 것이 바로 긴팔 카디건이다. 일정 중 왕궁 관광 계획이 있다면 양산과 긴 바지도 필요하다. 수영장이 있는 숙소에 머문다면 휴양지 여행을 떠날 때와 마찬가지로 아이의 튜브와 수영복도 준비하자. 유모차는 쉽게 접을 수 있는 휴대용으로 가져가는 것이 좋다. 아이가 힘들어하거나 낮잠을 잘 때는 꼭 필요하지만 계단이 많은 BTS나 MRT 등 대중교통을 이용할 때는 짐이 되기 때문이다. 방콕 중심가는 교통체증과 매연이 심하니 오래 걷지 않는 것이 좋다.

 태국 필수 여행 정보 P.192 참고

'여행경보제도'를
아시나요?

안전한 해외여행을 위해 외교부에서는 '여행경보제도'를 운영한다. 위험 정도에 따라 여행 경보를 4단계로 나누고, 해외여행 시 참고할 수 있도록 하고 있다. 여행제한구역은 외교부 해외안전여행 홈페이지(www.0404.go.kr)에서 확인할 수 있다. 사이트 검색창에 여행 국가를 입력하면 현재 위험 정도와 정세, 각종 범죄나 자연재해 등 사건·사고에 대한 국가별 최신 안전소식을 확인할 수 있다. 2015년 1월 현재, 방콕을 비롯한 태국 대부분의 지역은 경보 단계 중 가장 낮은 1단계 '여행유의(신변안전유의)' 지역이다. 우리가 흔히 여행하는 세부, 보라카이, 발리 등과 비슷하다.

최신 정보 가득한 인터넷 커뮤니티

▼ 태사랑
www.thailove.net
cafe.naver.com/taesarang

▼ 태초의 태국정보
cafe.naver.com/thaiinfo

현지 한인 여행사

▼ 동대문(카오산 로드)
cafe.naver.com/bkkdongdaemoon

▼ 홍익여행사(카오산 로드)
hongiktravel.com

▼ 몽키트래블
thai.monkeytravel.com

방콕 여행
4박 6일
추천 일정

DAY 1

21:00
방콕 공항 도착

22:30
호텔 도착 후 휴식

DAY 3

10:00
키자니아 P.295
아시아에서 가장 큰
직업 체험 놀이터

12:00
키자니아 내
식당에서 점심식사

DAY 4

07:00
담넌사두억 수상시장과
매끌렁 위험한 기찻길 시장
반나절 투어 P.298
방콕 근교로 떠나보자!

14:00
호텔 수영장, 휴식

18:00
쏨분 시푸드 P.301
우리 입맛에 잘 맞는
태국식 해산물 요리 전문점

DAY 5·6

09:00
호텔 수영장, 휴식

12:00
호텔 체크아웃 후
점심식사
쏨땀 누아 P.301,
망고 탱고 P.302

화려한 왕궁과 사원, 여행자 거리의 열기를 느낄 수 있는 카오산 로드, 방콕의 최대 번화가 씨암, 없는 것이 없는 짜뚜짝 주말시장 등 방콕 도시 여행은 즐길 거리가 무궁무진하다. 하지만 그늘이 거의 없는 유적지, 복잡한 도심 한복판에서 더위와 싸워가며 아이와 함께 도보 여행을 하는 것은 한계가 있다. 관광과 쇼핑, 휴식을 적절히 섞어 가족여행에 맞는 방콕 도시 여행 일정을 짜보자.

DAY 2

09:00
왕궁 관광 P.290
방콕 관광의 핵심 코스!

13:00
카오산 로드에서 점심식사,
관광 & 마사지

18:00
차오프라야 강
디너 크루즈 P.303

15:00
호텔 수영장,
휴식

17:00
아시아티크 야시장 관광 P.297,
저녁식사

 tip 방콕 여행을 이야기할 때 가장 많이 언급되는 곳은 왕궁과 카오산 로드다. 물론 이들 지역은 태국 문화의 핵심이자 방콕 관광의 중심이다. 그러나 방콕 도심 한복판은 땡볕에 바람도 거의 불지 않아 무척 덥다. 부모의 욕심과는 달리 아이들은 수영장만 찾을 수 있다. 야외 코스는 반드시 아침 일정으로 잡고 쇼핑센터와 맛집, 오션 월드, 키자니아 등 실내 코스와 호텔 수영장은 낮 일정으로 짜는 것을 추천한다.

 tip 여행 기간이 여유 있다면 일정 중 이틀 정도 가까운 파타야 해변에 다녀오는 것을 추천한다. 파타야는 방콕 시내에서 2시간~2시간 30분 거리로 시외버스나 택시를 이용해 다녀올 수 있다. 택시는 톨게이트비 포함해 편도 1,200~1,500B 정도다. 주요 관광지는 파인애플 농장, 산호섬, 수상시장, 농눅 빌리지, 황금 절벽 사원, 카오키여우 동물원 등이 있다.

14:00
씨암 오션 월드
P.294
동남아시아에서 가장 큰 아쿠아리움

17:00
씨암 파라곤 P.294
저녁식사
MK 수끼 P.300

19:00
공항으로 출발

21:10
집으로
인천 국제공항 도착
04:40(+1일)

어디서 머물까?

방콕은 세계에서 호텔이 가장 많은 도시라고 해도 과언이 아닐 정도로 많은 숙소가 있고, 선택의 폭도 넓다. 그러나 아이와 함께하는 도시 여행이라면 특별히 따져봐야 할 것이 있다. 우선 교통! 출퇴근 정체 등으로 도로가 마비돼 택시를 탈 수 없을 경우에 대비해 BTS나 MRT 정류장 근처에 있는 호텔을 선택하는 것이 좋다. 두 번째는 수영장이다. 아기 티를 벗은 어린이와의 여행이라도 더운 방콕에서 수영장은 필수다. 세 번째는 먹거리. 조식이 제공되는 호텔인지 주변에 간식거리를 살 수 있는 편의점과 식당이 있는지 살펴봐야 한다. 방콕 호텔은 가격 대비 시설과 서비스가 훌륭한 곳이 많다. 무료 엑스트라 베드, 무료 레이트 체크아웃 등 다양한 프로모션도 수시로 진행되니 여러 곳을 비교해보자.

여행 동선으로 보면 방콕 여행지는 크게 구시가지인 '왕궁'과 우리의 명동 같은 '씨암(Siam)' 주변으로 나뉜다. 배낭여행자들이 찾는 저렴한 숙소는 보통 왕궁과 가까운 '카오산 로드'에 밀집해 있다. 그러나 카오산 로드 주변에는 BTS, MRT 역이 없고, 밤에는 소란스러울 수 있다. 가족여행객이 머물기 좋은 중급 이상의 호텔은 시내 중심가 씨암 주변의 쑤쿰윗(Sukhumvit)이나 싸톤(Sathon) 지역에 많다. 특히 싸톤 지역의 호텔은 주변에 유흥 시설이 없고, 주방과 거실을 갖춘 레지던스가 많아 아이와 머물기에 좋다. 도심 같지 않은 고즈넉한 분위기에서 휴식하기를 원한다면 차오프라야 강가의 호텔도 괜찮다.

추천 호텔

- 쑤쿰윗 & 싸톤 지역: 이스틴 그랜드 호텔 싸톤, 아난타라 방콕 싸톤 호텔, 메리어트 이그제큐티브 아파트 싸톤 비스타, 웨스틴 그랜드 쑤쿰윗, 그랜드 센터 포인트 호텔
- 씨암 지역: 씨암 캠핀스키 호텔
- 강변 & 그 밖의 호텔: 샹그릴라 호텔 방콕, 아난타라 방콕 리버사이드 리조트 & 스파, 로얄 오키드 쉐라톤 호텔 & 타워, 스위소텔 나이럿 파크 방콕, 차트리움 호텔 리버사이드 방콕, 풀만 킹파워 호텔

뭘 타고 다닐까?

공항에서 숙소까지

방콕의 수완나품 국제공항(Suvarnabhumi International Airport)과 돈므앙 국제공항(Don Mueang International Airport)은 모두 방콕 시내에서 20km 이상 떨어진 외곽에 있다. 공항에서 시내 호텔까지는 공항철도와 택시를 이용하는 것이 일반적이다. 아이와 함께이고 짐이 많다면 편리한 택시를 추천한다. 이동 시간은 약 40분~1시간 정도, 교통 체증이 심할 때는 더 걸릴 수 있다.

택시 Public Taxi

태국 택시는 요금이 비싸지 않아 많은 여행자들이 공항에서 호텔까지 이용하는 가장 편리한 교통수단이다. 특히 밤 비행기가 많은 인천-방콕 직항의 특성상 자정 무렵 도착하는 한국 여행객들은 택시를 타고 시내로 들어갈 수밖에 없다. 수완나품 국제공항과 돈므앙 국제공항 모두 공항 1층에 택시 승강장이 있다. 승강장 데스크에 목적지를 말하면 택시를 잡아주며, 해당 택시 정보를 쪽지에 적어준다. 요금은 거리에 따라 다르나 씨암, 쑤쿰윗 등 시내까지는 '미터 요금 + 배차 서비스비(50B) + 고속도로 통행료'를 합해 300~400B 정도 든다. 야간 할증은 없다.

공항철도 Airport Rail Link

길 막힐 걱정 없는 공항철도는 수완나품 국제공항에서 방콕 시내로 접근할 수 있는 가장 빠르고 저렴한 교통수단이다. 시내 중심을 연결하는 BTS(지상철)와 MRT(지하철)로 환승도 가능해 저녁 퇴근 시간대에 도착하거나, 예약한 호텔이 BTS나 MRT 역 근처라면 한번 시도해볼 만하다. 급행인 '익스프레스 라인(Express Line)'과 완행인 '시티 라인(City Line)'이 있다. 환승역에는 엘리베이터가 있어 유모차 이용도 가능하다.

익스프레스 라인 Express Line
수완나품 국제공항에서 막까산(Makkasan) 역까지 한번에 잇는 급행열차. 막까산 역에서 MRT 펫차부리(Phetchaburi) 역으로 갈아탈 수 있다. 소요 시간 15분, 배차 간격 1시간.
오픈 06:00~24:00 | **요금** 편도 90B, 왕복 150B | **홈피** www.srtet.co.th

시티 라인 City Line
수완나품 국제공항에서 파야타이(Phaya Thai) 역 사이에 6개의 정거장이 있는 완행열차. 공항철도 파야타이 역에서 BTS 파야타이 역으로 갈아탈 수 있다. 소요 시간 30분, 배차 간격 약 15분.
오픈 06:00~24:00 | **요금** 15~45B(거리 비례) | **홈피** www.srtet.co.th

시내 교통수단

방콕은 넓고 복잡한 도시지만 대중교통 수단이 발달해 있다. BTS, MRT, 버스, 수상버스 등을 적절히 이용하면 시내 곳곳을 어렵지 않게 여행할 수 있다. 아이와 함께라면 교통 체증과 매연이 없는 BTS, MRT 노선 중심으로 여행 동선을 잡고, 택시는 출퇴근 시간대를 피해 타는 것을 추천한다.

BTS & MRT

지상철인 BTS와 지하철인 MRT는 방콕에서 가장 빠르고 쾌적한 교통수단이다. 복잡한 한국 지하철에 비하면 단순한 노선이지만, 출퇴근 시간대에 매연과 교통 체증을 피할 수 있어 아이와 함께 다니기에 좋다. 씨암, 쑤쿰윗 등 시내 주요 지역을 지나고 내리는 역을 정확하게 알 수 있어 여행자들이 이용하기 편하다. 단, 엘리베이터나 에스컬레이터가 많지 않아 유모차로 다니기에 좋은 환경은 아니다.

- **BTS**: 연두색 쑤쿰윗선과 녹색 씰롬선이 있다. 두 노선 모두 시내 중심가인 씨암 역을 거친다. 요금은 15~52B로 거리에 비례하며, 1일 정액권(130B)도 판매한다. 90cm 이상 어린이는 어른과 동일 요금을 내야 한다.

- **MRT**: 짜뚜짝 공원, 쑤쿰윗 등을 거치는 파란색 1개 노선이 있다. 요금은 어른 16~40B, 어린이(90~120cm, 14세 미만)와 노인(만 65세 이상)은 8~20B로 거리에 비례한다. 정액권으로 1일권(120B), 3일권(230B) 등이 있다.

택시 Taxi

알록달록한 택시는 현대 방콕의 상징이다. 지붕에 'TAXI-METER' 표시가 있는 택시는 방콕 어디에나 있으며 요금도 비싸지 않아 출퇴근 시간대를 제외하면 부담 없이 이용할 수 있다. 기본요금은 35B부터 시작한다. 웬만한 시내는 교통 체증이 없는 경우, 100B
미만으로 갈 수 있다. 정차해 있는 택시를 탈 경우, 기사가 미터기를 켜지 않고 흥정을 시도할 수 있으니 거리에서 운행 중인 택시를 타자.

툭툭 Tuk Tuk

오토바이를 개조해 만든 택시로 태국을 대표하는 전통적인 교통수단이다. 매번 흥정을 해야 하고 매연과 소음, 더위에 노출되니 아이와 함께 타는 것은 추천하지 않는다. 한번 타보고 싶다면 가까운 거리를 이용해보자.

시내버스, 수상버스

요즘은 스마트폰이 있어 여행이 어렵지 않다. 특히 방콕에서는 지도가 없어도 구글 맵(Google Maps) 길찾기 기능을 이용하면 목적지까지 버스 노선과 갈아타는 방법을 자세히 알 수 있다. BTS와 MRT가 다니지 않는 곳, 예를 들면 카오산 로드나 왕궁, 아시아티크를 방문할 계획이라면 한번쯤 다양한 현지 교통수단을 체험하며 도시 여행의 즐거움을 누려보자.

★ 왕궁 ★
Grand Palace

태국의 상징인 왕궁은 방콕 여행이 처음이라면 가장 먼저 찾아야 할 곳이다. 현재의 국왕은 이곳에 살지 않지만 역대 왕들이 살았던 궁전과 제사를 모시는 사원에서 태국 건축과 예술을 한눈에 볼 수 있다. 수많은 건축물 중 가장 대표적인 곳은 왓 프라깨우. 왕궁 주변에 있는 왓 포, 왓 아룬도 볼만하다. 화려한 금탑과 벽화, 자기와 유리 등으로 장식된 조형물에서 태국 왕실의 위엄을 느낄 수 있다. 왕궁 내에는 그늘이 거의 없고, 바람이 불지 않아 무척 덥다. 또, 왓 프라깨우에서 왓 포, 왓 아룬까지는 꽤 걸어야 하니 유모차와 얼음물을 준비하면 좋다. 아이가 더위를 많이 탄다면 왕궁 관광의 핵심인 왓 프라깨우 정도만 보는 것을 추천한다.

요금 왓 프라깨우+왕궁+위만멕 궁전 어른 500B, 키 120cm 미만 어린이 무료(120cm 이상 어른 요금)
오픈 08:30~15:30(연중무휴) | **준비물** 양산, 챙 있는 모자, 선글라스, 물, 유모차

- 민소매, 반바지는 입장이 제한된다. 부득이한 경우, 왕궁 앞에서 옷을 빌리거나 사 입을 수 있다.
- 에어컨이 나오는 시원한 화장실과 박물관에서 더위를 피해 잠시 쉬어가자.
- 왕궁은 방콕에서 가장 사기꾼이 많은 곳. '왕궁이 문을 닫았다. 더 좋은 곳을 소개해 주겠다'며 접근하는 사람이 있으니 조심하자.

왓 프라깨우 Wat Phra Kaew

왓 프라깨우는 왕궁에 딸린 왕실 사원으로 왕궁에서 가장 아름다운 곳이다. 본당에 크기 70cm 정도 되는 에메랄드 불상이 안치되어 있어 에메랄드 사원이라고도 불린다. 사원을 둘러싼 회랑 내부에는 장대한 '라마끼얀' 신화 벽화가 있어 흥미를 자극한다. 왓 프라깨우 뒤쪽에 왕실 행사나 외국 귀빈을 영접할 때 사용하는 건물과 왕궁이 있다. 위엄 있는 왕실 근위대와도 기념사진을 남겨보자.

★ 왓 포 ★
Wat Pho

왓 포는 방콕에서 가장 크고 오래된 열반 사원이다. 발바닥에 자개로 조각된 삼라만상이 있는 46m의 거대한 금빛 와불상이 유명하다. 내부에 왓 포 마사지 센터가 있다. 불당 뒤편에 있는 타일로 장식된 아름다운 탑들도 놓치지 말자.

위치 왓 프라깨우가 있는 왕궁 담벼락을 따라 남쪽으로 도보 10분
요금 어른 100B, 키 120cm 미만 어린이 무료(120cm 이상 어른 요금) | **오픈** 08:00~18:00

★ 왓 아룬 ★
Wat Arun

왓 아룬은 태국 동전 10B에 새겨져 있으며, 형형색색의 자기로 장식된 사원이 새벽 햇살을 받은 모습이 아름다워 '새벽 사원'이라고도 불린다. 왓 포에서 차오프라야 강 쪽으로 내려가 배를 타고 건너야 만날 수 있다. 왓 아룬은 직접 가서 보는 것도 좋지만 해 질 무렵에 강 건너 레스토랑이나 리버 크루즈에서 보는 것이 더 멋있다.

위치 왓 포 근처 타 티엔(Tha Tien) 선착장에서 수상버스로 10분
요금 어른 50B, 키 120cm 미만 어린이 무료(120cm 이상 어른 요금) | **오픈** 08:00~17:00

 2015년까지 왓 아룬 불탑 보수 공사로 경내 일부는 출입 금지.

★ 두씻 정원 & 두씻 동물원 ★
Dusit Garden & Dusit Zoo

왕궁보다 덜 알려져 한적하지만 볼거리가 많은 곳이다. 아름다운 정원에는 위만멕 궁전을 비롯해 여러 개의 궁과 박물관, 호수가 있는 작은 동물원이 있다. 특히 두씻 동물원은 악어, 기린 등 동물을 가까이에서 볼 수 있고, 코끼리 쇼가 열려 아이와 함께라면 한번쯤 들러도 좋다.

위치 카오산 로드에서 차로 15분 | **주소** 71 Rama 5 Road, Dusit, Bangkok 10300
요금 동물원 입장료 어른 100B, 어린이 50B, 위만멕 궁전 입장료는 왕궁 입장권에 포함되어 있으며 30일간 유효
오픈 동물원 08:00~18:00(연중무휴), 위만멕 궁전 09:30~16:00(월요일·공휴일 휴무)

★ 카오산 로드 ★
Kaosan Road

동남아시아 여행의 중심인 카오산 로드는 세계의 배낭여행자들이 모여드는 그야말로 '여행자들의 해방구'다. 폭 10m, 길이 350m의 길지 않은 골목길에는 태국뿐 아니라 주변국으로 가는 각종 교통편과 투어 상품을 파는 여행사, 가이드북 등 중고 책을 파는 노점, 값싼 먹거리, 숙소, 마사지 숍, 기념품점까지 여행자에게 필요한 모든 것이 있다. 뿐만 아니라 차로 10~20분만 가면 왕궁에 도착한다. 해 질 무렵이면 카오산 로드의 교통이 통제되며, 현지인부터 세계 각지에서 모인 여행자들이 거리를 점령한다. 사람들은 길거리에 앉아 레게머리를 땋거나 맥주를 마신다. 복잡한 거리지만 아이와 함께 카오산 로드만의 독특한 분위기를 맛보고 싶다면 오후나 저녁 무렵에 가는 것이 좋다. 밤에는 흥청거리는 사람이 많아 함께 다니기에 좋지 않다.

★ 씨암 파라곤 ★
Siam Paragon

방콕 최고의 복합 쇼핑몰인 씨암 파라곤에는 의류에서 자동차까지 화려하고 고급스러운 명품이 가득하다. 짐 톰슨(Jim Thomson) 매장이 커 실크 제품을 둘러보기에도 좋다. 씨암 오션 월드와 키자니아, 마담 투소 등 아이와 즐길 거리가 많으며 적당한 가격대에 다양한 음식을 즐길 수 있는 푸드코트를 비롯해 MK 수끼 골드 등의 다양한 레스토랑이 있다. 슈퍼마켓인 고메 마켓(Gourmet Market)에서는 먹거리와 기념품을 살 수 있다.

쇼핑 품목 짐 톰슨, 고메 마켓의 말린 과일, 선물용 과자 | **위치** BTS 씨암 역 3번 출구, 씨암 캠핀스키 호텔(Siam Kempinski Hotel)과 연결 | **오픈** 10:00~22:00

씨암 쇼핑센터
방콕의 중심가인 씨암은 서울의 명동과 같은 번화가다. BTS 씨암 역을 중심으로 씨암 파라곤, 씨암 센터, 씨암 디스커버리, 마분콩 센터, 센트럴 월드, 빅 시 등 대형 쇼핑몰과 백화점이 밀집해 있어 다양하게 쇼핑을 즐길 수 있다. 쇼핑 후에는 각 쇼핑몰에서 세금 환급 영수증을 받는 것을 잊지 말자(당일 영수증만 가능, 여권 소지 필수).

씨암 오션 월드 Siam Ocean World
씨암 오션 월드는 대형 어항과 해저 터널로 유명한 동남아시아에서 가장 큰 아쿠아리움이다. 점심 무렵부터 매 시간 다이버와의 대화, 상어나 펭귄 먹이 주기 등 다양한 체험 프로그램이 있으며 입구에 조형물이 있어 아이와 사진 찍기에도 좋다. 현지 여행사에서 미리 바우처를 구입하면 입장료의 약 60%를 할인받을 수 있다.

위치 씨암 파라곤 지하 1~2층 | **요금** 어른 950B, 어린이(키 80~120cm) 750B, 키 80cm 미만 무료 | **오픈** 10:00~21:00

키자니아 Kidzania

방콕 키자니아는 아시아에서 가장 큰 직업 체험 놀이터 체인이다. 에어아시아, 씨암 파라곤, 맥도날드, 코카콜라 등의 기업 후원을 받아 운영되므로 비행기 조종사, 소방관, 의사, 맥도날드 점원 등 다양한 직업을 강사와 함께 체험해볼 수 있다. 모든 설명은 영어나 태국어로 진행되나 다국적 아이들이 많은 방콕의 특성상 말이 통하지 않아도 쉽게 따라 할 수 있다. 만 2세부터 참여할 수 있으나 대부분의 프로그램이 만 4세 이상을 대상으로 하며 체험 중 부모는 함께할 수 없다. 주말과 방학 기간에는 사람이 많으니 평일 방문을 추천한다.

위치 씨암 파라곤 5층 | **요금** 어른(만 15세 이상) & 유아(만 2·3세) 주중 425B, 주말 500B / 어린이(만 4~14세) 주중 850B, 주말 1,000B, 만 2세 미만 무료 | **오픈** 월~금요일 10:00~17:00, 토·일요일·공휴일 10:30~20:30 **전화** 02-683-1888 | **홈피** bangkok.kidzania.com(할인 이벤트 수시 진행)

★ 씨암 센터 ★
Siam Center

BTS 씨암 역, 씨암 파라곤과 바로 이어지는 젊은 감각의 쇼핑몰. 독특한 분위기의 편집 매장이 많다. 4층 푸드코트는 깔끔하고 쾌적해 아이와 함께 식사하기 좋다.

위치 BTS 씨암 역 1번 출구 | **오픈** 10:00~22:00

★ 센트럴 월드 ★
Central World

여러 백화점이 연결된 방콕 최대 쇼핑몰. 건물 양쪽에는 젠(ZEN) 백화점과 이세탄(ISETAN) 백화점, 센트럴 엠버시(Central Embassy)가 있고, 길 건너편에 빅 시가 있다. 근처에 행운과 재산운 등 소원을 빌면 들어준다는 '에라완 사당'이 있어 들러볼 만하다.

쇼핑 품목 스파용품(Panpury, Karma Kamet, Bath & Bloom 등), 짐 톰슨, 나라야, 와코루
위치 BTS 칫롬 역 6번 출구, 스카이워크로 연결 | **오픈** 10:00~22:00

★ 빅 시 ★
Big C

태국 전역에 있는 대형 마트 체인으로 BTS 칫롬 역 근처의 빅 시 매장은 가장 큰 규모로 꼽히는 곳 중 하나다. 망고스틴 등 열대과일과 말린 과일, 어포, 태국식 소스부터 속옷 브랜드로 유명한 와코루까지 저렴하게 쇼핑할 수 있다.

쇼핑 품목 와코루, 망고와 망고스틴 등 열대과일, 말린 과일, 태국 라면, 어포(TARO, BENTO), 야돔
위치 BTS 칫롬 역, 센트럴 월드 건너편 | **오픈** 08:00~23:00

★ 터미널 21 ★
Terminal 21

요즘 가장 뜨는 세련된 대형 쇼핑몰로 1층 도쿄, 2층 런던, 3층 이스탄불 등 각 층마다 다른 도시의 공항 터미널 콘셉트로 꾸며져 있다. 5층 샌프란시스코에는 MK 수끼, 태국식 불고기 전문점 Zoom Zap Hut 등 다양한 세계 요리를 맛볼 수 있는 음식점이 많다.

 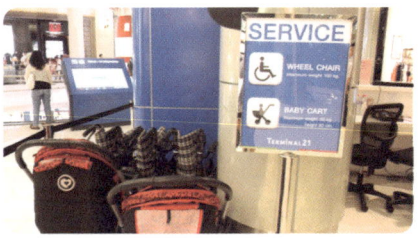

위치 BTS 아쏙 역, 그랜드 센터 포인트 호텔(Grande Centre Point Hotel)과 연결 | **오픈** 10:00~22:00

★ 아시아티크 ★
Asiatique

2012년에 개장한 신개념 야시장. 차오프라야 강변에 늘어선 분위기 있는 음식점들과 대관람차, 길 안으로 들어찬 세련된 상점들이 매력적인 곳이다. 시장이라고는 하지만 짜뚜짝 주말시장 같은 재래시장이 아닌 노천 쇼핑몰 같은 분위기. 해 질 녘 산들바람 부는 강변 레스토랑에서 식사와 맥주 한잔을 즐기기에 좋다. BTS 싸판탁신 역 근처 싸톤 선착장에서 무료 셔틀 보트(16:00~23:30)를 운영한다.

쇼핑 품목 기념품, 인테리어 소품 | **위치** 싸톤 선착장에서 셔틀 보트로 10분 | **오픈** 17:00~24:00
요금 대관람차 어른 300B, 어린이 200B(키 120cm 미만)

★ 담넌사두억 수상시장 ★
Damnoen Saduak Floating Market

싱싱한 과일이나 기념품을 실은 배가 빽빽하게 들어찬 담넌사두억 수상시장은 왕궁과 더불어 방콕의 대표 관광지다. 상업적인 모습을 보이지만 긴 꼬리배를 타고 열대 우림 사이로 강을 누비거나 수상시장에서 군것질을 하는 재미가 쏠쏠한 곳이다. 새벽 시장 풍경이 진짜 모습이니 되도록 일찍 출발하는 것을 권하며, 방콕에서 남서쪽으로 약 100km, 2시간 남짓 떨어져 있어 반나절 투어로 다녀오는 것을 추천한다.

추천 담넌사두억 수상시장 & 매끌렁 위험한 기찻길 시장 반나절 투어

아침 7시경 출발해 담넌사두억 수상시장을 둘러보고 15분 거리에 있는 매끌렁으로 이동해 기찻길을 사이에 둔 재래시장을 구경하는 코스다. 매끌렁 위험한 기찻길 시장은 기차가 지나가기 전 상인들이 분주하게 차양을 걷고 물건을 치우는 진풍경을 볼 수 있어 유명해진 곳이다. 참고로 현지 여행사 가격은 300B부터(방콕 시내 호텔 픽업 서비스 포함, 점심 불포함).

★ 짜뚜짝 주말시장 ★
Chatuchak Weekend Market

토·일요일에만 여는 방콕에서 가장 큰 재래시장. 26개의 구역에는 인테리어 소품, 의류, 가죽제품, 주방용품, 골동품, 동식물 등을 판매하는 1만 5,000개 이상의 노점이 있다. 길거리 음식도 다양해 시장 구경하는 재미가 있다. 단, 골목이 좁고 더워 아이와 함께 오랜 시간 쇼핑하는 것은 추천하지 않는다. 유모차로는 다닐 수 없다.

쇼핑 품목 코코넛 아이스크림 등 길거리 음식, 동전 지갑 등 저렴한 기념품, 인테리어 소품
위치 BTS 모칫 역 앞 | **오픈** 토·일요일 09:00~18:00

★ 마사지 숍 ★
Massage Shop

방콕에는 수많은 마사지 숍이 있고, 타이 마사지나 발 마사지 가격이 1시간에 250~1,000B 이상으로 천차만별이다. 사실 마사지 숍보다 어떤 마사지사를 만나느냐에 따라 만족도가 다르다. 아이와 함께라면 동선을 고려해 쇼핑몰 내에 입점해 있거나 쾌적한 인테리어의 마사지 숍을 찾아보자.

레츠 릴랙스 Let's Relax

방콕뿐 아니라 치앙마이, 푸껫 등에 여러 개의 지점이 있는 검증된 스파 브랜드. 방콕에는 터미널 21, 씨암 스퀘어 원 등의 쇼핑몰 내에 지점이 있다. 예약 필수.

위치 BTS 아쏙 역 터미널 21 6층, BTS 씨암 역 씨암 스퀘어 원 6층 | **오픈** 10:00~24:00 | **요금** 타이 마사지(1시간) 500B, 발 마사지(45분) 400B | **전화** 02-108-0555(터미널 21), 02-252-2228(씨암 스퀘어 원) | **홈피** www.letsrelaxspa.com

헬스 랜드 Health Land

방콕에 7개, 파타야에 1개 지점이 있는 대형 마사지 숍. 규모나 시설, 서비스 수준에 비해 저렴하게 마사지를 받을 수 있다. 여행사를 통해 예약하면 더 저렴하다.

주소 120 North Sathorn Rd. Silom, Bangrak Bangkok 10500(싸톤), 55/5 Sukhumvit 21 Road., Khlongtoeinuea, Wattana, Bangkok 10110(아쏙) | **오픈** 09:00~23:00 | **요금** 타이 마사지(2시간) 500B, 발 마사지(1시간) 280B | **전화** 02-637-8883(싸톤), 02-261-1110(아쏙) | **홈피** www.healthlandspa.com

방콕은 '먹으러' 떠나는 사람이 있을 정도로 식도락의 천국이다. 우리 돈으로 1,000원짜리 길거리 국수에서 1인분에 10만 원이 넘는 강변의 레스토랑까지 그야말로 다양한 가격대의 다양한 음식을 만날 수 있다. 아무 음식점이나 들어가도 대부분 우리 입맛에 잘 맞는다. 아이와 함께 새로운 태국의 음식 문화를 경험해보자.

 태국 음식에는 팍치(고수)나 레몬그라스 등 향신료를 많이 사용한다. 거부감이 든다면 주문 시 '마이 싸이 팍치(팍치 빼주세요)'라고 말하자.

★ MK 수끼 ★
MK SUKI

수끼는 샤부샤부 같은 태국식 전골 요리다. 시초는 태국으로 건너온 중국 부두 노동자들이 고향에서 먹던 '훠궈'를 떠올리며 해물과 채소를 넣어 끓여 먹은 것이라고 하지만 요즘은 똠양꿍과 더불어 태국을 대표하는 음식이다. 시원한 국물에 국수까지 말아 먹을 수 있어 아이들이 먹기에 좋고, 찍어 먹는 매콤한 소스는 어른 입맛에도 잘 맞는다. MK 수끼는 태국의 가장 대중적인 수끼 체인으로 대형 마트나 쇼핑몰에서 흔히 찾아볼 수 있다. 씨암 파라곤의 MK 수끼 골드는 인테리어, 재료, 서비스에 더욱 신경 쓴 곳이다.

추천 메뉴 수끼 세트(고기, 새우, 어묵, 채소, 국수 등), 오리 요리(Roast Duck) | **위치** BTS 아쏙 역 터미널 21 5층, BTS 씨암 역 3번 출구 씨암 파라곤 G층, 아시아티크 등 | **오픈** 10:00~22:00 | **전화** 02-108-0959(터미널 21), 02-610-9336(씨암 파라곤)

★ 쏨분 시푸드 ★
Somboon Seafood

해산물 요리 전문점으로 재료가 싱싱하고 맛있기로 소문나 방콕에만 7개의 지점이 있다. 여행자들은 찾아가기 쉽고 깨끗한 쑤라웡 지점이나 새로 오픈한 씨암 스퀘어 원 쇼핑몰 내 지점을 많이 찾는다. 게를 카레, 달걀, 코코넛 밀크와 함께 볶은 뿌 팟퐁 커리가 이 집의 대표 요리! 게살볶음밥이나 새우튀김은 아이들도 잘 먹는 추천 메뉴다. 워낙 유명한 곳이라 택시 사기(쏨분 '디' 시푸드로 데려다준다고.)가 기승을 부리니 주의하자.

추천 메뉴 뿌 팟퐁 커리(게카레볶음), 어쑤언(굴전), 팟 붕 화이뎅(모닝글로리 굴소스볶음), 카우 팟 뿌(게살볶음밥), 톰양쿵
오픈 16:00~23:30 | **위치** BTS 총논씨 역 3번 출구 도보 10분(쑤라웡), BTS 씨암 역 씨암 스퀘어 원 빌딩 4층(씨암 스퀘어 원)
전화 02-233-3104(쑤라웡), 02-115-1401(씨암 스퀘어 원) | **홈피** www.somboonseafood.com

★ 쏨땀 누아 ★
Somtam Nua

태국 북부 이싼 지방 음식인 '쏨땀(파파야 샐러드)'과 '까이텃(치킨)'이 유명한 맛집. 우리 입맛에도 잘 맞는다. 쏨땀 누아의 '누아'는 이싼 사투리로 '맛있다'라는 뜻이다. 메뉴판에 인기 메뉴가 표시되어 있다. 쏨땀은 맵고, 치킨은 양이 많지 않으니 고려해서 주문하자.

추천 메뉴 까이텃(치킨), 쏨땀(파파야 샐러드), 카우 니여우(찰밥) | **위치** BTS 씨암 역 4번 출구에서 씨암 스퀘어 쏘이 5 도보 5분(씨암 스퀘어), 씨암 센터 4층 푸드코트(씨암 센터) | **오픈** 10:45~21:30 | **전화** 02-251-4880(씨암 스퀘어)

★ 망고 탱고 ★
Mango Tango

쏨땀 누아 씨암 스퀘어점 근처에 있는 세련된 디저트 카페. 생망고와 망고 아이스크림, 망고 푸딩 등으로 구성된 망고탱고 세트가 인기 있다. 현지인에게도 인기라 늘 긴 줄이 서있다.

추천 메뉴 망고탱고 세트 | **위치** BTS 씨암 역 4번 출구에서 씨암 스퀘어 쏘이 3 도보 7분(쏨땀 누아 지나 골목 끝), 아시아티크 등
전화 081-619-5504(씨암 스퀘어), 081-760-1469(아시아티크) | **홈피** www.mymangotango.com

---

★ 스웬슨 ★
Swensen's

태국에 배스킨라빈스보다 더 많은 미국 아이스크림 전문 체인점. 망고, 두리안 등 열대과일을 테마로 한 아이스크림과 파르페 등을 맛볼 수 있다.

추천 메뉴 두리안 아이스크림, 파르페 | **위치** 씨암 센터 4층 및 주요 쇼핑몰 내
홈피 www.swensensicecream.com

★ 씨암 파라곤, 씨암 센터 푸드코트 ★
Food Court

쇼핑몰 내 푸드코트에서는 아이와 함께 다양한 음식을 직접 보며 고를 수 있고, 어른도 취향에 맞춰 매운 음식 등을 주문할 수 있는 장점이 있다. 무엇보다 맛있고, 가격이 합리적이다. 특히 씨암 파라곤 푸드코트는 규모가 크고 깨끗해 씨암 오션 월드나 키자니아에 들를 때 간단히 식사하기에 알맞다. 바로 옆 건물에 있는 씨암 센터에는 다양한 세계 음식뿐 아니라 비빔밥, 떡볶이를 파는 한식 코너와 스쿨푸드, 본촌치킨 등 한국 브랜드가 입점해 있다. 씨암 파라곤보다 덜 붐벼 아이와 함께 식사하기에도 좋다.

위치 BTS 씨암 역 3번 출구 씨암 파라곤 G층, 1번 출구 씨암 센터 4층

★ 차오프라야 강 디너 크루즈 ★
Dinner Cruise

방콕의 야경을 감상하며 차오프라야 강에서 선상 디너를 즐길 수 있는 디너 크루즈. 오후 7시부터 2시간 정도 음식을 먹으며 전통 공연과 노래도 감상할 수 있다. 그랜드 펄 디너 크루즈(Grand Pearl Dinner Cruise), 완파 디너 크루즈(Wan Fah Dinner Cruise), 샹그릴라 호라이즌 디너 크루즈(Shangri-La Horizon Dinner Cruise) 등 다양한 업체에서 디너 크루즈를 운영한다. 가격은 900~1,800B 정도. 만 3세 미만 유아는 승선할 수 없는 크루즈도 있으니 예약 전 확인하자.

★ 강변 레스토랑 & 바 ★

차오프라야 강 건너 석양에 빛나는 왓 아룬의 모습은 바라보는 것만으로도 감동 그 자체다. 최근 왓 아룬을 조망할 수 있는 강변 레스토랑이 많이 생겼는데, 대부분 왓 포 근처의 타티엔 선착장 주변에 몰려 있다. 좋은 자리를 원한다면 예약 필수! 가격이 좀 비싼 편이나 하루쯤 로맨틱한 저녁을 원한다면 강력 추천한다.

더 루프 레스토랑 The Roof Restaurant

위치 살라 랏타나코신 호텔(Sala Rattanakosin Hotel) 5층
오픈 18:00~23:00
전화 02-217-3070

ESS 데크 ESS Deck

위치 살라 랏타나코신 호텔 1층
오픈 11:00~23:00
전화 02-622-2163

비터 데크 Bitter Deck

위치 살라 아룬 호텔(Sala Arun Hotel) 2층
오픈 월~목요일 17:00~22:00, 금~일요일 17:00~23:00
전화 02-622-2982~3

이글 네스트 Eagle Nest

위치 살라 아룬 호텔 5층
오픈 월~목요일 17:00~22:00, 금~일요일 17:00~23:00
전화 02-622-2932

2013년 9월부터 2015년까지 왓 아룬 불탑 보수 공사로 야간 조명이 들어오지 않는 날도 있다.

★ 버티고 그릴 & 문 바 ★
Vertigo Grill & Moon Bar

반얀 트리 호텔 61층에 있는 근사한 루프톱 레스토랑 & 바. 지붕이 없는 오픈 스카이 형태라 탁 트인 시야로 방콕의 야경을 감상할 수 있다. 문 바는 칵테일 바이지만 드레스 코드를 지키면 아이와 함께 출입할 수 있다. 슬리퍼나 반바지 차림은 금지되며 비즈니스 캐주얼 정도면 괜찮다. 비슷한 야경 명소로 시로코가 있으나 미취학 어린이는 입장할 수 없다.

위치 MRT 룸피니 역 2번 출구 근처 반얀 트리 호텔 | **오픈** 17:00~01:00 | **전화** 02-679-1200

★ 호텔 디너 뷔페 & 애프터눈 티 ★

5성급 특급 호텔이 많은 방콕 중심가에는 상대적으로 저렴한 가격으로 훌륭한 디너 뷔페와 우아한 애프터눈 티를 즐길 수 있는 레스토랑이 많다. 디너 뷔페는 아난타라 리버사이드 호텔, 샹그릴라 호텔, 밀레니엄 힐튼 호텔, 페닌슐라 호텔, 바이욕 스카이 호텔이 유명하며 가격대는 1,000~1,800B 정도, 여행사에서 미리 바우처를 구입하면 할인가에 이용할 수 있다. 애프터눈 티는 페닌슐라 호텔, 만다린 오리엔탈 호텔, 하얏트 에라완 호텔 등이 유명하며 가격대는 350~1,000B 정도다.

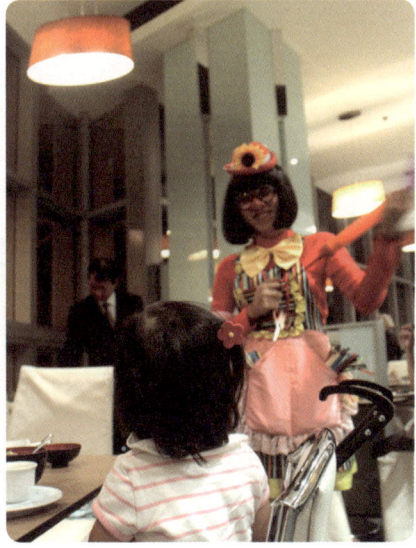

방콕 식탐 여행, 31가지 태국 음식을 맛보다

SPECIAL PAGE 08

음식만큼 여행의 향수를 불러일으키는 것이 또 있을까? 혀끝으로 기억되는 추억, 그 맛은 오래도록 강한 여운으로 남아 가끔씩 그곳을 미치도록 그립게 만든다. 요즘은 한국에도 태국 음식을 전문으로 하는 음식점이 많고, 그 중 몇 곳은 식재료뿐만 아니라 요리사까지 현지에서 공수해 비싼 값을 받고 있다. 하지만 그 무엇도 카오산 로드의 '30B짜리 팟타이' 맛을 내지는 못한다. 고급이고 싸구려고가 아니라 '진짜', '원조'의 문제. 그다지 새로울 것 없는 방콕 여행이지만 진짜 태국 음식을 먹을 수 있다는 것 하나만으로도 충분히 설렌다. 4박 6일간의 방콕 맛 기행, 지금부터 시작해볼까 한다.

글로벌 팟타이

세계적으로 태국 요리를 대표하는 음식은 톰양쿵이다. 그러나 우리에게 가장 친숙한 음식은 아마 ❶ **팟타이**(볶음국수)일 것이다. 팟타이는 식당에 앉아 먹는 것보다 노점에 서서 요리하는 모습을 보며 먹어야 제 맛이다. 기름을 듬뿍 두른 커다란 웍에 지글지글 쌀국수를 볶는 소리, 소스를 뿌릴 때 피어 오르는 고소하고 달큰한 향, 아삭한 숙주와 말린 두부, 쫄깃한 새우, 여기에 땅콩 가루와 새콤한 라임 즙까지 더해져 세상에 둘도 없는 진짜 태국식 팟타이가 탄생된다. 달걀이나 고기, 해산물의 추가 여부에 따라 가격이 달라지기도 하지만 기본적인 맛에는 변함이 없다. 팟타이는 저렴하게 한 끼 때울 수 있는 우리네 떡볶이 같은 음식이자, 외국인이나 아이들 입맛에도 두루두루 잘 맞는 가장 대중적인 태국 음식이다.

포장 음식의 대명사, 싸이통

비행기에서 어스름히 지는 노을을 본 것 같은데, 어둑해져서야 태국 땅을 밟았다. 방콕 현지 시각 오후 9시 20분, 3년 만에 다시 찾은 수완나품 국제공항에서 꼬불꼬불 반가운 태국어를 만나니 아이들과의 고단했던 비행도 잠시 잊게 된다. 입국 수속을 마치고 고요한 방콕의 어둠을 가로질러 호텔에 도착했다. 벌써 밤 11시. 한국 시각으로는 새벽 1시가 넘어가는 늦은 밤이었다. "너무 늦었네. 그냥 잘까?"

하지만 그도 알고 나도 안다. 오랜만에 찾은 태국의 첫 밤을 그냥 보낼 수 없다는 것을. 내가 두 아이를 재우는 사이, 남편은 맥주나 한 병 사오겠다며 홀연히 사라졌다. 그리고 잠시 후 돌아온 그의 손에는 비닐봉지 몇 개가 의기양양하게 들려 있었다.

그리웠다. 이 태국의 향~! 바람을 잔뜩 넣어 단단하게 고무줄로 묶은 비닐봉지에는 ❷ **커무양**(돼지목살구이)과 ❸ **팟 풍 화이뎅**(모닝글로리 굴소스볶음), ❹ **쏨땀**(파파야 샐러드)이 들어 있었다. 간이 탁자에 포장해온 음식과 싱하 맥주를 늘어놓고 보니 이제야 비로소 여행을 시작하는 기분이 들었다. 아직 잠들지 않은 큰아이가 일어나 함께 야식 파티를 벌였다는 것은 별로 자랑할 만한 일은 아니지만, 뭐 괜찮다. 이런 게 여행의 재미 아니겠는가.

싸이통

태국어로 싸이는 '담다', 통은 '봉지'라는 의미로 싸이통은 '포장한다'는 뜻이다. 싸이통은 맞벌이가 많은 태국의 포장 음식 문화를 대표하는 말이기도 하다. 요즘은 비닐봉지 대신 종이나 플라스틱 포장 용기를 많이 사용하지만 아직도 길거리 노점이나 로컬 식당에서는 각종 반찬과 밥, 뜨거운 국물까지 비닐봉지에 포장해준다. 뜨거운 음식을 담을 수 있는 두꺼운 비닐봉지가 따로 있을 정도. 먹다 남은 음식을 포장해갈 때도 '싸이통' 해달라고 얘기하면 된다.

국물 맛이 끝내주는 쌀국수

다음 날 호텔 뷔페에 아침을 먹으러 가니 즉석 쌀국수 코너가 눈에 띈다. ❺ **꿰이띠오 남**(쌀국수)이었다. 어묵 몇 조각에 어린 팍치(고수) 잎을 듬뿍 올린 태국식 쌀국수는 시원한 국물이 일품이다. 국물이 심심하면 남쁠라(생선 젓국)를 뿌리고 매콤한 쥐똥고추를 넣어 먹으면 해장에도 좋다. 팍치 향이 싫지 않냐고? 글쎄. 불과 몇 년 전만 해도 팍치의 독특한 향이 싫어 걷어내기 바빴는데 요즘은 국물에 푹 담가 우려먹기까지 한다. 몇 번 먹다 보면 중독되는 맛이다.

의외의 맛이야! 족발덮밥

처음 태국 여행을 떠났던 10여 년 전, 내가 본 가장 이상한 음식 중 하나는 ❻ **카우카무**(족발덮밥)였다. 족발 국물에 밥을 비벼 먹는 요리라니… 족발이라는 음식 자체를 별로 좋아하지 않아서인지 족발덮밥은 어쩐지 누린내가 날 것 같아 선뜻 손이 가지 않았다. 그러나 한 번 맛보고 난 후에는 카우카무가 먹고 싶어 태국 여행을 계획할 정도로 팬이 되었다. 카우카무는 향신 간장에 푹 고아낸 족발과 데친 케일, 시래기 등을 얇게 저며 밥 위에 얹어내는 덮밥이다. 부드럽고 연한 살코기는 감칠맛이 일품이라 아이들도 잘 먹었다. 마늘 편이나 매콤새콤한 소스를 넣으면 더욱 맛있지만 아이와 함께라면 삶은 달걀 정도만 추가해서 담백하게 먹는 편이 낫다. 쇼핑몰 푸드코트에서도 쉽게 만날 수 있다.

애들은 가라~!
끄라프라우 무쌉

7 끄라프라우 무쌉은 매운 음식을 좋아하는 한국인의 입맛에 잘 맞는 태국 음식이다. 재료는 잘게 다진 돼지고기와 바질 잎, 쥐똥고추, 간장 소스 등으로 모두 한데 넣고 달달 볶아 뜨거운 밥과 함께 낸다. 가끔 기름에 튀기듯 부쳐낸 달걀프라이를 얹어주기도 하는데, 쥐똥고추로 얼얼해진 입 안을 달래가며 먹기에 좋다. 애들이 먹기에는 많이 맵다. 그럼에도 불구하고 이번 방콕 여행에서 우리가 가장 많이 주문한 음식이었다. 그만큼 맛있다. 거리에 있는 웬만한 로컬 음식점에서는 메뉴에 없어도 만들어주는 기본 요리라 시도 때도 없이 주문해 먹곤 했다.

이색 디저트,
망고 탱고

쏨땀 누아의 까이텃과 망고 탱고(Mango Tango)의 **8 생망고 디저트**는 선택이 아닌 필수 코스라는 어느 글에 혹해 바로 옆에 있는 디저트 카페 '망고 탱고'를 찾았다. 마침 점심시간 끝 무렵이라 카페 앞에는 긴 줄이 늘어서 있었다. 녹아 내릴 듯 더운 날씨에 기다릴 자신이 없었지만 샛노란 망고를 본 아이들은 자리를 떠날 생각이 없었다. 드디어 맛본 망고탱고 세트. 긴 기다림 때문이었을까? 잘 익은 망고와 시원한 아이스크림, 그리고 달콤한 푸딩은 최고의 맛을 선사했다.

이싼 음식 총집합! 치킨에 샐러드, 찰밥까지

하루는 점심때 쏨땀 누아(Somtam Nua)에 가기 위해 마음먹고 방콕 최대 번화가인 씨암에 들렀다. 쏨땀 누아는 까이텃(치킨)과 쏨땀(파파야 샐러드)을 전문으로 하는 이싼(태국 북부 지역) 음식 전문점으로 여행자뿐 아니라 태국 젊은이들에게도 사랑받는 오랜 맛집이다. 이 집의 대표 메뉴라는 ⑨ 까이텃과 ⑩ 쏨땀 꿍(파파야 새우 샐러드), ⑪ 카우 니여우(찰밥)와 아이가 고른 ⑫ 팟카놈찐(굴소스 볶음면)을 주문했다.

갓 튀겨낸 까이텃은 바삭하고 짭조름한 맛이 좋았다. 말린 새우와 찐 달걀이 들어간 쏨땀 꿍은 다른 데서 맛본 것보다 달콤해 아이들이 잘 먹었다. 특히 진아는 태국 사람들처럼 찰밥을 손으로 조금씩 떼어 조물조물 뭉친 후 쏨땀 국물에 찍어 먹는 것을 좋아했다. 팟카놈찐은 알고 보니 고명으로 돼지껍질튀김이 올라가는 요리였는데, 누린내가 나서 거의 먹지 못했다. 전체적인 평은 '한 번쯤 가볼 만하다' 정도? 맛이란 게 지극히 주관적이어서 사람에 따라 호불호가 갈릴 수 있지만, 내 입맛에는 노점 아주머니가 절구에 팡팡 찧어낸 쏨땀과 숯불에서 구워낸 까이양이 더 잘 맞는 것 같다.

1,000원의 행복, 길거리 군것질

길거리 음식을 빼놓고 태국 음식을 말할 수 없다. 과일 주스에서 전골 요리까지 없는 것이 없는 곳이 태국의 노점 식당이다. 소식하고 자주 먹는 태국인의 식습관 때문인지, 방콕 거리에는 유난히 여행자의 시선을 잡아 끄는 군것질거리가 많다. 여행을 떠나기 전, '애들에게는 깨끗한 음식만 먹여라'라는 어머님의 당부가 있었지만 질끈 눈을 감고 모두 함께 불량식품 잔치를 벌여보기로 했다.

마침 호텔 근처에는 식사 시간에만 문을 여는 식당과 노점이 있었다. 까이텃과 쏨땀, ⑬ **무삥**(돼지고기 꼬치)과 소시지 꼬치, ⑭ **군만두**, ⑮ **카우 똠 맛**(바나나 찰밥) 등 길거리 음식으로 한 상을 차렸다. 아이들은 카우 똠 맛을 특히 좋아했다. 코코넛 즙을 넣었는지 달달한 향이 나는 찰밥은 바나나와 무척 잘 어울렸다.

태국 음식만 먹으란 법 있나? 퓨전 요리

방콕에 왔다고 해서 태국 음식만 먹으라는 법 있나? 차오프라야 강변의 신개념 야시장이라는 '아시아티크'에서 시원한 강바람을 맞으며 맛본 ⑯ **화덕 피자**와 레몬그라스와 말린 바질을 듬뿍 넣은 ⑰ **양고기 요리**도 꽤 괜찮았다. 피자를 먹으며 꾸벅꾸벅 졸던 둘째 정균이는 결국 유모차에서 잠이 들었지만, 덕분에 우리 부부는 맥주 한잔 기울일 여유도 생겼다. 아시아티크의 인기 메뉴로 보이는 ⑱ **호가든 생맥주**와 이곳에서 처음 본 ⑲ **호가든 로제**는 500cc 커다란 잔에 담겨 마셔도 마셔도 줄지 않는 듯한 착각이 들었다.

호가든 로제 Hoegaarden Rosée
벨기에 맥주 회사인 호가든에서 만든 과일 맥주로 밀 맥주 베이스에 라즈베리(산딸기)를 블렌딩해 달콤하다.

3대 태국 맥주
씽, 창, 리오

태국 마트 주류 코너에서는 다양한 종류의 자국 맥주와 수입 맥주를 볼 수 있다. 그러나 태국인들이 즐겨 마시는 맥주는 [20]씽(상하, Singha), [21]창(Chang), [22]리오(Leo) 세 가지로 압축된다. 맥주 마니아 부부가 이를 그냥 지나칠 리 없다. 아이를 재우고 난 늦은 밤, 호텔 방의 간이 테이블에서는 어포 하나를 두고 매일 맥주 품평회가 열리곤 했다. 씽과 라오는 부드러운 맛, 창은 묵직한 맛, 사실 다 맛이 좋다.

믿고 찾는 로컬 식당

호텔 근처의 로컬 식당에서 [23]쁠라묵 텃 끄라티얌 프릭타이(후추와 튀긴 마늘을 곁들인 오징어볶음), 무양, [24]톰양쿵, [25]얌운센 탈레(매운 해물국수무침) 등으로 한 상 차려 방콕의 마지막 밤을 보낸다. 시고 자극적인 톰양쿵에 팍치를 팍팍 얹어 먹어도 맛있는 것을 보니 이제 우리는 태국 음식 먹기의 고수가 된 것 같다. 이름이 어려워 도저히 외울 수 없지만, 살짝 볶은 오징어 위에 마늘을 껍질째 튀겨 올려낸 쁠라묵 텃 끄라티얌 프릭타이가 이날의 하이라이트였다.

열대과일에도 계급이 있다

태국은 열대과일의 천국답게 과일의 왕 26 **두리안**, 과일의 여왕 27 **망고스틴**뿐만 아니라 28 **용과**, 29 **용안**, 30 **람부탄** 등 다양한 과일을 즐길 수 있다. 진아는 부드러운 두리안을, 정균이는 달콤한 망고스틴을 좋아했다. 냄새가 심한 두리안을 맛있게 먹는 진아의 모습에서 '편견'과 '선입견'에 대해 생각을 해봤다.

tip 두리안은 절대로 술안주로 먹으면 안 된다. 지방이 많아 칼로리가 높은 두리안은 술과 함께 먹을 경우 상승 작용을 해 몸에 열이 날 수 있다. 심한 경우 병원 신세를 질 수 있는 무서운 궁합이라니 주의하자.

하루에 한 번, 생과일 주스

욕심 많은 둘째 녀석이 한번 잡으면 바닥을 볼 때까지 빨대를 놓지 않았던 31 **생과일 주스**도 기억에 남는다. 어디에서건 잘 익은 수박과 망고를 그 자리에서 잘라 얼음과 함께 믹서에 갈아준다.

그 밖에 사진으로 미처 남기지 못한 갈비국수, 내가 매일 한 잔씩 마셨던 연유 듬뿍 넣은 아이스 커피, 남편이 좋아했던 자양강장제 M-150, 국민 어포 TARO, 아이들이 먹곤 했던 와플, 마카롱, 과자, 아이스크림 등 각종 군것질 등이 있다.

사실 이번 방콕 여행에서 맛보고 싶었던 추억의 태국 음식에는 수끼와 찜쭘도 있었는데, 직접 끓이거나 조리해야 하는 음식은 둘째가 조금 더 크면 시도해보기로 했다. 미처 먹지 못한 뿌 팟퐁 커리(게카레볶음)는 한국에 돌아온 후 연평도산 제철 꽃게와 마트 수입 식품 코너에서 찾아낸 코코넛 밀크로 직접 조리해 먹었다는 뒷이야기가 있다.

SPECIAL PAGE 09

세상에서 가장 운치 있는 시장 탐험, 담넌사두억 수상시장

운치 있는 시장 탐험, 담넌사두억 수상시장

'태국' 하면 떠오르는 몇 가지 대표적인 풍경이 있다. 열대어가 노니는 에메랄드 빛 바다, 금빛으로 반짝이는 어마어마한 규모의 왕궁, 그리고 조그만 보트에 형형색색 과일과 장신구 등을 싣고 다니며 파는 수상시장이 그것이다. 특히 배 위에서 모든 거래가 이루어지는 수상시장은 운하에서 생활하는 태국인들의 실생활을 직접 볼 수 있는 곳으로 여행자에게는 무척 신기하고 이국적인 풍경이다.

제대로 된 수상시장을 보기 위해서는 방콕 근교, 차로 두 시간 정도의 거리인 담넌사두억 수상시장에 가야 한다. 예전에는 방콕의 차오프라야 강 주변에도 수상시장이 여러 군데 있었지만 방콕의 경제 성장으로 도심 속 시장은 예전의 모습을 잃은 지 오래다. 진짜 수상시장을 보려면 아침 반나절 정도를 투자해 담넌사두억에 다녀오는 것이 좋다고 해 아침 일찍 서둘러 길을 나섰다.

시장에 들어서면 수로를 따라 물건을 가득 실은 수십 개의 롱테일 보트를 볼 수 있다. 좁고 긴 배에는 과일과 채소, 건어물과 옷가지, 쌀국수 가게까지 없는 것이 없다. 일렁이는 강물 사이로 장 보러 나온 사람들이 흥정을 한다. 배 위에서는 국수를 말아내느라 분주하고, 사람들은 어디가 식당이랄 것 없이 주변 계단에 걸터앉아 간단히 아침을 해결한다.

수상시장에서 꼭 해봐야 할 것 다섯 가지

1. 롱테일 보트 타기
담넌사두억 수상시장은 영화 〈방콕 데인저러스〉(니콜라스 케이지 주연, 2008)의 마지막 추격 장면을 촬영한 곳으로도 유명하다. 아이와 함께 시장 안쪽까지 제대로 돌아보려면 영화에서처럼 롱테일 보트를 타는 것이 좋다. 관광객을 대상으로 노를 저어주는 배는 1인당 150B. 1시간 정도 수로를 따라 연결된 가옥과 배 사이를 헤치며 구경하는 재미가 색다르다. 복잡한 배 사이를 날렵하게 누비며 원하는 상점에 데려다주기도 한다.

2. 군것질하기
재래시장에서 빼놓을 수 없는 재미는 역시 군것질. 수상시장도 다르지 않다. 방콕 길거리에서 흔히 볼 수 있는 먹거리들이 이곳에 다 모여 있다. 싱싱한 과일에서부터 생과일 주스, 구운 바나나, 태국 전통 소시지 싸이끄럭과 달달한 크레페, 설탕에 절인 과일까지 눈으로만 살펴봐도 재미있다. 우리는 연필처럼 깎아놓은 윗부분을 칼로 쳐서 빨대를 꽂아 먹는 코코넛주스를 하나씩 물었다. 이제껏 먹어본 코코넛주스와는 전혀 다른, 달고 시원한 맛이었다.

3. 배 위에서 말아주는 쌀국수 맛보기
아침 일찍 길을 나섰더니 간식을 먹었어도 출출하다. 배 위에서 직접 만드는 쌀국수로 요기를 하기로 했다. 국수 배는 주로 길가에 정박해 있는 경우가 많다. 배에서 음식을 주문하면 앉아 있는 테이블로 배달해주기도 한다. 테이블에서 음료를 주문해 먹고, 돈도 테이블을 관리하는 사람에게 주면 된다. 사람 한 명이 간신히 앉을 수 있는 작은 보트에서 능숙하게 조리를 하는 모습, 땀 냄새 밴 삶의 현장이 대단해 보였다.

4. 다리 위에서 시장 풍경 감상하기
태국 홍보 자료에 나온 수상시장 풍경은 대부분 담넌사두억 다리에서 찍은 풍경이다. 그만큼 담넌사두억 다리는 시장의 풍경을 한눈에 볼 수 있는 뷰 포인트다. 메콩 강으로부터 흘러 내려온 황토빛 강물 위로 수많은 배가 나름의 질서를 지키며 오가는 모습은 무척 이국적이다. 우리가 갔던 날에는 마침 중학교에서 현장 학습을 나왔는지 교복 입은 학생들로 북새통을 이뤘는데, 다니기엔 좀 불편했지만 북적거리니 진짜 시장 같았다. 진지한 표정으로 시장을 둘러보는 학생들에게서 우리 아이의 모습을 봤다면 오버일까?

5. 주변 수상 가옥 둘러보기
수상시장을 둘러본 후 시간이 남는다면 모터보트로 갈아 타고 10분 거리의 수상 가옥 마을을 둘러보는 것도 좋다. 수로에 나와 빨래를 하거나 수영을 하는 사람들과 만나고, 열매가 주렁주렁 열린 파파야나 바나나 나무를 구경할 수 있다. 운이 좋다면 배를 타고 하교하는 아이들의 모습을 볼 수도 있다. 시원한 강바람을 맞으며 배 위에서 바라보는 또 다른 일상은 아이에게도 색다른 경험이 될 것이다.

> **tip** 방콕에서 차로 2시간 정도 떨어진 담넌사두억 수상시장은 여느 재래시장이 그렇듯 아침 6시 정도 시작하며 7~8시에 피크를 이루고 오후 3시면 문을 닫는다. 오전 10시 정도 되면 시장의 모습은 사라지고 관광객들로 북적이니 반나절 코스로 계획한다면 꼭 아침 일찍 서두르자.

TRAVEL STORY 12

쇼퍼홀릭, 태국 마트를 털다

여행에서 빠질 수 없는 즐거움 중 하나는 시장 탐방이다. 시장에 산더미처럼 쌓여 있는 이색적인 물건들을 보며 새로운 것에 대한 호기심을 가져보기도 하고 특산품은 무엇인지, 요즘 물가는 어떤지, 이 동네 사람들이 즐겨 먹는 간식은 무엇인지 같은 정보를 쏠쏠하게 알 수도 있다. 사계절이 모두 여름만 있는 열대 지방에서도 절기에 따라 나는 과일이 다르고, 시장마다 과일 파는 방법이 다르다는 것을 깨닫게 된다. 현지인이 집어 드는 물건을 보며 사람 사는 곳은 다 비슷하다는 위안을 얻기도 한다. 이리저리 구경을 하다 보면 어느새 '여기도 사람 사는 곳, 내 일상'으로 느끼는 순간이 온다.

태국 방콕에서 가장 호화로운 복합 쇼핑몰인 씨암 파라곤 지하에는 고메 마켓(Gourmet Market)이라는 슈퍼마켓이 있다. 이곳은 백화점 마트 같은 고급스러운 분위기에서 쇼핑할 수 있고, 말린 과일이나 소스 등을 예쁘게 포장한 제품이 많아 현지인뿐 아니라 여행자들도 많이 찾는다. 씨암 구경을 나간 김에 이번에도 둘러봤다.

매장 구성은 그 지역 사람들의 관심사를 보여준다. 총천연색의 열대과일이 수북이 쌓여 있는 슈퍼마켓에서 제일 처음 만난 것은 망고스틴이었다. 1kg에 49B, 싼 것 같아 담았더니 생각보다 무게가 많이 나간다. 그래도 제철 과일이라니 한 봉지 가득 담아 장바구니에 넣었다. 열대 지방이라도 과일마다 나는 철이 다르다는 사실이 재미있다. 과일의 왕이라 불리는 두리안은 5~9월, 과일의 여왕인 망고스틴은 5~8월, 망고는 3~6월, 리찌는 11~2월, 람부탄은 5~10월이 제철이다. 수박, 바나나, 파인애플, 파파야처럼 1년 내내 제철인 과일도 있다.
한국에 돌아가 방콕의 향수를 달랠 간식거리도 준비했다. 과일의 왕이라는 수식어로 유명하지만 사실, 천국의 맛, 지옥의 냄새, '과일계의 삭힌 홍어(!)'라는 무시무시한

별명을 가진 두리안은 한입 맛보기조차 두려운 과일이다. 냄새가 어찌나 심한지 심지어는 호텔에 두리안을 가지고 들어오지 말라는 경고가 붙은 곳도 있을 정도. 그러나 두리안 칩은 냄새가 덜하고, 고유의 맛은 살아 있어 도전해볼 만하다. 반건조 과일들은 무게를 달아서 판매하기도 한다. 특히 인기가 좋은 망고는 설탕이나 방부제 없이 햇볕에만 말린 것도 있어 가격이 만만치 않았지만 아이를 위해 한 봉지 샀다.

사실, 슈퍼마켓에 들른 진짜 이유는 태국 요리에 들어가는 소스를 사기 위해서다. 요즘은 한국 마트에도 수입 물건들이 다양해 웬만한 재료는 다 구할 수 있지만, 막상 사려고 보면 딱히 원하는 것이 없을 때도 있고, 무엇보다 현지에서 사온 재료로 요리하면 그 음식을 조리하고 먹는 순간만큼은 방콕의 향수를 느낄 수 있어 좋다. 뿌 팟퐁 커리(게카레볶음) 등 카레 요리에 꼭 들어가는 코코넛 밀크와 팟타이(볶음국수) 소스, 그리고 고추씨가 그대로 들어 있는 마에 프라놈(Mae Pranom) 브랜드의 골드 칠리 소스는 태국을 여행할 때마다 잊지 않고 사온다. 이번에는 톰양쿵의 베이스가 되는 인스턴트 톰양 페이스트도 담아봤다.

쇼핑의 묘미는 '충동구매'가 아닐까? 딱히 필요하지 않더라도 끼워주는 사은품이 마음에 들어 충동적으로 물건을 사는 경우가 있다. 여행이라고 다르지 않다. 즉석 수프 코너를 지나다가 발견한 스테인리스스틸 숟가락 하나가 내 발길을 잡았다. 조금만 힘을 줘도 휠 것 같은 얇디얇은 숟가락은 '태국 길거리 식당 국수'의 추억을 불러일으켰다. 고급 식당에서는 볼 수 없고, 서민 식당에서만 사용되는 이 숟가락은 앞으로 우리 가족의 국수 전용 숟가락으로 결정.

마지막으로 참새가 방앗간을 지나칠 수 없어 호텔 냉장고에 칸칸이 쟁여놓고 먹기 위한 아이들 음료수와 어른용 맥주도 종류별로 샀다. 물론 다양한 맛의 벤또 어포와 과자 몇 가지도 빼놓지 않았다.

호텔로 돌아와 오늘의 전리품을 늘어놓고 소박한 사치의 즐거움을 만끽해본다. 제대로 익은 망고스틴에 병째 마시는 맥주, 달콤한 이 맛을 잊을 수 있을까? 호텔 침대에 걸터앉아, 아니면 아이들과 함께 뒹굴며 한껏 여유를 부려본다. 일상에서 벗어나고자 멀리 떠나왔지만 어떻게 보면 여행도 생활의 한 부분이다. 낯선 여행지지만 집에서처럼 마트 쇼핑을 즐기고 맥주 한잔을 기울이며 여행 생활자가 되어본다.

대자연 속으로
캐나다 로키
(Canadian Rocky Mountains)

대자연을 이야기할 때 빼놓을 수 없는 곳이 있다. 웅장한 바위산과 만년설로 덮인 봉우리, 보석처럼 빛나는 빙하 호수와 강, 병풍처럼 둘러진 침엽수림 사이로 숨은 협곡과 폭포, 의외의 장소에서 만나는 야생 동물까지 캐나다 로키는 우리가 이제껏 경험해보지 못한 자연의 순수함과 경이로움을 만날 수 있는 곳이다.

캐나다 로키는 북미 대륙의 등줄기인 로키 산맥 중 캐나다에 속한 부분을 말한다. 최고봉인 로브슨 산을 비롯해 3,000m급 산봉우리 사이로 아름다운 자연을 볼 수 있어 많은 사람들이 '죽기 전에 꼭 가봐야 할 곳'으로 꼽는다. 가장 아름답기로 알려진 구간은 밴프에서 재스퍼까지 이르는 길이다. 특히 밴프는 유네스코 세계자연유산으로 지정되어 있으면서 세계 10대 비경으로 꼽히는 '레이크 루이스'를 품고 있다.

산이라고 겁먹을 필요 없다. 다양한 볼거리가 있는 캐나다 로키에는 아이에서 노인까지 즐길 수 있는 다양한 코스가 개발되어 있다. 산책, 온천, 자전거, 카누, 말, 곤돌라 타기 등 즐기는 방법도 여러 가지다. 자연이라 아이들을 마음껏 풀어놓을 수 있고, 아이와 함께라 가는 곳마다 특별 대우를 받는다. 휴가 때마다 비슷비슷한 휴양지를 전전하기 싫다면, 한번쯤 아이와 함께 세계 최고의 렌터카 여행 코스로 손꼽히는 로키 산맥을 누비며 진정한 대자연을 경험해보자.

한눈에 보는 캐나다 로키

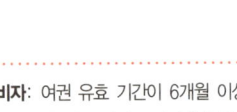

비행시간: 11시간(인천 ↔ 밴쿠버 10시간, 밴쿠버 ↔ 캘거리 1시간 30분)

시차: −15시간(한국이 오전 9시일 때, 로키는 전날 오후 6시 / 3월 둘째 주 일요일부터 11월 첫째 주 일요일까지는 서머타임제 적용, 나머지 기간에는 −16시간 차이)

날씨: 여름(6~9월) 15~24℃, 겨울(11~2월) −8~−25℃, 겨울을 제외하고는 대부분 맑다.

언어: 영어, 프랑스어

비자: 여권 유효 기간이 6개월 이상 남은 대한민국 여권 소지자라면 최대 6개월(180일)간 무비자 여행 가능

통화: 캐나다달러(CAD) / C$1 = 약 885원 (2015년 4월 매매기준율)

전압: 110V. 한국에서 쓰는 220V 제품을 사용하려면 돼지코 어댑터나 멀티어댑터가 필요하다.

꼭 해봐야 할 것: 숲 속 피크닉, 야생 동물 만나기, 호수 산책, 페어몬트 샤토 레이크루이스에서 애프터눈 티 즐기기, 아이스필드 파크웨이 드라이브

쇼핑 리스트: 야생 동물을 소재로 한 기념품, 캐나다 구스 점퍼, 메이플 시럽, 로키 마운틴 솝 컴퍼니의 천연 비누

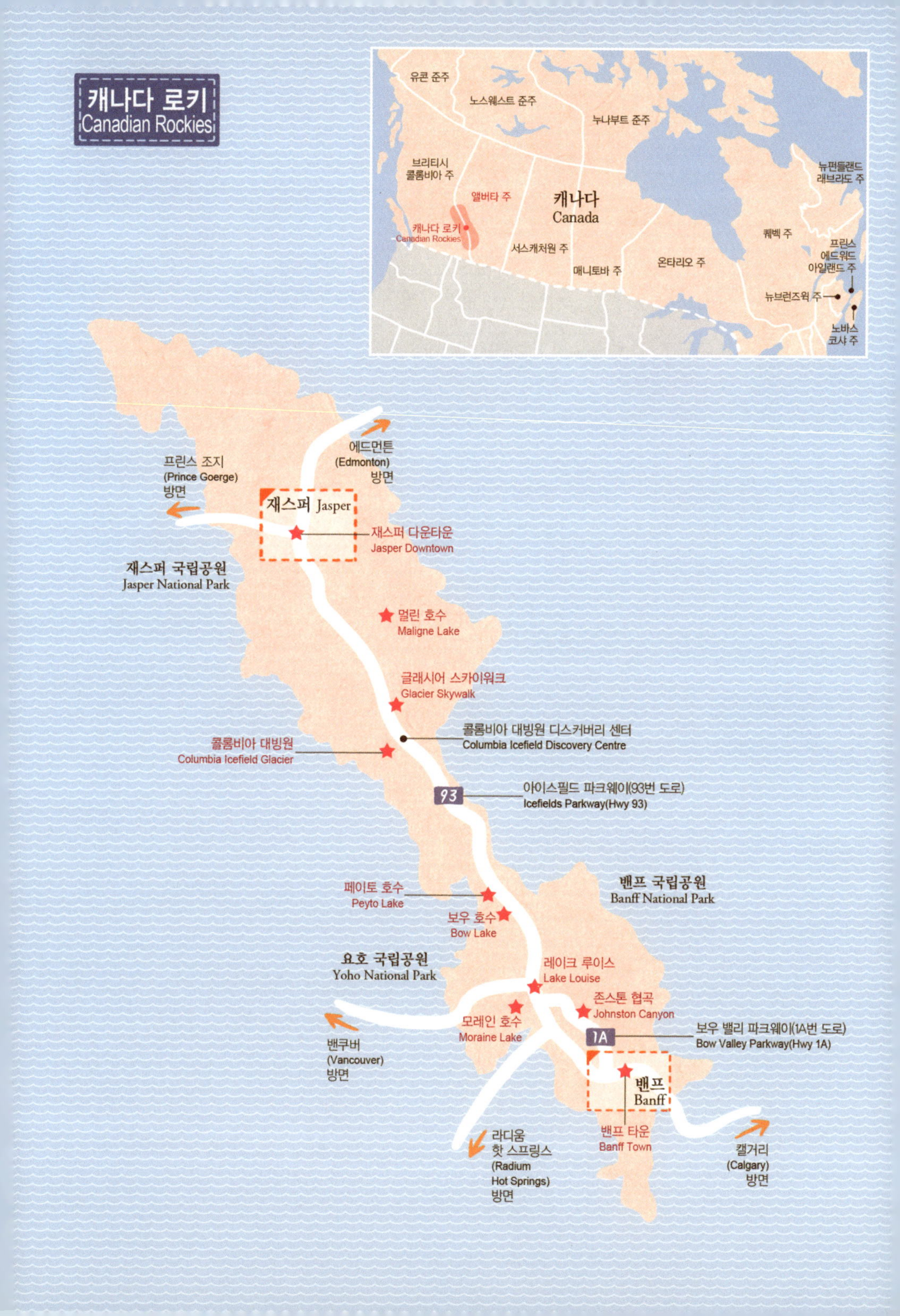

캐나다 로키
Canadian Rockies
유콘 준주
노스웨스트 준주
누나부트 준주
브리티시 콜롬비아 주
뉴펀들랜드 래브라도 주
앨버타 주
캐나다
Canada
캐나다 로키
Canadian Rockies
서스캐처원 주
매니토바 주
온타리오 주
퀘벡 주
프린스 에드워드 아일랜드 주
뉴브런즈윅 주
노바스코샤 주
에드먼튼 (Edmonton) 방면
프린스 조지 (Prince Goerge) 방면
재스퍼 Jasper
재스퍼 다운타운
Jasper Downtown
재스퍼 국립공원
Jasper National Park
멀린 호수
Maligne Lake
글래시어 스카이워크
Glacier Skywalk
콜롬비아 대빙원 디스커버리 센터
Columbia Icefield Discovery Centre
콜롬비아 대빙원
Columbia Icefield Glacier
93
아이스필드 파크웨이(93번 도로)
Icefields Parkway(Hwy 93)
밴프 국립공원
Banff National Park
페이토 호수
Peyto Lake
보우 호수
Bow Lake
요호 국립공원
Yoho National Park
레이크 루이스
Lake Louise
존스톤 협곡
Johnston Canyon
모레인 호수
Moraine Lake
1A
보우 밸리 파크웨이(1A번 도로)
Bow Valley Parkway(Hwy 1A)
밴쿠버 (Vancouver) 방면
밴프
Banff
밴프 타운
Banff Town
라디움 핫 스프링스 (Radium Hot Springs) 방면
캘거리 (Calgary) 방면

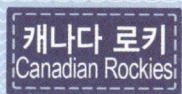

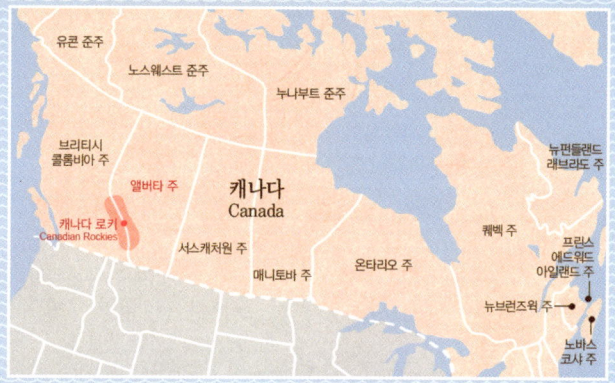

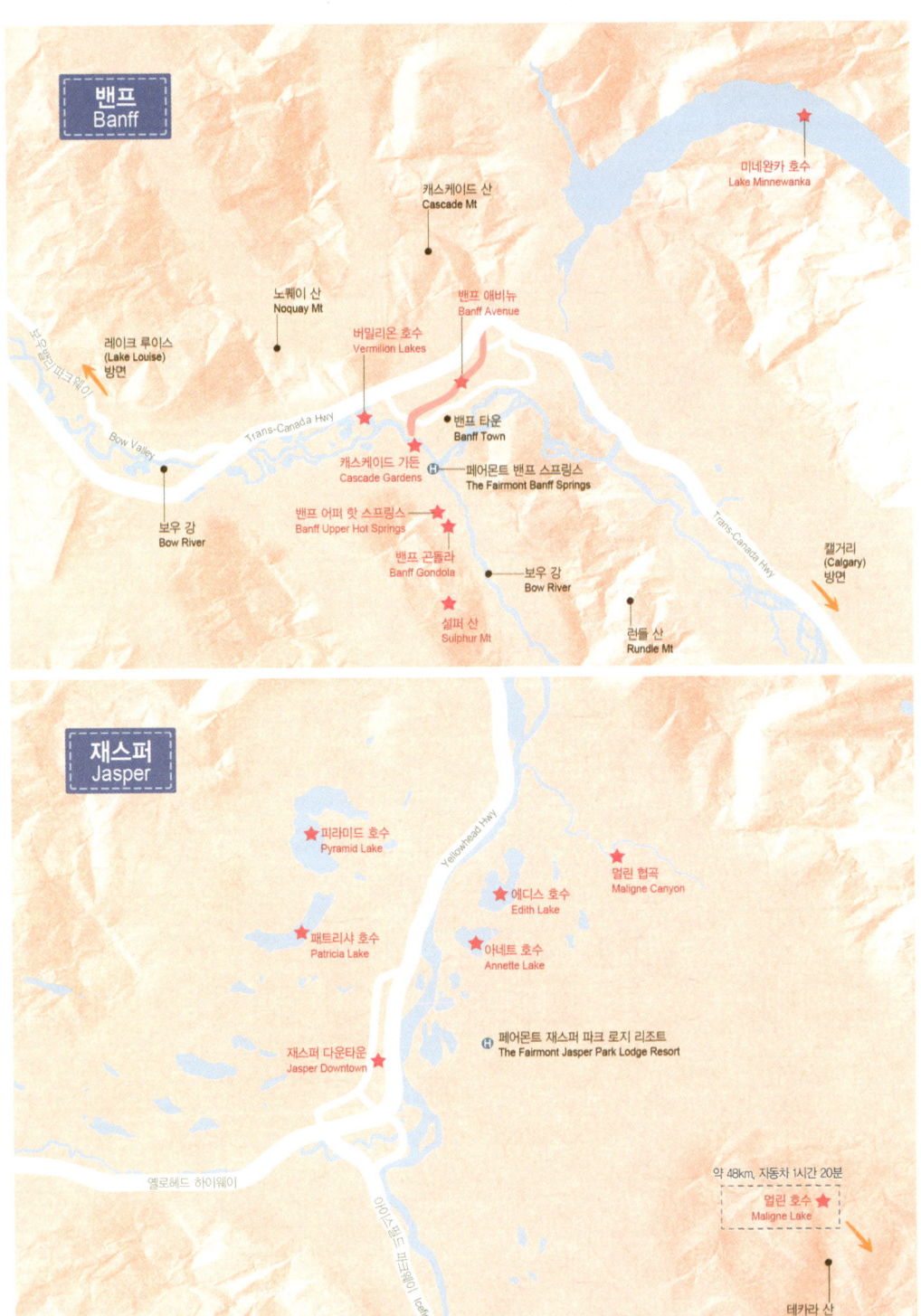

아이와 함께
캐나다 로키 여행,
이것도 놓치지 말자

언제 떠날까?

캐나다 로키는 1년 중 절반이 겨울이고 여름이 긴 편이며 봄, 가을은 짧다. 4월부터 눈이 녹기 시작해 6월부터 초여름이 시작된다. 여행을 떠나기에 좋은 시기는 눈과 얼음이 녹아 호수의 수량이 풍부해지는 6월 중순부터 9월 중순까지이며 성수기는 여름인 7~8월이다. 9월 중순에는 노란 단풍이 곱게 물들고, 10월 말부터는 첫눈이 내리며 길이 통제되기 시작한다. 눈이 많이 내리는 겨울에 스키 여행을 떠나는 사람들도 있지만 아이와 함께하기에는 여름이 낫다. 북반구라 해가 긴 여름에는 밤 10시까지 환하다. 준성수기에 해당하는 6월 중순이나 9월 초에 여행하면 경비를 아낄 수 있다.

서울에서 로키까지

캐나다 로키 여행을 시작하려면 밴프에서 가장 가까운 캘거리 국제공항으로 가는 것이 좋다. 인천에서 캘거리까지는 직항편이 없어서 밴쿠버나 도쿄, 시애틀 등을 거쳐 가야 한다. 아이와 함께라면 도쿄 경유편을 추천한다. 늘 좌석이 부족한 캘거리행 비행기는 여행 3개월 전에 예약해야 저렴한 항공권을 구할 수 있다. 관광 성수기인 여름뿐 아니라 유학생들의 방학과 개학 시즌에는 항공권 예약이 어려우니 서두르는 것이 좋다. 서울에서 캘거리까지는 이동과 환승, 대기 시간을 모두 포함하면 약 14~16시간이 걸린다. 캘거리에서 밴프까지 거리는 128km로, 차로 1시간 40분 정도 소요된다.

인천 ↔ 캘거리 항공편

- **밴쿠버 경유** : 대한항공, 에어캐나다(아시아나항공)를 이용하는 노선. 밴쿠버 국제공항 환승 시 짐을 찾아 다시 부쳐야 하는 번거로움이 단점
- **도쿄 경유** : 도쿄까지는 일본항공(JAL), 캘거리까지는 에어캐나다를 이용하는 노선. 인천에서 부친 짐을 캘거리에서 찾을 수 있는 것이 최대 장점
- **샌프란시스코, 시애틀 등 미국 경유** : 유나이티드항공(UA)과 델타항공을 이용하는 노선. 경유지에서 체류할 경우, 하나의 항공권으로 두 나라를 여행할 수 있다는 장점

캐나다 로키에서 꼭 해봐야 하는 체험 & 입장권 저렴하게 구입하기

캐나다 로키를 여행한다면 설퍼 산의 밴프 곤돌라, 미네완카 호수의 밴프 레이크 크루즈, 콜롬비아 대빙원에서의 설상차 투어, 그리고 2014년 5월에 개장한 재스퍼 선왑타 글래시어 스카이워크를 경험해봐야 한다. 이는 모두 '브루스터 트래블 캐나다(Brewster Travel Canada)'라는 여행사에서 독점 운영하며 이용 가격은 각각 C$30~C$50 선이다. 홈페이지(www.brewster.ca)나 각 매표소에서 2~4곳의 입장권을 묶어 파는 패키지 티켓을 구입하면 할인가에 이용할 수 있다.

캐나다 로키 여행 필수 준비물

여행을 준비할 때 가장 고민되는 것 중 하나는 옷차림이다. 산악 지대임을 고려해야 하기 때문이다. 로키에서는 어떻게 옷을 입어야 할까? 답은 '겹쳐 입기'다. 한여름에도 일교차가 크므로 얇은 티셔츠뿐 아니라 긴팔 상의, 바람막이 점퍼를 가져가는 것이 좋다. 빙하 지대인 콜롬비아 아이스필드를 방문할 계획이 있다면 겨울용 점퍼도 준비하자. 겨울을 제외하고는 늘 쾌청한 하늘과 강렬한 태양, 건조한 기후를 자랑하는 로키에서는 자외선 차단지수가 높은 선크림과 모자, 선글라스가 필수다. 아이를 위한 차량용 햇빛 가리개도 필요하다. 온천이나 호텔 수영장을 이용하려면 수영복도 준비해야 한다. 입맛 까다로운 아이와 함께라면 김 등 밑반찬과 즉석 밥, 젓가락 등을 준비해가면 좋다. 여행 중에는 매일 도시락과 간식을 챙겨야 한다. 숙소가 있는 마을을 벗어나면 식당이 거의 없기 때문이다.

캐나다의 팁 문화

식당이나 카페, 택시를 이용했을 때 보통 총 금액의 15% 정도를 팁으로 준다. 짐을 들어줬을 때 1개당 C$1, 객실 정리에 C$1, 발레파킹에 C$2~3 정도 주는 것이 상식이다. 팁은 일반적으로 계산서에 포함되지 않지만, 관광객이 많은 곳에서는 별도로 표기하는 경우도 있다. 신용카드로 계산할 때는 맨 아래 팁을 적는 공간이 있다.

세금

캐나다 대부분의 지역에서 물건을 구매할 때는 5%의 GST(연방세)와 5~10%의 PST(주세)가 부과된다. 그러나 로키 산맥이 있는 앨버타 주는 캐나다에서 유일하게 PST가 없는 곳으로 상대적으로 물가가 저렴한 편이다. 단, 호텔 숙박료에는 4%의 관광세가 붙는다.

캐나다 로키의 주요 병원

응급실을 갖춘 병원과 약국은 밴프와 재스퍼 다운타운에만 있다. 레이크 루이스를 포함한 인근 지역에는 큰 병원이 없다. 감기나 배탈, 골절 등 경미한 질환은 호텔 프런트 데스크에 문의해 가까운 클리닉(1차 병원)으로 가는 것이 좋다. 의료비는 한국에 비해 비싼 편이니 떠나기 전 여행자보험에 꼭 가입해두자.

알파인 메디컬 클리닉 Alpine Medical Clinic
밴프에서 예약 없이 방문할 수 있는 1차 병원으로 주말에도 문을 연다.
위치 밴프 Bison Courtyard 2층. 211 Bear Street, Banff, Alberta | **오픈** 월~목요일 8:00~19:00, 금요일 08:00~17:00, 토·일요일 09:00~17:00 | **전화** 403-762-3155 | **홈피** www.banffmedical.com

밴프 미네랄 스프링스 병원 Banff Mineral Springs Hospital
밴프 인근 지역에서 응급실을 갖춘 유일한 종합 병원
위치 305 Lynx Street, Banff, Alberta | **전화** 403-762-2222 | **홈피** banffmineralspringshospital.com

세턴 병원 Seton General Hospital
재스퍼에서 24시간 응급 처치가 가능한 병원
위치 518 Robson Street, Jasper, Alberta | **전화** 780-852-3344

최신 정보 가득한 인터넷 사이트

▼ 캐나다 관광청
www.keepexploring.kr

▼ 앨버타 관광청
www.travelalberta.kr

▼ 밴프, 레이크 루이스 관광청(영문)
www.bancefflakelouise.com

▼ 캐나다 끝발 원정대
www.keepexploring.ca/bloggers

▼ 캐나다 국립공원(영문)
www.pc.gc.ca

▼ 밴프 타운(영문)
www.banff.ca

캐나다 로키 여행
7박 9일
추천 일정

DAY 1

10:30 캘거리 국제공항 도착, 렌터카 수령

14:00 밴프 도착 (1시간 40분 소요), 호텔 휴식

18:00 밴프 애비뉴 산책 P.339, 저녁식사 그리즐리 하우스 P.352

DAY 3

09:00 미네완카 호수 P.342
밴프 레이크 크루즈 탑승, 도시락 점심식사

13:00 존스턴 협곡 트레킹 P.344
유모차로도 오를 수 있는 트레킹 코스

17:00 버밀리온 호수 P.343

18:00 저녁식사 올드 스파게티 팩토리 P.353

DAY 5

09:00 호텔 체크아웃 후, 아이스필드 파크웨이 드라이브 P.346
설산과 호수를 낀 환상의 드라이브 코스

10:00 보우 호수, 페이토 호수 P.347 도시락 점심

14:00 콜롬비아 대빙원 P.348
특수 제작된 설상차를 타고 빙하에 올라보자!

18:00 재스퍼에 도착해 저녁식사 재스퍼 피자 플레이스 P.357

DAY 7

09:00 캘거리로 출발

13:00 캘거리 도착 다운타운 산책, 쇼핑

고원과 호수를 누비며 대자연을 경험하는 캐나다 로키 여행은 볼 것도 많고 이동 거리도 길다. 아이와 여행을 할 때는 단순히 명소들을 훑기보다는 한곳에서 최소 2~3일씩 머무르며 산책(하이킹)을 하거나 카누, 크루즈, 곤돌라 등 다양한 방법으로 자연을 체험할 것을 권한다. 이 추천 일정에서는 밴프 4박, 재스퍼 3박으로 구성해보았다. 항공 여행에 소요되는 시간이 길고, 시차가 정반대이니 최소 일주일 이상 여유를 두고 떠나자.

DAY 2

09:00 설퍼 산 전망대에서 밴프 곤돌라 타기 P.340
전망대 식당에서 점심식사

13:00 밴프 어퍼 핫 스프링스 P.341
캐나다 로키를 바라보며 노천 온천욕

16:00 페어몬트 밴프 스프링스 P.333, 캐스케이드 가든 P.341

19:00 저녁식사 솔트릭 P.353
앨버타산 AAA 등급 스테이크를 맛보자!

DAY 4

09:00 레이크 루이스로 이동 P.345
캐나다 로키를 대표하는 아름다운 호수

12:00 점심식사 페어몬트 샤토 레이크 루이스 P.333
우아하게 애프터눈 티를 즐겨보자!

14:00 모레인 호수 P.345
깊은 산 속에 자리한 야성미 넘치는 호수

19:00 저녁식사 스테이션 P.355

DAY 6

09:00 멀린 협곡 트레킹 P.351

12:00 아네트 호수, 에디스 호수 피크닉 P.350
물놀이하기 좋은 가족 피크닉 장소

15:00 피라미드 호수 P.350

17:00 재스퍼 다운타운 P.349, 저녁식사 재스퍼 브루잉 컴퍼니 P.356

DAY 8·9

08:30 공항으로 출발

11:35 집으로
인천 국제공항 도착 19:50(+1일)

 tip 일정이 짧다면 재스퍼를 생략하고 밴프-레이크 루이스 코스로, 일정에 여유가 있다면 재스퍼 일정을 늘리거나 고생대 공룡 유적지인 드럼헬러(Drumheller)를 다녀와도 좋다.

숙소와 음식점, 상점 대부분은 밴프 애비뉴, 레이크 루이스, 재스퍼 다운타운 근처에 모여 있다. 여행자가 많은 밴프 타운에 숙소가 가장 많고 선택의 폭도 넓은 편이다. 호텔 외에도 로지, B&B 등 다양한 숙박 시설이 있으니 여행지 특성과 가족 취향을 고려해 선택해보자.

캐나다 로키의 숙소 종류

- **호텔**: 자체가 문화 유산이자 볼거리인 페어몬트 밴프 스프링스, 페어몬트 샤토 레이크 루이스부터 산악 마을의 정취가 묻어나는 작은 호텔까지 다양하다. 부대시설로 사우나, 자쿠지, 세탁 시설 등을 갖추고 있다.
- **로지(Lodge), 방갈로(Bungalow)**: 주로 자연을 만끽할 수 있는 휴양림이나 호수 근처에 있다. 통나무집이 많으며 바비큐 시설이 갖춰진 곳도 있다. 산속에 있어 편의 시설 접근성은 떨어지지만 운이 좋다면 문 앞에서 야생 사슴이나 엘크 무리를 만날 수 있다.
- **B&B(Bed & Breakfast)**: 조식이 제공되는 민박 개념이다. 현지인의 삶을 체험해볼 수 있고, 비용도 호텔보다 저렴하다. 아이와 함께 남의 집 살이가 쉽지는 않겠지만, 독채 건물도 있으니 관심이 있다면 BBCANADA(www.bbcanada.com) 또는 airbnb(www.airbnb.com)에서 찾아보자.

캐나다 로키 숙소의 특징

- 밴프 타운에서는 자연경관을 해치지 않기 위해 신규 건축물의 고도를 3층 이하로 제한하고 있다. 따라서 호텔도 역시 낮고 아담하며, 객실이 많지 않다. 7~8월 성수기에는 특히 인기 호텔의 예약이 빨리 마감되니 서둘러야 한다.
- 가족 단위 여행객이 많고 주변에 편의 시설이 많지 않아 주방 시설을 갖춘 형태가 많다.
- 한여름이라도 아침저녁으로 서늘해 에어컨이 없는 곳이 많다. 대신 난방 시설은 잘되어 있다.
- 일부 오래된 숙소는 벽난로를 지펴야만 난방이 되는 곳이 있다. 난로 주변은 무척 뜨거우니 아이들의 각별한 주의가 필요하다.

추천 숙소

밴프

- **콘도형 숙소**: 히든 리지 리조트(Hidden Ridge Resort/풀 키친), 폭스 호텔(Fox Hotel & Suites/간이 주방), 더글러스 퍼 리조트(Douglas Fir Resort & Chalets/풀 키친), 런들스톤 로지(Rundlestone Lodge/간이 주방)
- **일반 숙소**: 페어몬트 밴프 스프링스(The Fairmont Banff Springs), 림록 리조트 호텔(Rimrock Resort Hotel), 델타 밴프 로열 캐나디안 로지(Delta Banff Royal Canadian Lodge)

레이크 루이스

페어몬트 샤토 레이크 루이스(The Fairmont Chateau Lake Louise), 포스트 호텔(Post Hotel & Spa), 파라다이스 로지(Paradise Lodge & Bungalows), 레이크 루이스 인(Lake Louise Inn/풀 키친)

재스퍼

- **호텔**: 베스트 웨스턴(BEST WESTERN Jasper Inn & Suites/풀 키친), 샤토 재스퍼(Chateau Jasper), 소리지 인(Sawridge Inn and Conference Centre Jasper), 톤킨 인 (Tonquin Inn)
- **로지**: 페어몬트 재스퍼 파크 로지 (Fairmont Jasper Park Lodge), 패트리샤 레이크 방갈로 (Patricia Lake Bungalows/풀 키친)

 웅장함과 낭만이 있는 캐나다 로키 최고의 호텔

페어몬트 밴프 스프링스 The Fairmont Banff Springs

설퍼 산을 배경으로 보우 강이 내려다보이는 숲 속에 자리한 120여 년 전통의 호텔. 스코틀랜드 성을 모티브로 만든 이 고성 같은 호텔은 마릴린 먼로가 영화 〈돌아오지 않는 강〉을 찍기 위해 머물렀던 곳으로도 유명하다. 객실 수가 780개나 되는 규모 있는 호텔이라 멀리서 봐도 웅장하고 아름답다. 숙박하지 않아도 내부 관람이 가능하니 고풍스러운 호텔을 둘러보며 계단참에 숨은 화석과 마릴린 먼로의 흔적을 찾아보자.

주소 405 Spray Avenue, Banff, Alberta | **전화** 403-762-2211 | **홈피** www.fairmont.com/banff-springs

페어몬트 샤토 레이크 루이스 The Fairmont Chateau Lake Louise

이름처럼 도도한 모습으로 레이크 루이스 앞을 지키는 호텔. 객실에서 세계 10대 절경이라 불리는 에메랄드 빛 호수와 만년설, 울창한 침엽수림이 어우러진 풍경을 감상하며 휴식을 취할 수 있다. 고풍스러운 로비에는 호수의 이름이 유래된 '루이스 캐롤라인 앨버타' 공주의 초상화가 걸려 있고 동물의 뿔과 조각품으로 장식된 샹들리에, 그림 등이 장식되어 있다. 1층 '레이크 뷰 라운지(Lake View Lounge)'에서는 아름다운 호수를 바라보며 간단한 스낵이나 애프터눈 티 세트를 즐길 수 있어 언제나 많은 관광객으로 북적인다.

주소 111 Lake Louise Drive, Lake Louise, Alberta | **전화** 403-522-3511 | **홈피** www.fairmont.com/lake-louise

캐나다에서 렌터카 빌리기

어떻게 예약할까?

캐나다 로키 여행의 시작이자 끝이라고 할 수 있는 렌터카는 여행 경비 면에서도 큰 부분을 차지한다. 차는 공항에서 바로 계약할 수도 있다. 하지만 차종과 보험 등 조건, 세금, 성수기·비수기, 기간, 프로모션, 운전자 나이, 업체, 예약 시기에 따라 가격이 천차만별로 달라지니 출발

전 미리 다양한 업체에서 견적을 받아보고 예약한 후 공항에서는 픽업만 하는 것이 좋다.

어떤 차를 고를까?

렌터카 업체들은 차를 브랜드나 배기량으로 구분하지 않는다. 회사마다 조금씩 차이가 있지만 경차(Economy), 소형(Compact), 중형(Standard), 대형(Premium), SUV, 밴(Minivan) 등급으로 나눈다. 즉, 특정한 차종과 브랜드를 고를 수 없고 등급만 예약이 가능하다는 뜻이다. 렌터카 이용객은 현지에 도착해 업체에 주차되어 있는 차량 중에서 예약한 등급에 맞는 차를 골라야 한다. 현장에 마음에 드는 차량이 없으면 등급 변경도 가능하다. 물론, 업그레이드할 때는 요금이 추가된다.

우리 가족에 맞는 차는?

어떤 차를 선택할 것인지는 탑승 인원과 짐의 양, 주행 거리에 따라 달라진다. 미취학 어린이를 포함한 3~4인 가족이라면 카시트와 캐리어, 유모차 등 짐 실을 공간을 고려해야 하니 최소 중형 이상의 차량을 골라야 불편하지 않게 다닐 수 있다. 캐나다 로키는 산악 지대라도 길이 잘 닦여 있어 특별히 SUV 차량이 필요하지는 않다.

차량 인수에서 반납까지

예약한 차는 공항에서 받고 반납하는 것이 가장 일반적이고 저렴한 방법이다(추가 요금 부담 시 반납 장소 변경 가능). 공항에는 Budget, Hertz, National, Alamo, AVIS 등 많은 렌터카 업체가 입점해 있다. 해당 업체의 카운터를 찾아가 예약 번호, 여권, 국내운전면허증, 국제운전면허증을 제시하고, 신용카드로 보증금을 낸 후 계약서에 서명하면 키를 받을 수 있다. 주차장에서 차를 고른 후에는 예약한 GPS(내비게이션), CSS(Child Safety Seats, 유아용 카시트 또는 부스터)를 장착해 출발하면 된다. 결제는 차를 반납할 때 한다.

렌터카 예약 사이트

▼ 렌털카닷컴
www.rentalcars.com / canada

▼ 허츠(Herts)
www.hertz.ca

▼ 알라모(Alamo)
www.alamo.co.kr

▼ 내셔널(National)
www.nationalcar.kr

▼ 에이비스(Avis)
www.avis.ca

▼ 버짓(Budget)
www.bedget.ca

▼ 엔터프라이즈(Enterprise)
www.enterpriserentacar.ca

캐나다 로키 렌터카 여행 팁

가는 길 & 거리

캘거리 국제공항에서 출발해 1번 고속도로를 타고 북서쪽으로 달리면 밴프, 레이크 루이스를 지나 재스퍼까지 닿을 수 있다. 캘거리에서 밴프까지 약 128km(1시간 40분), 밴프에서 레이크 루이스까지 약 60km(1시간 미만), 레이크 루이스에서 재스퍼까지는 약 230km(3시간)다. 밴프에서 재스퍼까지 구간은 '아이스필드 파크웨이'라 불리는 캐나다 로키의 아름다운 길로 중간중간 차를 세우고 구경하느라 시간이 더 길어질 수 있다. 제한 속도는 구간마다 다르며 단위는 한국과 마찬가지로 킬로미터(km)를 사용한다. 산악 도로라도 대부분 길이 잘 닦여 있고 복잡하지 않아 몇 가지 안전 수칙만 잘 지킨다면 운전하기 어렵지 않다.

주유소

마을 외 도로에는 주유소가 드물다. 캘거리 국제공항을 나서면 밴프, 레이크 루이스, 재스퍼 등 주요 거점 도시에만 주유소가 있다. 따라서 도시를 떠나기 전에는 항상 연료 탱크를 가득 채우는 게 좋다. 주유기는 대부분 운전자가 직접 기름을 넣는 셀프 주유 방식이다. 연료비는 한국에 비해 저렴한 편이다.

휴게소

고속도로에는 톨게이트가 없고 휴게소도 거의 없다. 가끔 갓길에 간이 화장실과 쓰레기통이 있는 정도다. 대신 경치 좋은 곳에 테이블이 놓인 피크닉 사이트가 있다. 피크닉 사이트에는 바비큐 그릴이 설치되어 취사가 가능한 곳도 있으니 미리 먹거리를 준비해서 떠나면 좋다. 마을을 벗어나면 편의 시설이 전혀 없으므로 샌드위치와 음료 등 간식거리도 든든히 챙겨야 한다.

안전벨트와 카시트

캐나다에서는 차에 타는 누구나, 뒷좌석에서도 안전벨트를 매야 한다. 특히 36kg 미만의 어린이는 반드시 뒷좌석에 별도의 카시트를 설치해 앉혀야 한다. 차에 카시트 없이 아이를 태웠을 경우 C$110 이상의 벌금을 징수한다.

어린이 연령 및 체중에 따른 카시트 이용 규정
- **영아용(Infant car seats)**: 출생부터 만 1세까지의 영아로 10kg 이하인 경우 후방 장착 카시트 사용
- **유아용(Toddler car seats)**: 1세 이상의 유아로 체중이 10~18kg인 경우 전방 장착 카시트 사용
- **부스터(Boosters car seats)**: 만 4세 이상의 어린이로 체중 18~36kg, 신장 120cm 이하인 경우 사용

※ 카시트 대여료는 하루 C$11 정도로 여행 기간이 길면 차라리 현지에서 구입하는 것이 저렴하다. 여력이 된다면 한국에서 사용하던 카시트나 부스터를 가져가면 비용을 아낄 수 있다

교통사고 발생 시

교통사고가 발생하면 즉시 경찰에 신고해 경위서를 작성하고, 렌터카 업체에도 연락을 해야 한다. 경미한 사고일 경우에는 렌터카 업체에서 새 차를 받아 계속 여행을 할 수 있다. 수리비 부담은 보험 종류에 따라 다르다. 보상 범위를 미리 확인해두는 것이 좋다.

어떻게 즐길까?

캐나다 로키 여행의 백미는 산과 빙하, 호수, 강, 숲 등 아름다운 자연을 있는 그대로 감상하고 즐기는 것이다. 해발 3,000m급의 거칠고 높은 산에서 광활한 호수까지 태고적 신비를 간직한 다채로운 자연을 경험해보자.

★ 밴프 국립공원 ★
Banff National Park

1885년에 캐나다에서 최초로 국립공원으로 지정되었다. 캐나다 로키 산맥을 따라 수많은 호수와 산, 빙하 지역이 자리하고 있으며 산악 마을의 정취를 느낄 수 있는 밴프 타운과 울긋불긋 화려한 산들이 조화를 이루고 있다. 도로 시설과 관광 인프라가 잘 구축되어 있어 아이와 여행을 하는 데 불편함이 없다.

 파크 패스 Park Pass
국립공원 입장권. 공원 입구나 홈페이지에서 구입할 수 있으며 인원, 기간, 차종에 따라 요금이 다르다. 파크 패스는 차량 왼쪽 대시보드 위에 비치해야 한다.
요금 1일 어른(만 17세~64세) C$9.8, 어린이(만 6~16세) C$4.9, 만 65세 이상 C$8.3
홈피 parkpass.banfflakelouise.com

밴프 애비뉴
Banff Ave.

밴프 타운의 중앙을 남북으로 가로지르는 길로 양쪽으로 기념품 가게와 레스토랑, 수제 초콜릿점, 레저용품 전문점 등이 모여 있는 활기찬 번화가다. 1~2시간이면 마을 전체를 둘러볼 수 있을 정도로 작은 도시지만, 산을 본떠 만든 뾰족뾰족한 가로등과 아기자기한 나무 간판 사이로 걷는 재미가 있는 곳이다. 로키의 동물과 자연에 대해 배울 수 있는 자연사 박물관(Natural History Museum), 로키를 그린 미술품을 전시해놓은 화이트 박물관(Whyte Museum), 흑곰 등 야생 동물 박제를 볼 수 있는 밴프 파크 박물관(Banff Park Museum), 로키에서 살아온 원주민 인디언의 생활상을 볼 수 있는 럭스턴 박물관(Luxton Museum) 등 주변에 다양한 박물관이 있어 아이와 함께 둘러볼 만하다.

스피릿 오브 크리스마스 The Sprit of Christmas

화려한 장식과 선물에 둘러싸여 1년 내내 크리스마스 기분을 느낄 수 있는 곳. 캐나다에서 가장 큰 크리스마스 장식품 숍 중 하나다. 찰스 디킨스의 소설 〈크리스마스 캐롤〉에 등장하는 스크루지 마을인 디킨스 빌리지와 디파트먼트 56, 북극과 스노 빌리지 등을 미니어처로 재현해놓았다. 중앙에는 캐나다 초콜릿 브랜드인 Rogers' Chocolates이 있어 크리스마스 소품뿐만 아니라 선물도 살 수 있다.

주소 133 Banff Avenue, Banff, Alberta | **홈피** www.spiritofchristmas.ca

설퍼 산
Sulphur Mountain

밴프를 찾는 많은 여행자들이 첫 코스로 거쳐 가는 곳이다. 해발 2,337km인 설퍼 산에 오르면 360도로 펼쳐지는 높은 산과 계곡, 밴프를 가로지르는 보우 강과 미네완카 호수의 가슴 벅찬 파노라마를 볼 수 있다. 햇빛이 강하고, 산 정상에는 기온이 급격히 떨어지니 기능성 바람막이 재킷, 따뜻한 외투, 모자를 준비하자.

★추천 밴프 곤돌라 Banff Gondola

설퍼 산 봉우리를 아이와 함께 오르려면 밴프 곤돌라를 이용해 보자. 해발 1,583m까지는 차로 오를 수 있고, 곤돌라를 타면 2,281m까지 단 8분 만에 오를 수 있다. 곤돌라에는 유모차도 실을 수 있어 어린아이와도 부담 없이 탈 수 있다.

요금 어른(만 16세 이상) C$39.95, 어린이(만 6~15세) C$19.95, 5세 미만 유아 무료
홈피 www.explorerockies.com/banff-gondola

밴프 어퍼 핫 스프링스
Banff Upper Hot Springs

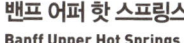

로키 산맥을 바라보며 신선놀음을 즐길 수 있는 120년 전통의 노천 유황 온천. 설퍼 산 기슭에 있으며 평균 수온 39℃로 1년 내내 문을 연다. 남녀 혼탕이므로 수영복을 꼭 준비해야 한다. 수건과 슬리퍼, 세면도구도 함께 가져가면 좋다. 유아풀이 있고 수영장 같은 분위기라 아이들도 좋아한다.

오픈 일~목요일 10:00~22:00, 금·토요일 10:00~23:00 | **요금** 어른(18세 이상) C$7.30, 어린이(3~17세) C$6.30, 1명 초과 어린이 C$3.40, 만 3세 미만 무료, 패밀리 할인권(어른 2, 어린이 2) C$22.50, 라커 C$1.00, 타월 C$1.90, 수영복 C$1.90
홈피 www.hotsprings.ca

캐스케이드 가든
Cascade Gardens

옛 밴프 시청의 정원으로 밴프 시내를 한눈에 볼 수 있는 곳이다. 눈앞에 펼쳐지는 캐스케이드 산과 밴프 애비뉴의 모습이 마치 영화 속 한 장면 같다. 해마다 7~8월엔 수많은 꽃들이 피어나 아름다운 정원을 만든다. 밴프 애비뉴 산책 후 가족과 휴식을 취하기에 좋다.

미네완카 호수
Lake Minnewanka

인디언 말로 '영혼의 호수'를 의미하는 미네완카는 밴프 국립공원에서 가장 크고 고요한 호수다. 호수 주변으로 펼쳐지는 독특한 지형, 야생 동식물과 이곳에 얽힌 인디언의 전설은 호수에 대한 신비로움을 더한다. 미네완카 호수에서는 카누나 보트를 타고 여유롭게 물 위를 떠다니거나 하이킹 코스를 따라 가볍게 걸어보자.

추천 밴프 레이크 크루즈 Banff Lake Cruise

호수 입구에서부터 시작해 악마의 협곡(Devil's Gap)을 돌아오는 1시간 30분 코스의 유람선. 보트를 타는 내내 가이드가 초기 탐험가와 원주민, 배들을 가라앉힌 악마의 협곡, 물 밑에 잠긴 광산 도시, 야생 동식물에 대한 흥미로운 이야기를 사진 자료를 보여주며 흥미진진하게 들려준다.

오픈 5월~10월 중순 | **요금** 어른(만 16세 이상) C$54.95, 어린이(만 6~15세) C$27.5, 만 5세 이하 무료
홈피 www.explorerockies.com/minnewanka

보우 강
Bow River

밴프 타운을 끌어안은 듯 남쪽으로 흐르는 보우 강은 영화 〈흐르는 강물처럼〉의 멋진 플라이 낚시 장면과 〈돌아오지 않는 강〉, 〈가을의 전설〉 등을 촬영한 장소로 유명하다. 이곳에서는 주변을 여유롭게 산책해도 좋지만 카누를 빌려 타고 아이와 함께 직접 노를 저어보기를 권한다. 카누는 보증금용 신용카드와 신분증이 있어야 빌릴 수 있으며 어른 2명, 아이 2명이 함께 탈 수 있다.

★추천 밴프 카누 클럽 The Banff Canoe Club

보우 강에서 탈 수 있는 카누와 카약, 패들 보드 및 자전거 등을 빌릴 수 있다.

위치 Wolf Street와 Bow Avenue가 만나는 코너 | **오픈** 10:00~18:00 | **요금** 1시간 C$36, 추가 1시간당 C$20(구명조끼 등 장비 포함) | **전화** 403-762-5005
홈피 banffcanoeclub.com

버밀리온 호수
Vermilion Lakes

해 질 녘 석양에 물든 로키 산맥과 호수에 비친 그 모습이 아름다워 '버밀리온(다홍색)'이란 이름이 붙은 호수. 런들 산과 설퍼 산을 배경으로 3개의 호수가 이어진 고즈넉한 풍경은 한번쯤 시간을 갖고 둘러보기를 권한다.

보우 밸리 파크웨이
Bow Valley Parkway

밴프에서 레이크 루이스까지 이르는 58km 국도. 캐나다 로키를 관통하는 고속도로(Trans Canada Highway)가 개통되기 전에 생긴 도로로 지금은 여행자들이 많이 찾는 드라이브 코스다. 보우 강을 끼고 달리다 보면 시시각각 다가오는 로키의 거대한 산봉우리들을 가까이에서 볼 수 있고, 트레킹 코스로 유명한 존스턴 협곡도 들를 수 있어 많은 사람들이 이 길을 찾는다.

존스턴 협곡
Johnston Canyon

누구나 손쉽게, 심지어는 유모차로도 오를 수 있는 트레킹 코스. 쉽게 오를 수 있다고 우습게 봐서는 안 된다. 온통 키 큰 나무와 이끼로 덮여 있는, 말 그대로의 '협곡'에는 푸른 빙하수가 흐르고, 때로는 폭포가 쏟아지는 장엄한 풍경을 연출한다. 로어 폭포(Lower Falls/1.1km)에서 어퍼 폭포(Upper Falls/2.6km)에 이르는 산책로의 왕복 코스는 2시간 남짓. 아이가 힘들어하면 왕복 1시간 코스인 로어 폭포까지만 다녀와도 좋다.

★ 레이크 루이스 ★
Lake Louise

유네스코가 지정한 세계자연유산인 레이크 루이스는 캐나다 로키를 소개하는 수많은 책자의 표지를 장식하고 있는 대표 명소다. 해발 1,700m에 있는 호수와 호반을 따라 정갈하게 꾸며진 산책로와 숲, 눈 덮인 산봉우리, 산과 호수를 마주 보는 페어몬트 샤토 레이크 루이스까지 모든 것이 조화롭고 아름답다. 이곳에서 카누를 타거나 산책을 하고, 차 한잔을 마시는 것은 로키 여행 중 가장 로맨틱한 순간으로 기억될 것이다.

추천 | 레이크 루이스 곤돌라 Lake Louis Gondola

레이크 루이스와 페어몬트 샤토 레이크 루이스, 빅토리아 빙하의 장관을 한눈에 내려다볼 수 있는 방법. 레이크 루이스 곤돌라를 타면 2,673m의 화이트혼 산 정상까지 14분이 걸린다. 겨울에는 스키용으로 이용되다가 여름 시즌에는 관광용으로 운영된다.

요금 어른(만 16세 이상) C$31.95, 어린이(만 6~15세) C$15.95, 만 5세 이하 무료(여름 시즌 기준)
홈피 www.lakelouisegondola.com

모레인 호수
Morain Lake

레이크 루이스와 함께 캐나다 로키를 대표하는 호수. 공원처럼 잘 꾸며진 레이크 루이스와는 대조적으로 깊은 산속에 고즈넉하게 자리한 야성미 넘치는 호수다. 모레인 호수를 만나기 위해서는 주차장에 차를 세우고 트레일을 따라 산에 올라야 한다. 아이와 함께 걷기에는 조금 불편하다. 그러나 10여 분 남짓 오르면 장엄한 모레인 호수를 마주할 수 있으니 한번쯤 시도해볼 만하다. 새벽녘 동틀 무렵, 산봉우리 끝으로 햇살이 내릴 때의 모습은 그저 숨죽이고 바라볼 수밖에 없는 감동적인 풍경이다. 6~9월, 여름 시즌에만 개방한다.

★ 아이스필드 파크웨이 ★
Icefields Parkway

레이크 루이스에서 재스퍼까지 이르는 도로로 이 길을 달리는 것 자체가 여행의 목적이 될 정도로 아름답다. 영국의 어느 산악인이 '스위스를 50개쯤 합쳐놓은 것 같다'고 말했다던 환상의 드라이브 코스. 좌우로 만년설이 쌓인 봉우리와 푸른 강이 연이어 펼쳐지는 풍경은 이곳이 현실인지, 그림 속을 달리는 것인지 구분이 되지 않을 만큼 멋있다. 절경에 나올 때마다 차를 쉬어 가면 3시간이면 충분한 거리를 하루 종일 가야 할 수도 있다.

보우 호수
Bow Lake

밴프로 흘러가는 보우 강의 발원지로 멀리 보이는 산꼭대기의 까마귀 발 빙하(Crowfoot Glacier)가 녹아 형성되었다. 넓은 호수의 점점 짙어지는 푸른빛과 빙하로 덮인 험준하면서도 장엄한 산이 어우러진 모습은 바라보는 것만으로도 황홀하다. 넓은 주차 공간이 있어서 호수를 보며 간단히 샌드위치로 식사를 하는 여행자들이 많다. 가까이 내려가서 아이와 함께 손을 담가볼 수도 있다.

페이토 호수
Peyto Lake

아이스필드 파크웨이에서 가장 높은 지점인 보우 봉우리(Bow Summit/2,135m)에서는 페이토 호수의 전경이 한눈에 내려다보인다. 이곳에서 보는 페이토 호수의 물빛은 로키에서 가장 아름다운 에메랄드 빛으로 유명하며 계절에 따라 빛깔이 바뀐다.

콜롬비아 대빙원
Columbia Icefield Glacier

두 발로 디딜 수 있는 세계에서 몇 안 되는 빙하로 북반구에서 북극 다음으로 규모가 큰 빙원이다. 크기가 서울의 반(325km²)만 하고, 두께는 에펠 탑 높이(300m)만 하다. 이곳에서 녹은 빙하수가 여러 줄기의 강이 되어 대서양과 태평양으로 흘러든다. 로키의 수많은 호수와 강의 원류가 바로 이곳이기도 하다.

★추천 설상차 투어 Glacier Adventure

콜롬비아 대빙원에서는 반드시 특수 제작된 설상차를 타고 올라가 직접 빙하 위를 걸어보자. 설상차 투어를 신청하면 해발 2,133m까지 셔틀버스로 이동한 뒤, 설상차로 옮겨 타고 80m 남짓 아사바스카(Athabasca) 빙원을 오르게 된다. 바퀴 하나가 어른 키만큼 거대한 설상차를 타는 것도 신기하지만 한여름에 빙하 위를 걷고, 수만 년 된 빙하수를 받아 마셔보는 것은 아이뿐 아니라 어른에게도 흥미로운 경험이 될 것이다.

오픈 4월 중순~10월 중순 | **요금** 어른(만 16세 이상) C$54.95, 어린이(만 6~15세) C$27.5, 만 5세 이하 무료 | **준비물** 빙원은 사계절 눈 덮인 겨울이다. 겨울용 점퍼와 긴 바지, 눈 보호를 위한 선글라스를 준비하자. 빙하수를 받아 마시기 위한 생수병도 챙기면 좋다. **홈피** www.explorerockies.com/columbia-icefield

글래시어 스카이워크
Glacier Skywalk

재스퍼 국립공원 내 탱글 리지 뷰포인트(Tangle Ridge Viewpoint)에 2014년 5월 개장한 어트랙션. 지역 소개, 지질학, 생태학, 테크놀로지, 자연 식생 등 총 6개의 안내 스폿이 있는 400m의 트레일이 있고 그 끝에 하이라이트인 유리 구름다리가 있다. 시간당 최대 600명을 수용할 수 있는 규모로 아이와 유모차로도 즐길 수 있다. 한국어 오디오 가이드가 제공되며 로키의 생성 과정, 서식하는 동식물, 글래시어 스카이워크 건설 과정 등에 대한 설명을 들을 수 있다.

오픈 5월 중순~10월 중순 | **요금** 어른(만 16세 이상) C$29.95, 어린이(만 6~15세) C$14.95, 만 5세 이하 무료
홈피 www.brewster.ca/rocky-mountains/activities

 스카이워크에는 주차 불가. 콜롬비아 대빙원 디스커버리 센터(Columbia Icefield Glacier Discovery Center)에 주차 후 셔틀버스(5분 소요)를 이용하자.

★ 재스퍼 국립공원 ★
Jasper National Park

웅장하고 남성미 넘치며, 때로는 도시적인 밴프에 비하면 재스퍼는 소박하다. 높은 산봉 우리 사이에는 수많은 계곡과 호수가 있지만 좀 더 고즈넉하고, 순수한 매력이 있다. 호텔 로비나 다운타운 상점에서 마주치는 사람들은 늘 여유롭고 친절하며 아이에게 관심을 보인다. 재스퍼에서는 도로 한복판에서 야생 사슴이나 염소를 만나는 일이 어색하지 않다. 운이 좋다면 산양이나 엘크 무리도 볼 수 있다.

재스퍼 다운타운
Jasper Downtown

가게마다 장식된 꽃 장식에서부터 여느 도시와는 다른 재스퍼만의 낭만이 느껴지는 곳이다. 나지막한 건물 아래 기념품 가게, 슈퍼마켓, 음식점, 여행사 등이 아기자기하게 늘어서 있다. 증기기관차가 전시된 기차역과 100여 년 전통의 재스퍼 관광안내소, 빙하수로 만든 다양한 하우스 맥주를 맛볼 수 있는 '재스퍼 브루잉 컴퍼니'는 꼭 한 번 들러보자.

에디스 호수, 아네트 호수
Edith Lake, Annette Lake

재스퍼 관광안내소에서 추천하는 최고의 가족 피크닉 장소로 재스퍼 다운타운에서 차로 10분 거리에 있다. 설산을 배경으로 한 아름다운 호수는 수심이 얕고, 모래사장이 있어 아이와 물놀이를 하기에 좋다. 두 호수 사이에는 바비큐 그릴과 피크닉 테이블, 놀이터가 있는 공원도 있다. 파란 하늘과 하늘보다 더 아름다운 에메랄드 빛의 호숫가 테이블에서 가족과 함께 바비큐 피크닉을 해보자.

피라미드 호수, 패트리샤 호수
Pyramid Lake, Patricia Lake

피라미드 호수는 피라미드 산에 둘러싸인 고요한 호수로 바람 없는 맑은 날에는 거울 같은 호수에 비친 그림 같은 풍경을 볼 수 있다. 패트리샤 호수에는 넓은 모래사장이 있어 여름에는 아이들과 물놀이하는 현지인도 많이 볼 수 있다. 바비큐 그릴과 피크닉 테이블이 설치되어 있어 반나절 나들이 코스로 추천한다. 근처에는 로지 형태의 숙소도 있는데 인기가 좋아 예약이 빨리 마감된다.

멀린 호수
Maligne Lake

세계에서 두 번째로 큰 빙하호로 캐나다 로키에서 가장 큰 호수다. 동쪽 끝에 있는 스피릿 아일랜드(Spirit Island)는 캐나다의 랜드마크로 해마다 수많은 포토그래퍼를 불러 모으는 사진 명소. 재스퍼 시내에서 남동쪽으로 48km 떨어진 곳에 있어 다른 명소에 비하면 거리가 먼 편이다. 하지만 가는 길 양쪽으로 굽이굽이 펼쳐지는 경관이 환상적이니 드라이브 삼아 가볼 만하다

멀린 협곡
Maligne Canyon

재스퍼 시내에서 북동쪽으로 약 10km 떨어진 멀린 협곡은 멀린 호수로부터 흘러내려온 빙하수가 흐르는 좁고 깊은 계곡이다. 조금만 올라가도 세월의 흔적이 고스란히 남아 있는 바위와 웅장한 폭포의 기운을 느낄 수 있다. 6개의 다리를 모두 정복하는 트레킹 코스는 험하기로 유명하니 아이와 함께라면 두 번째 다리까지 다녀오는 이지(Easy, 약 30분) 코스를 추천한다.

캐나다 로키는 개발이 제한되어 있어 마을에서 한 걸음만 벗어나면 식당이 전혀 없는 울창한 숲길이다. 그러나 다행히 여행자들이 많은 밴프 애비뉴와 재스퍼 다운타운에는 맛집이 꽤 많다. 로키 일대에서 유명한 음식은 단연 쇠고기 스테이크~! 앨버타 주의 축복받은 자연에서 자란 트리플A(AAA) 등급의 질 좋은 청정우를 합리적인 가격에 맛볼 수 있다. 식사 후 아이들이 좋아할 만한 초콜릿 숍이나 크리스마스를 테마로 한 가게를 들러봐도 좋다.

★ 그리즐리 하우스 ★
Grizzly House

밴프 애비뉴에 연신 맛있는 냄새를 불어넣는 레스토랑으로 늘 긴 줄이 늘어서 있다. 퐁듀가 유명하며 뜨겁게 달궈진 돌 위에서 스테이크와 해산물을 직접 구워 다양한 소스에 찍어 먹는 메뉴도 인기 있다. 퐁듀 메뉴는 2인분 이상 주문 가능. 예약 필수.

추천 메뉴 치즈 퐁듀, 4코스 퐁듀 디너 | **주소** 207 Banff Avenue, Banff, Alberta | **오픈** 11:30~24:00
전화 403-762-4055 | **홈피** banffgrizzlyhouse.com

★ 메이플 리프 그릴 ★
Maple Leaf Grill & Rounge

밴프에서 가장 유명한 레스토랑으로 앨버타산 AAA 등급 정통 스테이크와 연어 요리를 맛볼 수 있다. 성수기에는 캐나다 현지인들과 관광객들로 붐벼 예약이 필요하다.

추천 메뉴 스테이크, 연어 요리 | **주소** 137 Banff Avenue, Banff, Alberta | **오픈** 11:00~15:00, 17:00~22:00 **전화** 403-760-7680 | **홈피** www.banffmapleleaf.com

★ 솔트릭 ★
Saltlic

메이플 리프 그릴과 양대 산맥으로 손꼽는 스테이크 하우스. 1층은 스포츠 바, 2층은 스테이크 하우스로 운영되어 캐주얼한 분위기에서 스테이크와 와인, 로컬 생맥주를 즐길 수 있다. 유모차는 가지고 들어갈 수 없고 입구에서 맡아준다.

추천 메뉴 스테이크, 맥 & 치즈(Mac & Cheese) | **주소** 221 Bear Street, Banff, Alberta | **전화** 403-762-2467 **홈피** www.saltlik.com

★ 올드 스파게티 팩토리 ★
The Old Spaghetti Factory

캐나다 전역에 있는 패밀리 레스토랑 체인. 아이와 함께 가장 부담 없이 즐길 수 있는 곳으로 가격도 합리적이다. 스파게티와 라자니아, 샐러드, 치킨 윙 등의 메뉴가 있고, 키즈 밀도 다양하다. 빵이 기본으로 제공된다.

주소 2nd Floor Cascade Plaza 317 Banff Avenue, Banff, Alberta | **전화** 403-760-2779 | **홈피** www.osf.com

★ 마운틴 초콜릿 ★
Mountain Chocolates

초콜릿 만드는 과정을 볼 수 있는 수제 초콜릿 숍. 막대 꽂은 사과에 초콜릿이나 캐러멜을 코팅하고 각종 견과류와 토핑을 뿌린 '캐러멜 애플(Caramel Apple)'과 로키의 돌과 길 등을 모티브로 한 재미있는 모양과 이름의 초콜릿이 유명하다.

위치 밴프 애비뉴 메이플 리프 그릴 건너편 | **주소** 200 Banff Avenue, Banff, Alberta | **전화** 403-762-2624

★ 세이프웨이 ★
SAFEWAY

밴프 유일의 대형 마트로 물가가 비싼 관광지에서 나름 저렴한 쇼핑을 할 수 있는 곳이다. 생필품과 식재료, 조리된 음식 등을 살 수 있다. '세이프웨이 카드'가 있으면 추가 할인을 받을 수 있는 상품이 많다(외국인도 발급 가능). 숙소에 주방이 있거나 바비큐 피크닉을 계획한다면 이곳에서 앨버타산 AAA 쇠고기와 채소 등을 구입하면 된다.

주소 318 Marten Street, Banff, Alberta | **오픈** 08:00~23:00

> 레이크 루이스(Lake Louise) 지역

★ 페어몬트 샤토 레이크 루이스 애프터눈 티 ★
The Fairmont Chateau Lake Louise Afternoon Tea

페어몬트 샤토 레이크 루이스의 '레이크뷰 라운지(Lakeview Lounge)'와 '페어뷰(The Fairview)'에서는 레이크 루이스 호수를 바라보며 애프터눈 티를 즐길 수 있다. 생과일 칵테일, 샌드위치, 스콘, 페이스트리와 케이크, 쿠키, 그리고 티로 구성된 애프터눈 티 세트는 한정 수량만 판매하므로 예약을 해야 한다. 1층의 레이크뷰 라운지는 예약을 했어도 선착순으로 자리를 안내한다. 꼭 창가 자리를 요청할 것.

오픈 12:00~15:00(시즌별로 상이함) | **요금** 1인 C$41.50(C$10을 추가하면 스파클링 와인을 추가할 수 있다)
전화 403-522-1601(예약) | **홈피** www.fairmont.com/lake-louise/dining/afternoontea

★ 스테이션 ★
The Station

옛 레이크 루이스 역을 개조해 박물관처럼 꾸민 운치 있는 레스토랑. 영화 〈닥터 지바고〉의 이별 장면을 촬영한 장소로 19세기 캐나다인들이 즐겼던 요리를 콘셉트로 한 음식을 맛볼 수 있다. 밖에는 옛 철길과 기차가 있어 식사 후 둘러볼 만하다.

추천 메뉴 바이슨 버거, 스테이크 | **주소** 200 Sentinel Road, Lake Louise, Alberta
오픈 11:30~16:00, 17:00~21:00 | **전화** 403-522-2600

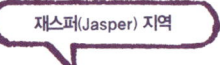

★ 재스퍼 브루잉 컴퍼니 ★
Jasper Brewing Company Brew Pub & Eatery

빙하수로 만든 맥주를 맛볼 수 있는 캐나다 국립공원 최초의 브루어리. Jasper the Bear Ale 등 직접 양조한 여섯 가지 맥주와 시즌별로 다양한 과일 향의 맥주를 만날 수 있다. 햄버거와 스테이크, 디저트까지 먹거리도 다양하고 맛있다. 더욱 반가운 소식은 아이와 함께 출입이 가능하다는 점. 아이를 위한 크레용과 색칠놀이도 준비해준다.

추천 메뉴 재스퍼 더 비어 에일(Jasper the Bear Ale), Sutter-Hill Pil 등 로컬 생맥주, 스테이크류, 푸틴(Poutin)
주소 624 Connaught Drive, Jasper, Alberta | 전화 780-852-4111

★ 이블 데이브스 그릴 ★
Evil Dave's Grill

아시안 퓨전 음식을 선보이는 곳으로 Holy Cow, Hell's Chicken같이 재기 발랄한 메뉴명이 돋보인다. 다양한 칵테일과 와인도 맛볼 수 있다.

추천 메뉴 크레이지 캘러마리(Crazy Calamari), 홀리 카우(Holy Cow), 헬스 치킨(Hell's Chicken)
주소 622 Patricia Street, Jasper, Alberta | 전화 780-852-3323 | 홈피 www.evildavesgrill.com

★ 재스퍼 피자 플레이스 ★
Jasper Pizza Place

화덕 피자 전문점. 2층 오픈 데크에서는 환상적인 재스퍼의 경치를 내려다보며 합리적인 가격의 피자와 파스타를 맛볼 수 있다.

주소 402 Connaught Drive, Jasper, Alberta
전화 780-852-3225 | **홈피** www.jasperpizza.ca

★ 베어스 파우 베이커리 ★
Bear's Paw Bakery

베이커리 카페로 크루아상, 스콘 등 빵이나 점심용 샌드위치, 테이크아웃용 커피를 사기에 적당하다. 늘 많은 사람들로 북적인다.

주소 4 Pyramid Road, Jasper, Alberta | **전화** 780-852-3233

★ 팀 홀튼 ★
Tim Hortons

50년 전통의 캐나다 국민 카페 체인점. 캐나다 전역에 300여 개의 점포가 있을 정도로 흔하지만 캐나다 로키에는 밴프와 재스퍼 지역에 각각 1개씩 있다. 커피와 도넛, 샌드위치 등 간단한 스낵류를 판매한다.

주소 611 Patricia Street, Jasper, Alberta | **전화** 780-852-7240

○ TRAVEL STORY 13

젖먹이 데리고 캐나다 로키까지, 9박 11일 캐나다 렌터카 가족 여행 스케치

초저녁에 잠이 든 아이들이 새벽부터 일어나 돌아다니는 통에 덩달아 잠에서 깼다. 돌아온 지 이틀이 지났지만 녀석들의 시계는 아직도 여행 중인가 보다. 다섯 살 진아와 9개월 정균, 그리고 남편과 함께 떠났던 9박 11일간의 캐나다 로키 여행, 고장 난 시계가 다시 제 패턴을 찾기 전에 지난 시간을 스케치해본다.

day 1 인천에서 캐나다 로키까지

14시간의 비행, 두 번의 트랜짓, 갈아탈 비행기 중 1편은 결항, 결항으로 인해 1시간 추가된 5시간 30분의 기다림, 다시 2시간의 운전… 기나긴 이동 끝에 드디어 꿈에 그리던 밴프에 도착했다. 피곤하고 몽롱했지만 밥 로스(Bob Ross)가 그려놓은 듯한 똑같은 침엽수림 사이로 해 지는 로키 산맥의 풍경을 마주하니 왠지 울컥한 기분이 들었다. 서양화를 전공하던 학창 시절엔 모든 풍경을 '참 쉽게' 그리는 그의 가벼운 그림이 너무 싫었는데, 실제 마주한 그림 같은 대자연 앞에서 나는 할 말을 잃었다

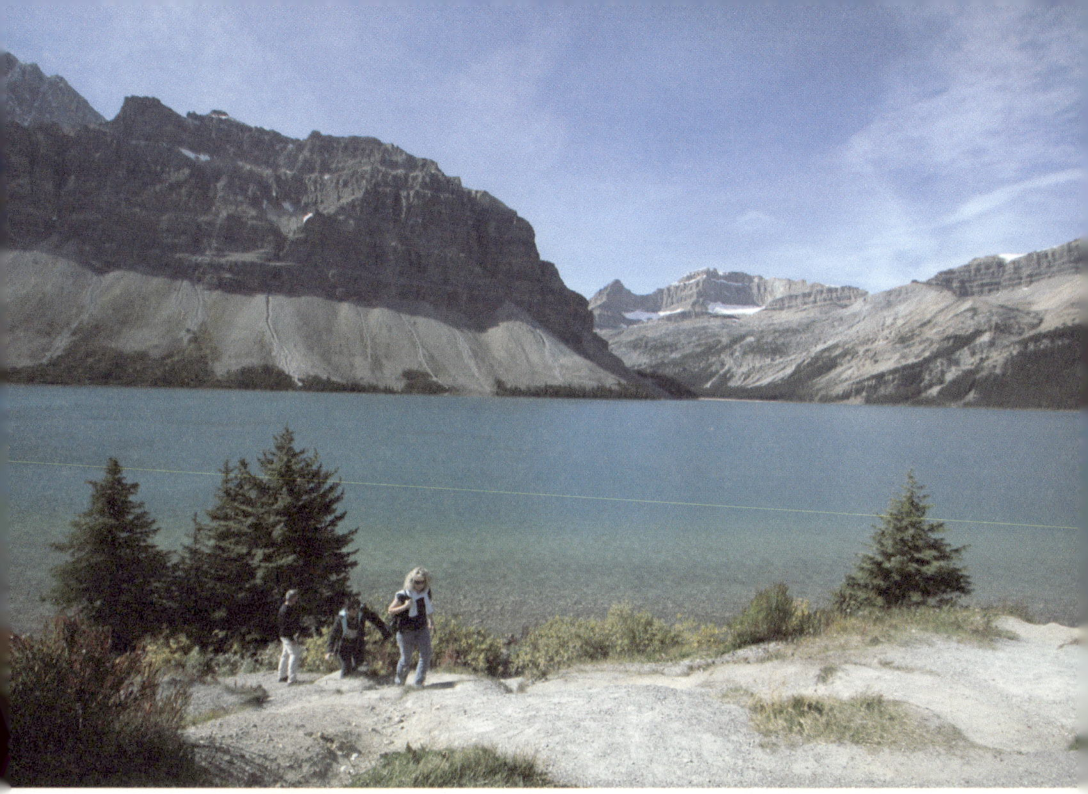

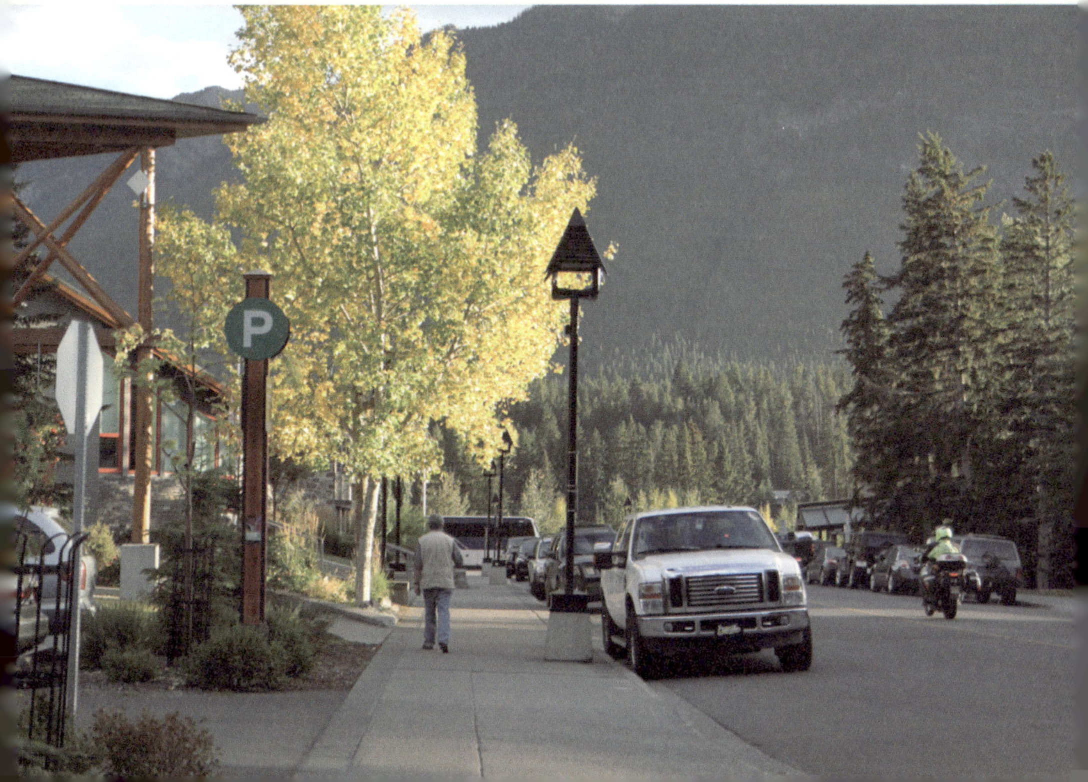
P

day 2~3 캐나다 로키, 감동적인 첫 만남

자료를 보고 또 봐도 막막하기만 했던 캐나다 로키로의 여행. 로키는 산이 아니던가. 가족 여행, 그것도 젖먹이 둘째까지 데리고 지구 반대편으로 날아가 산을 탄다니 주변의 걱정과 만류가 이만저만이 아니었다. 하지만 직접 경험해보니 굳이 두 발로 산을 오르지 않아도 로키를 여행하는 데는 다양한 방법이 있었다. 곤돌라를 이용하면 유모차에 아이를 태운 채로 해발 2,000m가 넘는 설퍼 산 정상에 오를 수 있었고, 산 중턱의 노천 온천에서는 눈 덮인 산봉우리들을 바라보며 신선놀음을 즐길 수 있었다. 영혼의 호수라는 미네완카에서는 그곳에 얽힌 전설과 역사를 들으며 유람선 여행을 할 수도 있었고, 관광이 싫은 날에는 아이들과 함께 아이스크림을 입에 물고 그저 밴프 시내를 거닐며 산악 마을의 정취를 즐길 수도 있었다.

day 4 잊을 수 없는 보우 강의 추억

처음 3일을 보냈던 밴프를 떠나 레이크 루이스로 향하는 날. 하지만 아이들과의 여행은 언제나 '효율'과는 거리가 멀다. 아침 일찍 체크아웃을 하고 보우 강에서 카누를 즐긴 후 존스턴 협곡에 들르려던 계획은 갑자기 시작된 진아의 배앓이로 백지화됐다. 전날 먹은 음식이 체했는지 진아는 물만 마셔도 힘들어했다.
'괜히 멀리 와서 고생만 시키는 것이 아닐까?'
보석을 박아놓은 듯 화려하게 빛나는 강가에서 구역질하는 아이의 등을 두드리며 만감이 교차했다. 하필 챙겨 온 비상약 꾸러미에는 소화제가 없었다. 설상가상으로 일요일이라 문 연 약국도 찾기 어려웠다.
지푸라기라도 잡는 심정으로 마트로 달려갔다. 그런데 이게 웬일? 누가 한국말로 나를 부르는 것이 아닌가? 옛 회사 동료였다. 서울도 아니고 밴프에서, 그것도 바로 이곳에서 우연히 아는 사람을 만날 줄이야~! 가족 여행을 왔다는 그녀는 마침 가지고 있던 딸아이의 비상약을 나눠 줬다. 정말 신이 도왔다고 할 수밖에 없는 상황이었다. 무척 감사했고, 다시 생각해도 이런 인연이 없다.
다행히 오후에는 기운을 회복한 진아와 함께 카누를 탈 수 있었다. 오후의 햇살을 듬뿍 받은 보우 강은 그 어느 때보다도 아름답게 빛났다.

day 5 신기루 같았던 모레인 호수

"새벽 다섯 시에는 일어나야겠어."
혼자 밤 마실 나갔던 남편이 들어오며 말했다. 여행사 전단을 보니 모레인 호수 투어의 출발 시각이 새벽 5시란다. 캐나다 로키에는 저마다의 특색을 자랑하는 수많은 호수가 있지만, 그중에서 가장 유명한 곳은 레이크 루이스와 모레인 호수다. 특히 산 중턱에 포근히 안긴 모레인 호수는 많은 여행자들이 '숨은 비경'으로 추천하는 곳이다.
모레인 호수가 가장 아름다울 때는 산 그림자가 없는 동틀 무렵이라고 했다. 여기까지 왔으니 나도 한번쯤은 새벽 산행을 해보고 싶었다. 하지만 곤하게 잠든 아이들을 깨워 추위와 싸우며 해돋이를 기다리는 건 무리일 것 같았다. 고민 끝에 정균이만 꽁꽁 싸매 안고 가는 것으로 방향을 잡았다. 진아에게 상황을 설명했더니 다행히 이해하는 눈치였다. 만약 새벽에 깨서 엄마아빠가 없으면 어떻게 해야 하는지, 전화와 장난감은 어디에 있는지 등도 일러두었다.
'그 어디에서도 이곳처럼 가슴 설레는 고독감과 거친 장대함을 느낄 수 있는 곳은 없었다.' 1899년 이 호수에 '모레인'이라는 이름을 붙인 윌콕스가 한 말이다. 락파일 트레일(Rockpile Trail)을 따라 10여 분간 가파른 산을 올라 여명이 밝아오는 모레인 호수를 처음 마주했을 때 내 느낌도 바로 그랬다. 고요하다 못해 적막이 흐르는 모레인 호수와 호수를 둘러싼 봉우리 사이로 해가 떠오르는 장면은 그저 숨죽이고 바라볼 수밖에 없는 장엄한 풍경이었다. 남편은 이 당시를 캐나다 여행 중 가장 인상적이었던 순간으로 꼽는다.
다녀오는 데는 2시간 남짓 걸렸고, 다행히 진아는 잘 자고 있었다.

day 6 길 자체가 여행의 목적이 되는 곳, 아이스필드 파크웨이

영국의 어느 산악인이 '스위스를 50개쯤 합쳐놓은 것 같다'고 말했다던 아이스필드 파크웨이. 달리는 것 자체가 여행의 목적이 된다는 그 길을 가족과 함께했다. 레이크 루이스에서 재스퍼까지 2시간이면 갈 수 있다는 말은 거짓말이었다. 길 중간중간 페이토 호수, 보우 호수, 콜롬비아 대빙원을 비롯해 이름 없는 뷰포인트까지 멋진 풍광이 많아 수시로 가다 서다를 반복해야만 했다.

빙하가 가까워서인지 더욱 영롱한 에메랄드 빛을 띠는 호수들, 푸른빛인 줄만 알았던 보우 호수는 손을 담가보니 투명하기 그지없었다. 콜롬비아 대빙원에서는 바퀴가 내 키만 한 설상차를 타고 직접 두 발로 빙하를 디뎌보기도 했다. 재스퍼 가까이에서는 도로를 점거한 야생 사슴 때문에 차를 세워야 했다. 이 모든 것이 재스퍼로 향하는 아이스필드 파크웨이에서 겪은 황홀하고 특별한 경험이었다.

day 7 대자연의 맛, 재스퍼 숲 속 피크닉

재스퍼의 아침 공기는 상쾌하다 못해 영혼이 맑아지는 느낌이었다. 진아는 매일 아침 창문을 반쯤 열고 들어오는 바람을 입 안 가득 머금어 삼키면서 '바람을 먹는 중이야!'라고 말했다.

재스퍼에서는 가볍게 멀린 협곡만 돌아본 후 호숫가 피크닉을 해보기로 했다.
관광안내소에 들러 어디가 좋은지 물었더니 해변이 있는 아네트 호수와 에디스 호수를 추천해줬다. 재스퍼 다운타운에서 10분 남짓 걸리는 호숫가에는 먼저 와 물놀이를 하는

가족들이 있었다. 우리는 경치 좋은 곳에 자리를 잡고 준비해간 샌드위치와 이유식, 과일 몇 개, 음료수로 점심을 먹었다. 식사 후에는 민들레 홀씨를 불며 호숫가를 따라 난 산책로를 걸었다. 진아는 '한국에서 자전거를 가져올 걸 그랬다'며 무척 아쉬워했다.

day 8 6시간의 이동, 다시 레이크 루이스를 지나 캘거리로

이번 여행에서 유일하게 후회하는 것이 있다면 재스퍼에서의 일정을 짧게 잡았다는 사실이다. 이렇게 사랑스러운 마을일 줄은 상상도 못했다. 누워서 별을 볼 수 있었던 다락방 침실, 진짜 나무로 불을 지필 수 있는 벽난로, 꽃이 만발한 작은 정원이 있던 숙소는 정말 떠나기 싫었다. 간절하게 며칠 더 있고 싶었지만, 이제 집으로 돌아갈 시간. 재스퍼에서 캘거리 국제공항까지는 차로 6시간이나 걸리는 먼 거리였다. 서둘러 출발해야 했다.
바쁜 하루였다. 하지만 가는 길에 차 한잔 마실 여유가 없는 건 아니었다. 레이크 루이스의 '페어몬트 샤토 레이크 루이스' 호텔에 들러 홍차 한 잔을 주문했다. 사실 내가 기대했던 것은 차와 함께 3단 트레이 가득 다과가 나오는 '애프터눈 티'였다. 그러나 애프터눈 티는 매일 한정 수량만 판매하기에 예약을 하지 않고는 맛보기 어려웠다. 무척 아쉬웠지만 가족의 취향에 맞춰 따로 주문한 차와 주스, 케이크도 나름 괜찮았다. 무엇보다 이곳 레이크뷰 라운지에서 보는 풍광은 무척 로맨틱했다.

day 9   자연을 벗한 도시, 캘거리

여행 막바지로 갈수록 가족 모두가 지치는 것 같아 계획했던 캘거리 시내 투어는 하지
않기로 했다. 대신 아이들을 예뻐하던 호텔 직원이 추천한 '프린세스 아일랜드 공원'
놀이터에 가보기로 했다. 공원 놀이터는 캘거리 어린이들이 다 모인 듯 활기찼다. 우리는
다른 가족들이 하듯 풀밭에 돗자리를 깔고, 아이들과 함께 공원 소풍을 즐겼다. 어디서건
쉽게 친구를 사귀는 진아는 낯선 아이들과도 잘 어울려 놀았다.
캘거리는 그저 캐나다 로키로 가는 관문으로 지나치기에는 아까운 도시였다. 단풍잎
흩날리는 캘거리 다운타운은 로키 못지않게 매력적이었다. 로키가 대자연이라면
캘거리는 자연을 벗한 도시였다. 높은 빌딩들이 줄지어 서 있지만 도시 곳곳에는 로키를
닮은 꽃과 나무가 넘쳐났다. 관광지가 아니지만 그렇기에 보통 캐나다 사람들의 삶을 더
잘 들여다볼 수 있는 곳이기도 했다.

day 10~11   다시 현실로

다시 긴긴 비행이 시작되는 날. 호텔에서 먹는 마지막 아침식사를 천천히 즐기고, 캘거리 국제공항으로 향했다. 열흘간 정들었던 렌터카를 반납하고 나니 이제 정말 여행이 끝난 것 같았다. 하지만 서운함도 잠시. 아이들이 조금 더 자라면 다시 '페어몬트 샤토 레이크 루이스'에 가자는, 그곳에서 샴페인 한잔 기울이며 못다 한 애프터눈 티의 꿈을 이루자는 남편의 제안에 슬쩍 웃음이 났다. 비록 아득한 미래일지언정 이렇게 말해주는 그가 고마웠다. 다시 현실로 돌아와 일상이 시작되었지만 캐나다에서의 시간을 추억할 수 있어 당분간은 뭘 하든 힘이 날 것 같다.

내 생에 가장 아름다웠던 날, 페어몬트 샤토 레이크 루이스에서 즐긴 오후의 홍차

여행 중 하루쯤은 그동안 수고한 나를 위해 작은 호사를 누려보면 어떨까? 탐스럽게 핀 꽃 한 다발을 사와 호텔 방을 장식한다거나, 멋지게 차려 입고 풀코스 정찬을 맛본다거나, 아니면 아름다운 경치를 배경으로 예쁜 다기에 담긴 차 한 잔을 마셔보는 것 말이다. 상상만으로도 가슴이 설레는 이런 우아한 시간은 여행 중이기에 더욱 특별하게 느껴진다.

캐나다 로키 여행의 로망, 애프터눈 티 Afternoon Tea

캐나다 로키 여행을 계획하면서 꼭 한 번 해보고 싶은 것이 있었다. 로비와 객실에서 유네스코가 지정한 세계자연유산인 레이크 루이스를 감상할 수 있다는 호텔, 이름처럼 도도한 페어몬트 샤토 레이크 루이스(The Fairmont Chateau Lake Louise)에서의 애프터눈 티가 바로 그것이었다.
애프터눈 티는 1840년대에 영국에서 시작된 티타임으로 오후 3~4시쯤에 차와 다과를 즐기는 상류층 귀족 문화다. 영국의 영향을 많이 받은 캐나다에는 애프터눈 티로 유명한 곳이 꽤 많은데 그중에서도 이곳, 페어몬트 샤토 레이크 루이스는 아름다운 호수를 바라보며 차와 다과를 즐길 수 있어 최고로 꼽는다.

그런데 사실, 이 호텔을 찾은 건 오늘이 처음은 아니다. 며칠 전 레이크 루이스 주변을 여행하며 한 번 들렀다. 오후에 즐기는 다과라는 생각에 일부러 오후 3시에 맞춰 간 것이 실수였다. 호텔 직원에게 '어디로 가야 애프터눈 티를 맛볼 수 있는지' 물었더니 티타임이 이미 끝났다는 답변이 돌아왔다. 애프터눈 티는 낮 12시에서 오후 3시까지만 즐길 수 있다고 했다. 하는 수 없이 그대로 다시 차를 몰아 호텔을 빠져나오는데, 어찌나

아쉽던지…. 맛있는 케이크에 대한 기대에 부풀어 있던 딸아이의 실망도 이만저만이 아니었다. 결국, 우리는 캐나다 로키 여행을 마치고 재스퍼에서 캘거리로 향하는 길에 다시 한 번 레이크 루이스를 찾았다. 이번에는 조금 더 일찍.
애프터눈 티로 유명한 1층의 '레이크뷰 라운지'는 이미 사람들로 붐비고 있었다. 우아한 호텔 분위기와는 사뭇 다른 시끌벅적한 분위기였다. 예약이 되지 않는 카페의 특성상 20분 정도 기다려야 한다는 이야기도 들려왔다. 며칠도 기다렸는데 20분쯤이야.
더 고민할 것 없이 리셉션의 대기자 리스트에 이름을 올리고, 진동벨을 받아 들었다.

캐나다 로키에서 가장 호화로운 호텔, 페어몬트 샤토 레이크 루이스

기품이 흐르는 호텔의 메인 로비는 고풍스러운 장식 하나하나에서 오랜 역사의 흔적과 자부심이 느껴졌다. 한쪽 벽에는 영국 빅토리아 여왕의 넷째 딸이자 당시 캐나다의 총독과 결혼한 '루이스 캐롤라인 앨버타' 공주의 초상화가 걸려 있었다. '레이크 루이스'와 '앨버타' 주는 모두 캐나다 서부를 여행하던 총독이 그 아름다움에 반해 붙인 아내의 이름이라고 했다. 한동안 그녀의 얼굴을 물끄러미 바라보다가 마치 젊은 시절의 루이스 공주라도 되는 양 카펫 위를 천천히 걸어보았다.

호텔 곳곳에는 동물의 뿔이나 자수 장식, 그림, 보석 등 호화로운 장식품들이 숨어 있었다. 그중에서도 특히 내 눈길을 끈 것은 레이크 루이스의 정취를 그대로 담은 독특한 모양의 샹들리에였다. 횃불을 들고 있는 여자 형상의 조각이나 촛불 모양, 사슴 뿔 등으로 장식된 샹들리에는 자체가 하나의 예술품이라도 해도 될 만큼 섬세하고 아름다웠. 대리석 기둥이며 반들반들한 나무 계단, 둥근 창으로 보이는 잘 가꿔진 꽃밭과 정원도 인상적이었다.

레이크 루이스 최고의 뷰포인트, 레이크뷰 라운지

아이와 함께 소파에 자리를 잡고 공주놀이에 심취하고 있을 즈음, 진동벨이 울렸다. 안내받은 자리에 앉으니 햇살을 받아 에메랄드 빛으로 빛나는 레이크 루이스와 햇살만큼이나 밝은 미소로 우리를 맞아주는 사람들이 꿈처럼 어른거렸다. 큰 창으로 보이는 호수와 만년설, 울창한 침엽수림과 만발한 꽃들을 보고 있으니 '오늘이 바로 내 생에 가장 아름다운 날이 아닐까?' 하는 생각마저 들었다. 맞은편 테이블에 세팅된 애프터눈 티의 3단 트레이와 샴페인 한 잔이 나를 더욱 설레게 했다.
하지만 청천벽력 같은 소식이 기다리고 있었으니…. 애프터눈 티를 주문하니 '오직 예약한 사람에게만 판매한다'는 답변이 돌아왔다. 여유분을 조금 더 만들기는 하는데, 오늘은 이미 다 판매된 상태라고 했다. 너무나 아쉬워서 눈물이 핑 돌았다.

내 생에 가장 로맨틱한 순간

그래도 여기까지 왔으니 케이크 몇 조각과 차를 맛보기로 했다. 아이를 위해 웨이트리스가 추천해준 케이크는 '코코넛 티라미수'와 '화이트 초콜릿 라즈베리 무스 케이크'. 여기에 주스 한 잔을 추가하고, 남편은 앨버타 트래디셔널 맥주를, 나는 페어몬트 샤토 레이크 루이스의 시그너처 메뉴인 '페어몬트 얼그레이'를 주문했다. 막상 예쁜 홍차 다기가 세팅되고 각자 좋아하는 메뉴가 나오니 이것도 나쁘지 않다는 생각이 들었다. 어쩌면 향기로운 얼그레이의 풍미가 내 마음을 진정시켰는지도 모르겠다.

차를 마신 후에는 아이들과 함께 테라스로 나가 정원과 호수, 설산이 어우러진 풍경을 감상했다. 푸른 하늘과 하늘보다 더 진한 색으로 빛나는 호수, 정원에 만발한 꽃들이 무척 아름다웠다. 호텔 담벼락을 사이에 두고 숨바꼭질을 하고, 호숫가를 따라 이어진 산책로를 걷다 보니 '바로 이 순간을 위해 머나먼 캐나다로 떠나왔나 보다'라는 생각이 들었다.

그 옛날 루이스 공주는 매일 이런 호사를 즐겼을까? 비록 진정한 애프터눈 티는 경험할 수 없었고, 젖먹이 둘째 녀석이 카페를 제집 안방처럼 기어 다니려고 해서 곤란하기도 했지만, 캐나다 로키에서 가장 사치스러운 풍경을 마주하며 즐긴 차 한잔의 추억은 내 생에 가장 로맨틱한 순간으로 기억될 것 같다.

빙하에 대한 편견을 깨다, 콜롬비아 대빙원

레이크 루이스에서 재스퍼까지 이르는 아이스필드 파크웨이(Icefields Parkway)를 달리다 보면 주변의 설산이 점점 가까워지는, 마치 아이맥스 영화관에서나 봤을 법한 풍경이 펼쳐지는 지점이 있다. 바로 콜롬비아 대빙원(Columbia Icefield Glacier)이다.

콜롬비아 대빙원은 지구상에서 북극 다음으로 넓은 얼음 들판이다. 크기는 서울의 절반(325km²)만 하고, 두께는 에펠탑 높이(300m)만 하다. 1만 년 전부터 겹겹이 쌓인 눈이 거대한 얼음 덩어리가 되었다. 가장 높은 지점은 콜롬비아 산 정상으로 해발 고도가 3,745m나 된다. 놀라운 것은 이곳이 사람이 직접 빙하를 밟아볼 수 있는 세계에서 몇 안 되는 빙원이라는 점이다. 빙하는 극지방에서나 체험할 수 있는 줄 알았는데, 캐나다 로키 한복판에서 이렇게 거대한 빙하를 만나다니, 눈앞에 펼쳐진 풍경이 믿기지 않았다.

설상차를 타고 빙하에 오르다

여행자가 오를 수 있는 곳은 콜롬비아 대빙원을 이루는 30여 개의 빙하 중 들머리 격인 아사바스카 빙원이다. 매표소가 있는 콜롬비아 대빙원 디스커버리 센터(Columbia Icefield Glacier Discovery Center)에서 셔틀버스를 타고 설상차가 있는 곳까지 10분 정도 이동한 후 '스노 코치(Snow Coach)'라 불리는 설상차로 옮겨 타고 아사바스카(Athabasca) 빙원의 2,210m 지점까지 오르게 된다.

특수 제작된 설상차를 타고 빙하를 누비는 체험은 어린아이도 참여할 수 있다기에 얼른 티켓을 끊었다. 아이스필드 센터에서 얼핏 빙원을 올려다 보니 그리 멀지 않은 것 같았다. 실제로 걸어 올라가는 사람도 보였다. 혼자라면 한번쯤 걸어 올라 가 보고 싶다는 생각도 들었다. 그러나 막상 빙원에 도착해보니, 회색 먼지를 뽀얗게 뒤집어쓴 사람들이 있었다. 알고 보니 6시간이나 걸리는 트레킹 코스였다.

빙하에 대한 편견 하나, 겁먹을 필요 없다. 안전 구역만 잘 지킨다면

빙하를 체험한다고 했을 때 걱정되는 것이 있었다. '안전'이었다. '빙하를 오르다가 갑자기 눈사태가 나면 어쩌지? 크레바스에 빠진다면?' 상상만 해도 아찔했다. 철모르는 아이들과 함께 모험을 하고 싶지는 않았다. 실제로 아사바스카 빙하는 지구 온난화 때문에 급속도로 녹고 있어 매년 5m씩 후퇴하고 있다는 점이 마음에 걸렸다.

"안녕하세요! 저는 이 설상차를 운전하게 될 호주 출신의 드라이버 겸 가이드입니다."
"자~ 이제 우리는 미끄러운 빙하 위를 달릴 예정이니 모두 안전벨트 잘 매셨는지 확인해 주세요~!"

설상차에 자리를 잡고 앉으니 입구에서 우리를 맞이하던 미모의 직원이 안내 방송을 시작했다. 한눈에 보기에도 특수 장비처럼 보이는 거대한 설상차의 운전자가 여성이라는 점이 멋졌지만 차에 타자마자 안전에 대한 언급부터 하는 것에 놀랐다. 불안한 마음에 아이들부터 챙겼다. 카시트를 챙겨 올 걸 후회도 됐다. 그런데 아무리 둘러봐도 벨트가 없다. 내 자리를 확인하니 역시 마찬가지다. 좌석을 옮겨야겠다고 마음먹고 주위를 살펴보니 다들 없는 벨트를 찾느라 두리번거리고 있었다.
고개를 들어보니 가이드가 장난기 가득한 얼굴로 웃고 있었다. 중장비 포스 넘치는 이 6륜 구동 설상차에는 안전벨트가 없다고 했다. 빙원에서 가장 두껍고 안전한 구역으로만 천천히 다니기에 안전벨트가 따로 필요 없다는 것이다. 어른 키만큼 커다란 바퀴는 하나에 5억 원이 넘는 전문 장비라고 했다. 내 마음을 알고 있다는 듯, 설상차 투어를 시작한 이래 60년이 넘는 세월 동안 늘 안전했으니 믿으라는 말도 덧붙였다. 미리 들은 이야기 때문인지 실제로 타본 설상차는 안전하게 느껴졌다. 얼음 위로 오르기 전, 비포장 도로를 달릴 때는 가끔씩 덜컹거렸지만 크게 흔들리지는 않았다. 그녀는 나긋나긋한 목소리로 빙하와 산, 역사와 개척자에 관한 이야기를 들려주며 육중한 설상차를 노련하게 움직였다. 어느 순간 우리는 긴장을 풀고, 사방으로 트인 커다란 차창으로 천천히 흘러가는 빙하와 자연의 모습을 감상하는 데 집중하고 있었다.

빙하에 대한 편견 둘, 빙하는 생각보다 깨끗하지 않다

드디어 빙원에 올라 설상차의 바퀴가 얼음을 디뎠다. 아이와 함께 창문에 이마를 바싹 붙이고 아래를 내려다보니 빙하가 녹아 조금씩 흘러내리는 모습이 보였다. 감격을 하려는 찰나, 자갈과 흙먼지가 뒤섞인 얼음층이 눈에 들어왔다. 이건 내가 상상했던 빙하의 모습이 아니었다. 모래 더미가 쌓인 회색빛 빙하라니….
하지만 실망하기엔 일렀다. 조금 더 높은 곳으로 올라가니 점점 깨끗한 빙하의 모습이 드러났다. 하지만 눈 내리는 겨울이 아니고서는 순백의 빙하를 볼 수는 없을 것 같았다. 그래도 드문드문 드러난 빙하의 속살이나 얼음 아래 날카롭게 갈라진 크레바스의 흔적을 보며 진짜 빙하를 달리고 있음을 실감했다.
안전지대에 오르면 약 20분간 빙하 위를 걸어볼 수 있는 시간이 주어진다. 설상차에서 내려 처음으로 빙하를 디디던 그때, 그 기분은 마치 달에 착륙한 닐 암스트롱이라도 되는 것 같았다. 사람들은 빙하를 배경으로 인증샷 찍기에 여념이 없었다. 양껏 사진을 찍고 난 후에야 주변을 둘러보고 직접 빙하를 만져보기도 했다.

빙하에 대한 편견 셋, 에메랄드 빛 호수의 비밀

빙원 한쪽에는 빙하수가 흘러 작은 물웅덩이를 만들고 있었다. 손이 시렸지만, 이곳의 깨끗한 빙하수를 마시면 10년씩 젊어진다는 가이드의 말에 두 손 가득 물을 받아 마셨다. 가까이에서 보니 빙하의 색은 약간 푸르스름했다. 그런데 신기하게도 빙하가 녹아 흐르는 물은 무척 투명했다.

비밀의 열쇠는 전문 용어로 '락 플라워(Rock Flour)'라고 부르는 돌가루에 있었다. 수천 년간 형성된 빙하가 천천히 녹아 흐르며 얼었다 녹았다를 반복하다가 지표면에 있는 광물질이 섞여 빛을 받으면 푸른색을 낸다고 했다.

콜롬비아 대빙원에서 흘러내려 캐나다 로키의 호수와 강을 이루는 빙하수는 햇빛이 강한 맑은 날, 수량이 많을 때 더욱 아름다운 에메랄드 빛을 띤다고 한다. 같은 빙하수라도 가까이 다가가서 보거나 수심이 얕은 곳을 보면 또 한없이 투명했다. 형태에 따라, 양에 따라, 보는 각도에 따라 달리 보이는 빙하가 신비롭기만 했다.

지구 온난화와 빙하의 위기

길고도 짧은 20여 분의 빙하 여행을 마치고 이제 돌아가야 할 시간.
아사바스카 빙원은 지구 온난화로 점점 뒤로 물러나고 있으며 몇 년 후에는 아예 빙하 자체가 사라질 위기에 처했다고 한다. 자갈과 모래로 뒤덮인 차창 밖 풍경에서 시선을 뗄 수가 없었다. 다큐멘터리에서나 보던 상황을 직접 두 눈으로 확인하니 더욱 안타까웠다. 지금 보고 있는 이 모습이 앞으로 우리 아이들이 겪게 될 미래의 모습은 아닐지, 더 늦기 전에 생명의 근원인 자연을 위해 할 수 있는 일을 찾아봐야겠다는 생각이 들었다.

또 한 번의 허니문, 태교 여행

임신 테스터기의 두 줄을 확인하는 순간, 여자는 만감이 교차한다. 내가 엄마가 된다니.
무척 기쁘면서도 한편으로는 당황스럽다. 포기하고 미뤄둬야 할 일들이 머릿속을 스쳐간다. 몇 주나 된 거지? 태아는 건강할까? 회사는 어떻게 해야 하나? 배가 불러올수록 몸은 평소보다 민감해져 입덧을 하기도 하고, 쉽게 피로를 느끼기도 한다.

이런 상황은 남자도 마찬가지다. 부모가 되는 것은 분명 축복받은 일이다. 그러나 아이로 인해 삶의 많은 부분이 변할 것이라는 두려움이 밀려온다. 이제야 비로소 진정한 가족의 가장이 된다는 생각에 기대가 되면서, 무거운 책임감이 강하게 들기도 한다.

이럴 때 부부의 몸과 마음을 다스리는 방법이 태교다. 과거에는 집에서 음악을 듣거나 맛있는 음식을 먹으며 태교를 했지만, 솔로 때부터 여행이 일상화된 요즘 젊은 부부들은 태교 여행이 대세다. 태교 여행은 다른 말로 '베이비문(Babymoon)'이라고도 한다. 베이비문은 '허니문(Honeymoon)'에서 파생된 말로 출산을 앞둔 부부가 떠나는 제2의 신혼여행을 말한다.

언제 떠날까?

임신부가 여행하기에 적합한 시기는 임신 4개월에서 7개월(13~28주) 사이다. 입덧과 유산 위험으로 안정이 필요한 임신 초기와 몸이 무겁고 조산 위험이 있는 임신 말기는 피하는 것이 좋다. 전문가들은 임신했다는 이유만으로 굳이 여행을 피할 필요는 없다고 조언한다. 새로운 환경과 적당한 운동은 오히려 예비 부모의 기분전환에 도움이 된다.

어디로 갈까?

임신, 출산 정보 커뮤니티의 '태교여행' 게시판을 보면 태교 여행지로 괌, 사이판, 세부, 푸켓, 발리 등 가까운 휴양지가 주로 언급된다. 특히 괌은 비행 거리가 4시간 정도로 짧고, 미국령이기에 유명 브랜드의 유아용품을 저렴하게 쇼핑할 수 있다. 해변도 즐기고, 쇼핑도 할 수 있으니 출산을 앞둔 예비 맘에게는 이보다 매력적인 여행지가 없다.

조금 더 여유롭고 색다른 여행을 원한다면 크루즈 여행도 괜찮다. 우리가 영화〈타이타닉〉에서 봤던 그 대형 크루즈 말이다. 싱가포르, 태국, 말레이시아 등을 여행하는 아시아 크루즈도 좋고 중국, 일본, 한국(제주도)을 여행하는 한중일 크루즈도 부담 없다. 크루즈 여행의 장점은 숙박비가 별도로 들지 않고, 한번 짐을 실으면 여행이 끝날 때까지 옮기지 않아도 된다는 것이다. 임신 중의 여행은 사람이 적고 안전한 곳에서 맑은 공기를 쐬며 휴식을 취하는 것이 목적이다. 또 쉽게 피로를 느끼는 만큼 여행 중 적절한 수분 보충과 휴식이 중요하며 무리한 여행 계획은 오히려 부담스러울 수 있으니 유의한다.

임산부가 알아야 할 여행 수칙 다섯 가지

1 | 산부인과에 들러 의사 소견서를 받자

비행기를 탈 때는 응급 상황에 대비해 출산 예정일, 산부인과 의사와 연락할 수 있는 정보, 혈액형 등을 기록한 문서를 소지하는 것이 좋다. 해외여행은 영문 의사 소견서를 받아야 한다. 32주까지는 항공 여행이 자유롭고, 그 이상이라고 해도 소견서가 있으면 36주까지는 비행기를 탈 수 있다. 외국 항공사의 경우 28주 이전이라도 소견서가 필요할 수 있으니 탑승 전 확인해 보자.

2 | 여행지 의료 시설을 체크하자

임신 28주 이후는 임신부에게서 고혈압, 정맥염이나 조산 같은 문제가 생길 수 있다. 이 시기에 떠나지 않더라도 여행지의 의료 시설을 미리 체크해보는 것이 좋다.

3 | 수분 보충에 신경 쓰자

임신부는 일반인보다 혈액량이 많고, 쉽게 탈수 현상이 일어날 수 있는 만큼 여행 중 적절한 수분 보충과 휴식하는 습관이 중요하다. 또 몸이 잘 붓는 타입이라면 레몬 음료를 준비하는 것도 좋다. 레몬이나 라임은 부기를 가라앉혀주는 효과가 있다. 정맥염을 방지하기 위해 항공 여행 중에는 1시간마다 일어나서 걷는 것이 좋다.

4 | 지나친 걱정은 오히려 태교에 좋지 않다

여행에 대한 지나친 걱정은 오히려 태교에 좋지 않다. 일단 떠나기로 했으면 기분 좋게 즐기자. 비행기 여행 시 압력이나 우주 방사선 노출량이 혹시 태아에게 영향을 주지 않을까 걱정할 필요도 없다. 높은 고도에서 비행기 내 압력이 낮아져도 태아의 특수한 헤모글로빈 때문에 산소 공급에는 거의 영향을 주지 않는다고 알려졌다. 방사선 노출량도 임신부에게 부정적 영향을 미칠 가능성이 거의 없고, 공항 보안 검색대의 방사선도 태아에 미치는 영향이 무시할 수준이라고 한다. 하지만 검색대에서는 손이나 검색 막대를 이용할 수도 있다.

5 | 임산부를 위한 특별 서비스를 확인하자

요즘은 항공사에 산모를 위한 서비스도 있다. 아시아나항공 국제선에는 산모, 유아 동반 가족을 위한 프리맘 카운터가 있고, 거리가 먼 탑승구까지는 출발 50분 전부터 출국 수속을 완료한 임산부들에게 전동차 이동 서비스를 제공하고 있다. 앞쪽, 통로 쪽으로 좌석을 배정하기도 한다. 수하물 우선 처리나 우선 탑승은 항공사마다 제공하는 기본 서비스. 서비스를 이용하려면 일정 시간 전에 예약해야 하는 경우도 있으니 미리 확인해보자.

10문 10답
아이와 해외여행,
고수에게
물었다!

아이와 함께 유럽 여행을 할 수 있을까? 온 가족이 한 달쯤 해외에 살아보면 어떨까? 아이가 둘일 때 해외여행 어떻게 해야 하나? 아빠의 시각으로 본 해외여행은 어떨까? 다양한 방식으로 아이와 해외여행을 다니는 고수들의 생생한 노하우를 들어보았다.

사진 제공 | 남선영, 송정은, 배문경, 김동환

여 행 고 수 소 개

남선영
남편과 함께 프리랜서 디자이너로 일하며 세계 곳곳을 여행하다 아이의 돌 무렵에 '태국 1년살이 프로젝트'를 실행했다. 지금은 제주도에서 화가로 살며 틈틈이 장기 여행을 떠나고 있다.

송정은(일레드)
블로그 '미녀들의 수다 (www.hotsuda.com)' 운영자. 엄마지만 여전히 예쁘다는 칭찬과 하이힐에 열광한다. 일곱 살, 다섯 살 남매와 함께 가족 여행을 떠날 때 가장 행복하다.

배문경
여덟 살, 다섯 살 두 아이를 키우고 있는 주부. 남편이 해외에 주재하는 동안 아이들과 유럽, 미국 여행을 했다. 한국으로 돌아온 지금은 다음 여행을 꿈꾸며 일상을 보내고 있다.

김동환(무념이)
전 세계 40여 개국을 여행하며 블로그 '무념이의 인생이 시트콤 – 여행에 미친 회사원의 세계 여행기(sophism-travel.tistory.com)'를 꾸리고 있다. 두 아이를 둔 샐러리맨이자 가족 여행자로 살고 있다.

1
첫 해외여행지는 아이가 몇 살 때, 어디였나요?

남선영 7개월, 태국 코타오. 태국 1년살이 예행연습 겸 남편의 프리다이빙 자격증 취득을 위해 온 가족이 함께 태국의 작은 섬으로 떠났다.
송정은 20개월, 싱가포르 크루즈 여행. 사실 어린아이를 데리고 떠날 엄두가 나지 않았다. 그러나 임신 중이었기에 둘째가 태어나기 전에 근사한 여행을 한번 해보고 싶었다.
배문경 30개월, 독일 뮌헨 일대 렌터카 여행. 아이와 함께 떠나는 첫 유럽 여행이었기 때문에 안전하고 깨끗하며 도로 상황이 좋은 지역을 골랐다. 뮌헨은 레고 랜드가 있는 곳이라는 점도 고려했다.
김동환 8개월, 일본 유후인 온천 여행. 아이가 어려서 장거리 이동이나 여러 곳을 관광하기는 힘들 것 같아 료칸 여행을 떠났다. 집이 부산이라 배를 타고 가면 가격도 저렴하다. 아이를 낳은 후 무릎이 안 좋은 아내가 푹 쉬기를 바라는 마음이었다.

2
해외여행지를 선정할 때 가장 중요하게 생각하는 것은 무엇인가요?

남선영 만약의 사태에 대비해 치안이 안전하고, 믿을 만한 의료 시설이 있는 지역인지를 우선 확인한다.
송정은 배문경 여행을 준비할 때 가장 신경 쓰는 부분은 숙소다. 위치, 청결도, 아침식사의 퀄리티, 아기 침대를 무료로 쓸 수 있는지 등을 확인한다. 음식을 직접 조리해 먹을 수 있는 콘도형 숙소도 좋다. 일정에 여유가 있다면 수영장 이용이 가능한지도 고려한다. 장기 체류 중인 외국인이 많은 지역은 보통 여행자를 위한 인프라가 잘 발달되어 있다.
김동환 '부모의 만족도'와 '아이의 컨디션'을 조율해 중간 점을 찾는다. 사실 아이들은 동네 수영장에만 가도 잘 논다. 그렇다고 내 여행의 즐거움을 포기할 수는 없다. 서로가 만족할 수 있는 가장 무난한 곳이 휴양지나 온천이라고 생각한다.

3
아이와 함께한 해외여행지 중 가장 기억에 남는 곳은?

남선영 태국 치앙마이. 태국 북부 치앙마이는 방콕이나 남부 해안보다 기후가 서늘하고 물가가 저렴해 장기 체류자가 많다. 바다가 없고 산으로 둘러싸여 있지만 상대적으로 덜 번화해 사람들 역시 순박하고 인간적인 매력이 있다. 당시 16개월이던 아들은 어디를 가나 예쁨을 받았다. 해외 1년살이를 시작한 치앙마이는 태국인들에게 사랑을 듬뿍 받았던 잊지 못할 곳이다.

송정은 중국 베이징. 큰아이 34개월, 작은아이 8개월 때 다녀온 베이징 여행이 가장 기억에 남는다. 우리 가족의 완전체가 처음으로 함께한 해외여행이기 때문이다. 끓는 듯 더웠던 8월의 베이징이었지만 용감하게 유모차 2대에 캐리어까지 끌고 떠났다. 많이 힘들었으나 아이들과 함께하니 풍요로웠다. 아기띠 메고 만리장성을 등반했던 추억은 잊을 수 없다.

배문경 독일 뮌헨. 어른의 로망인 유럽 여행, 하지만 관광 중심의 여행은 아이들에게 지루하고 힘들 수 있다. 프랑스, 이탈리아, 오스트리아, 독일을 여행했는데 아이와 함께하기에는 독일이 가장 좋았다. 뮌헨에는 유적지 외에도 레고 랜드, 자동차 박물관(BMW, 벤츠), 바이에른 뮌헨의 아레나 홈구장 등 아이가 관심 가질 만한 곳이 많다.

김동환 사이판. 부모님과 동생 가족을 포함해 8명의 대가족이 함께 떠난 사이판 여행이 기억에 남는다. 11개월, 22개월 두 아기와 6개월 임산부까지 온 가족이 북적거리며 물놀이를 하고, 2~3시간 거리의 주변 섬 투어도 하며 가족 여행의 즐거움을 만끽했다. 부담 없는 비행시간, 안전한 치안, 자연경관이 아름다운 사이판은 휴양과 관광을 적절히 즐길 수 있는 최적의 가족 여행지다.

4
반드시 챙기는 아이와의 해외여행 준비물은?

남선영 배문경 항공 여행을 할 때는 아이의 지루함을 달래줄 물건들이 필요하다. 충전이 완료된 아이패드와 만화영화, 그림을 그릴 수 있는 무지 노트, 색연필은 손이 잘 닿는 가방에 넣어둔다. 한번도 접해보지 못한 과자나 장난감도 좋다. 헤드폰도 필수! 비행기에서 제공하는 헤드폰은 아이의 머리에 맞지 않을 수 있다. 아이가 편하게 쓸 수 있는 것으로 미리 준비해두면 유용하다. 장기 여행을 할 때는 이것저것 무겁게 사 들고 가는 것보다 한국의 온라인 숍에서 머무는 숙소로 직송받으면 간편하다.

송정은 휴대용 유모차. 의자로, 침대로, 수레로 쓰이는 유모차야 말로 꼭 필요한 준비물이다.

김동환 선크림 하나는 꼭 챙긴다. 아이가 8개월 때 떠난 일본 여행에서 5월의 햇빛에도 아기의 다리가 양말 자국이 선명하게 남을 만큼 탄 것을 본 후 유아용 선크림은 여행 필수품이 되었다.

5
아이와 즐겁고 재미있게 해외여행하기 위한 나만의 노하우가 있다면?

남선영 욕심을 버린다. 아침에 아이의 컨디션이 나쁘면 그날은 계획했던 일정을 취소한다. 칭얼대는 아이와 여행하는 건 서로에게 고역이다. 아이와 함께하는 여행의 기본은 느긋한 마음가짐이다.
송정은 아이들은 전혀 예상치 못한 장소에서 즐거워할 때가 있다. 이럴 때는 재촉하지 않고 기다려준다. 하루에 한두 곳만 정해 천천히 둘러보고, 유명한 관광지에 집착하지 않는다.
배문경 아무리 일정을 느슨하게 잡는다고 해도 여행 중 아이들은 쉽게 지친다. 힘들 때는 함께 아이스크림을 먹으며 잠시 쉰다. 일정 중에 하루 정도는 온전히 아이들을 위한 날로 정한다.
김동환 물놀이가 가능한 곳으로 여행한다. 아이에게 '집에 가자'는 소리를 듣고 싶지 않다면 아이가 좋아하는 책, 장난감 등을 잘 챙겨야 한다.

6
힘들었던 순간 또는 잊지 못할 에피소드

남선영 아이가 놀다가 앞니를 세게 부딪혀서 이가 흔들린 적이 있다. 여행이고 뭐고, 당장 귀국을 해야 하나 심각하게 고민했다. 다행히 현지 병원에서 괜찮다는 소견을 받아 무탈하게 지나갔지만, 당시에는 걱정이 컸다.
송정은 이동 중 아이들이 잠들면 참 난감하다. 특히 공항에서 호텔을 오갈 때는 지친 아이와 무거운 짐을 한번에 들어 옮겨야 하는 경우도 있다. 신기하게도 그때마다 초능력을 발휘해 위기를 넘긴다.
배문경 유럽 여행을 가던 중 모스크바 공항의 보안 검색대에서 너무 시간을 끈 나머지 비행기를 놓쳤다. 칭얼대는 아이와 함께 오랜 시간을 기다린 것은 물론이고 공항 직원과 언쟁까지 했던 사건이 기억에 남는다. 모스크바 공항은 아이에 대한 배려가 없고, 불친절하기로 악명 높다.
김동환 사이판 여행은 출발부터 파란만장했다. 인천국제공항으로 가기 위해 탔던 서울행 버스에서 아이의 옷과 장난감이 담긴 캐리어가 없어졌다. 버스에 비슷한 캐리어가 하나 남아 있는 것을 보니 누가 바꿔 들고 내린 것 같았다. 경찰에 신고를 하고, 일단 사이판으로 출발했다. 그런데 호텔로 가는 길에 보니 이번에는 이유식 가방이 없다. 옷은 현지에서도 살 수 있지만, 아이의 입맛에 맞춘 이유식은 구할 수 없다. 결국 다시 사이판 공항으로 돌아가 샅샅이 뒤진 끝에 겨우 가방을 찾아냈다. 비록 여행 중 아이는 사진마다 내복 패션을 선보였지만, 출발부터 액땜을 해서인지 그 어떤 여행보다 즐거웠다. 캐리어는 귀국 후 찾을 수 있었다.

7
이럴 때 보람을 느낀다.
아이와 해외여행할 때 가장 행복했던 순간

남선영 여행 중에 아이가 건강하게 잘 먹고 잘 놀 때다. 어렸을 때 간 곳을 기억하며 이야기하거나 여행지에서 먹었던 음식이 먹고 싶다고 말할 때도 보람을 느낀다.

송정은 하루 여행을 마친 후, 아이들을 씻기고 그날 있었던 일들을 함께 이야기할 때 뿌듯하다. 맛있는 음식과 멋진 풍경, 즐거운 여행의 매 순간을 아이들과 함께할 수 있어 든든하고 행복했다.

배문경 아이와 함께 감정을 공유한다는 것을 느꼈을 때 가장 행복했다. 예를 들면 거리의 악사가 연주하는 기타 선율을 듣고 아이가 걸음을 멈췄을 때, 이탈리아 베네치아에서 묵었던 요트를 떠나며 아이가 아쉬워했을 때 같은 순간들 말이다.

김동환 육아에 지친 아내가 여행지에서 환하게 웃는 모습을 봤을 때 기뻤다. 밤새 자주 깨던 아이는 신나게 물놀이를 즐긴 덕에 아침까지 곤히 잤다. 덕분에 나도 오랜만에 푹 잘 수 있었다.

8
비용이 많이 드는 가족 해외여행,
알뜰하게 다녀오는 노하우가 있다면?

남선영 한 달 이상의 긴 여행을 주로 떠났던 우리 가족은 숙소를 장기 렌트하고 음식을 직접 해 먹으며 여행 비용을 아꼈다. 숙소는 호텔이나 리조트보다 레지던스나 서비스드 아파트가 편리하고 할인 폭도 크다. 꼭 한 달 단위가 아니더라도 일정 기간 이상 연박 시 할인해주는 곳이 많다. 3박 이상 한 곳에서 머문다면 특별 혜택을 찾아보고, 흥정도 시도해보자.

송정은 가고 싶은 여행지의 항공권이나 여행사 상품에 대한 검색을 생활화하고 있다. 내가 찜해둔 기간에 특가 항공권이나 프로모션 상품 소식이 보이면 기회를 잡는다.

배문경 항공료와 숙박비가 여행 예산의 대부분을 차지하니 이 두 가지를 아끼는 것이 중요하다. 해외에서 출발하는 항공권을 예약할 때는 cheaptickets.com을, 숙박 예약은 booking.com을 주로 이용한다. 여행지에서는 시간이 돈이다. 아이와 함께하는 여행은 숙소에서 짐을 풀고 싸는 데 상당한 시간과 체력이 소모된다. 숙소 이동을 최소화해야 즐거운 여행을 할 수 있다.

김동환 아이가 24개월 미만일 때 여행을 다녀오면 거의 추가 비용이 들지 않는다. 성인 4명 이상이 함께 떠날 때는 단체 항공권 가격이 적용되는지도 알아보자. 인원이 많을 때는 현지 이동도 대중교통보다 택시나 렌터카를 이용하는 것이 더 저렴하고 편할 수 있다.

9
다음 해외여행지 또는 아이와 함께
꼭 가보고 싶은 곳과 이유는?

남선영 다음 여행지는 발리로 정했다. 몇 달간 우붓에 머물며 여행 생활자가 되어볼 예정이다. 아이가 지루한 장거리 버스 여행도 잘 견딜 수 있는 나이가 되면 함께 터키 일주를 해보고 싶다.
송정은 싱가포르, 베이징, 대만, 베트남 등 아이와 함께했던 여행지는 대부분 휴양지와 거리가 멀었다. 한번쯤 럭셔리한 리조트에서 지내보고 싶다. 아이들과 온종일 수영하고, 맛있는 음식과 마사지를 즐기며 휴식하고 싶다.
배문경 오스트리아 빈 외곽에는 건축가이자 화가인 프리덴슈라이히 훈데르트바서가 디자인한 온천 리조트 '바드 블루마우(Bad Blumau)'가 있다. 훈데르트바서는 영화 〈반지의 제왕〉에 등장한 호빗 마을을 디자인한 건축가로 유명한데, 이곳 역시 무척 독특하게 지어졌다. 지난 오스트리아 여행에서 우리는 저녁에 도착하는 바람에 온천욕만 경험했다. 다시 갈 수 있다면 꼭 리조트에 며칠 머물며 둘러보고 싶다.
김동환 다음 여행은 세부 휴양 여행이 될 것 같다. 저렴한 가격으로 베이비시터를 고용할 수 있으니 곧 태어날 둘째와도 함께할 수 있을 것 같다.

10
아이와 처음 해외여행을
시작하려는 분들에게 한마디

남선영 기대되는 첫 여행이라도 조금만 욕심을 버리자. 첫 여행이 힘들면 다시 갈 엄두를 내기 어렵다. 낮부터 밤까지 빽빽하게 일정이 짜인 패키지 투어와 내 몸만큼 커다란 유모차는 여행을 더욱 어렵게 한다. 욕심을 버리면 아이와의 여행도 생각만큼 고생스럽지 않다.
송정은 처음은 누구나 두렵다. 여행지에서도 장소만 바뀔 뿐 아이에게 더욱 시달릴 것 같은 불길한 예감도 든다. 그러나 일단 떠나면, 아이들에게 좋은 자극이 되는 것은 물론이고 나도 숨이 트인다. 아이들은 생각보다 훨씬 잘 적응한다는 것도 알게 된다.
배문경 Just Go! 너무 두려워하지 않아도 된다. 하지만 너무 많은 것을 보여주겠다는 욕심도 금물! 잠시 일상을 벗어난다는 생각으로 떠나보자. 아이는 부모가 자신과 오롯이 시간을 보내는 것만으로도 좋아한다.
김동환 아이의 컨디션이 최우선이다. 아이의 생체 리듬과 건강 상태를 고려해서 여행 일정을 잡으면 모두 함께 즐거울 수 있다. 일단 떠나면 어떻게든 된다.

맺 으 며

그럼에도 불구하고
여행 예찬,

여행이 우리를
가족으로
묶는다

둘째 녀석이 2주째 폐렴으로 고생 중이다. 여행을 다녀온 후 제대로 여독을 풀지 못한 상태에서 명절을 보냈더니 작은 몸에 무리가 왔는지, 감기가 폐렴으로 진행되었다. 병원에서는 항생제만 잘 먹으면 일주일이면 낫는다는데 이 녀석, 달달해도 약은 기가 막히게 알고 거부하는 통에 이번 주도 완치는커녕 약만 새로 받아 왔다. 그래도 요즘은 잃었던 입맛을 되찾고, 누나랑 장난도 곧잘 치는 것을 보니 곧 나을 것 같다.

이제 겁나서 여행 못 다니겠다고?
아니, 그럼에도 불구하고 나는
다음 여행을 이야기한다.
이번 여행을 통해서 우리는 무엇과도
바꿀 수 없는 '가족'을 얻었으니까.
혹시 셋째?
그건 아니고….

사실 어느 가정이나 일하는 아빠나 엄마와 아이와의 관계는 온종일 얼굴을 맞대고 사는 주 양육자 즉 엄마나 할머니에 비해 소원하다. 아이는 익숙한 것을 좋아하기 마련이라 퇴근한 부모가 반가운 마음에 아이를 안아도 '으앙~' 울음을 터뜨리며 익숙한 사람에게 가기 쉽다.
남편과 아이와의 관계가 그랬다. 평소에는 자칭 까도남(까다로운 도시 남자)이지만 아이를 좋아하는 남편은 매일 집에 돌아와 가장 먼저 하는 일이 아이들을 안아주는 것이었다. 그런데 낯을 가리기 시작한 둘째가 아빠만 보면 울먹거리는 것이 아닌가? 아무리 아빠가 안고 얼러도, 우유를 줘봐도 시야에서 내가 사라지면 아빠는 소용없었다.

그런데 여행을 하는 동안 그들은 달라졌다. 내가 사진을 찍고 첫째를 챙기는 동안 남편이 주로 둘째를 돌봤고, 유모차가 갈 수 없는 길이나 대중교통을 이용할 때 남편이 아기를 안았던 것이 큰 영향을 미친 것 같다. 렌터카를 운전하고 때로는 아기띠까지 메야 하는 남편은 육체적으로 많이 고됐지만 스킨십이 많아지니 아이가 자연스레 아빠를 따르게 되었다. 호텔에서는 평소 잘하지 않던 목욕도 함께하고, 스마트폰에 담아 간 '강남 스타일' 노래를 틀어놓고 아이들과 신나게 댄스 파티를 벌이기도 했다.

물론, 나도 한동안 일이나 가사를 신경 쓰지 않고 오롯이 가족과 보내는 시간을 가져보지 못했기에 여행하는 순간순간이 무척 소중했다. 비록 여행 중이지만 육아를 함께할 사람이 있다는 것만으로도 힘이 났다. 가끔은 동갑내기 남편과 하루 종일 붙어 다니느라 싸우기도 했지만, 어디 토라져 있을 곳도 따로 없으니 화해도 빨리 할 수밖에 없었다.

동생이 태어난 후로 부쩍 투정이 심해진 첫째도 여행을 통해 동생과 어울리는 법을 배웠다. 누나가 조금만 재미있게 해주면 그 어느 때보다 크게 웃는 동생. 이런 모습을 보며 진아도 행복을 느끼는 것 같다. 진아의 이런 깨달음은 위기 상황에서 더욱 빛을 발했다. 달리는 차 안에서 아기가 보챌 때는 앞자리의 내가 손을 쓸 수 없었는데, 나란히 카시트에 앉은 어린 진아가 동생에게 장난감을 쥐어주거나 필요한 것을 챙겨줘 도움이 되었다.

오늘도 둘째의 낮잠 시간에
앨범 정리를 하다가 발견한 사진 1장을
보며 생각한다.
여행을 떠나지 않았더라면
이렇게 우리가 가까워질 수 있었을까?
못난이지만 나와 그를 닮아
더욱 사랑스러운 아이들.
아이가 아픔에도 불구하고
오늘도 여행 예찬, 가족 예찬이다.

찾아보기

제프스 파이러츠 코브	82
조이너스 케야키	85
차모로 빌리지	80
태평양전쟁역사 공원	81
투몬 비치	76
투몬 샌즈 플라자	89
파세오 공원	80
프로아	83
피시아이 마린 파크	81

괌 Guam

FHP 메디컬 센터	67
JP 슈퍼 스토어	89
K마트	89
T 갤러리아 괌	86
괌 메모리얼 병원	67
괌 주정부청사	81
괌 프리미어 아웃렛	88
남부 마린 드라이브	78
니지	84
더 비치 바 & 그릴	85
돌핀 워칭 투어	74
리티디안 비치	76
마이크로네시아 몰	87
브리지스 선셋 바비큐	84
사랑의 절벽	77
세티만 전망대	82
솔레다드 요새	82
스페인 광장	80
아가냐 대성당	80
우마탁 마을	82
이나라한 천연 수영장	82

세부 Cebu

SM 시티	114
골든 까우리	119
궁 오리엔탈 스파	117
까사 베르데	119
논끼	120
로미 스파	117
리조트 데이 트립	113
마리나 몰	114
문 카페	119
보홀 섬 투어	116
서스티	121
세부 닥터스 대학 병원	106
세부 시티 투어	115
아얄라 센터	114
아이티 파크	114
아일랜드 호핑 투어	112
엔젤 병원	106
제리스 그릴	118
크레이지 크랩	120
트리 셰이드 스파	117

보라카이 Boracay

디딸리빠빠 시장	163
디몰	160
라잉인 & 다이어그노스틱 센터	148
레몬 카페	167
마냐냐	164
만다린 스파	162
비스트로 발할라	166
선셋 세일링	159
아리아	166
아일랜드 호핑 투어	158
에픽	165
옐로 캡 피자	166
찹스틱	165
크레이지 크레페	167
팔라사 스파	162
하와이언 바비큐	164
할로위치	167
헬리오스 스파	162
화이트 비치 & 푸카셀 비치	156

푸껫 Phuket

깐앵 @ 피어	210
넘버 식스	212
라파 섬 투어	204
란짠펜	213
레츠 릴랙스	208
마루	211
마이톤 섬 요트 투어	205
몬트라 타이 마사지 & 스파	208
방콕 병원	191
빅 시	207
샤보이 시푸드	210
사이먼 카바레	206
센트럴 페스티벌 푸껫	207
솜칫 호끼엔 누들	213
썽피뇽	212
오리엔타라 스파	208
와인 커넥션	211
정실론	207
찌라유왓	213
치앙라이 시푸드	210
카이 섬 투어	204
투 셰프스 바 & 그릴	211
팡만 만 투어	203
푸껫 국제 병원	191
푸껫 시티 투어	205
푸껫 판타 시	206
피피 섬 투어	203

하와이 Hawaii

ABC 스토어	252
KCC 파머스 마켓	252
다이아몬드 헤드	240
돌 파인애플 농장	249
마우이	254
마카푸우 포인트	245
베이비저러스	253
부바 검프	257

빅 아일랜드	255
새우 트럭	258
서세모 & 서필립 병원	231
서울정	259
선셋 비치	248
아일랜드 빈티지 커피	259
알라 모아나 센터	250
알란 웡스	257
에그 엔 팅스	259
오아후 노스쇼어 드라이브	247
와이켈레 프리미엄 아웃렛	253
와이키키 수족관	243
와이키키 해변	241
울프강 스테이크 하우스	257
월마트	251
치즈케이크 팩토리	256
카우아이	255
카일루아 비치	246
카피올라니 공원	242
카피올라니 여성 & 아동 병원	231
카후쿠	248
칼라카우아 거리	251
쿠아 아이나	258
쿠알로아 랜치	248
쿠히오 비치 훌라 쇼	242
터틀 비치	249
토이저러스	253
폴리네시안 문화센터	246
하나우마 베이	244
할레이바	249
할로나 블로 홀	245
호놀룰루 동물원	243
힐튼 하와이언 빌리지 불꽃놀이	244

방콕 Bangkok

ESS 데크	304
MK 수끼	300
담넌사두억 수상시장	298
더 루프 레스토랑	304
두씻 정원 & 두싯 동물원	293
레츠 릴렉스	299
망고 탱고	302
버티고그릴&문바	305
범룽랏 국제 병원	280
비터 데크	304
빅 시	296
센트럴 월드	296
스웬슨	302
싸미티웻 국제 어린이 병원	280
쏨땀 누아	301
쏨분 시푸드	301
씨암 센터	296
씨암 오션 월드	294
씨암 파라곤	294
씨암 파라곤, 씨암 센터 푸드코트	303
아시아티크	297
왓 아룬	292
왓 포	292
왓 프라깨우	291
왕궁	290
이글 네스트	304
짜뚜짝 주말시장	298
차오프라야 강 디너 크루즈	303
카오산 로드	293
키자니아	295

터미널 21	297
헬스 랜드	299

캐나다 로키
Canadian Rocky Mountains

그리즐리 하우스	352
글래시어 스카이워크	348
레이크 루이스	345
레이크 루이스 곤돌라	345
마운틴 초콜릿	354
멀린 협곡	351
멀린 호수	351
메이플 리프 그릴	353
모레인 호수	345
미네완카 호수	342
밴프 곤돌라	340
밴프 국립공원	338
밴프 레이크 크루즈	342
밴프 미네랄 스프링스 병원	329
밴프 애비뉴	339
밴프 어퍼 핫 스프링스	341
밴프 카누 클럽	343
버밀리온 호수	343
베어스 파우 베이커리	357
보우 강	343
보우 밸리 파크웨이	344
보우 호수	347
설상차 투어	348
설퍼 산	340
세이프웨이	354
세턴 병원	329
솔트릭	353
스테이션	355
스피릿 오브 크리스마스	339
아네트 호수	350
아이스필드 파크웨이	346
알파인 메디컬 클리닉	329
에디스 호수	350
올드 스파게티 팩토리	353
이블 데이브스 그릴	356
재스퍼 국립공원	349
재스퍼 다운타운	349
재스퍼 브루잉 컴퍼니	356
재스퍼 피자 플레이스	357
존스턴 협곡	344
캐스케이드 가든	341
콜롬비아 대빙원	348
팀 홀튼	357
패트리샤 호수	350
페어몬트 밴프 스프링스	333
페어몬트 샤토 레이크 루이스	333
페어몬트 샤토 레이크 루이스 애프터눈 티	355
페이토 호수	347
피라미드 호수	350

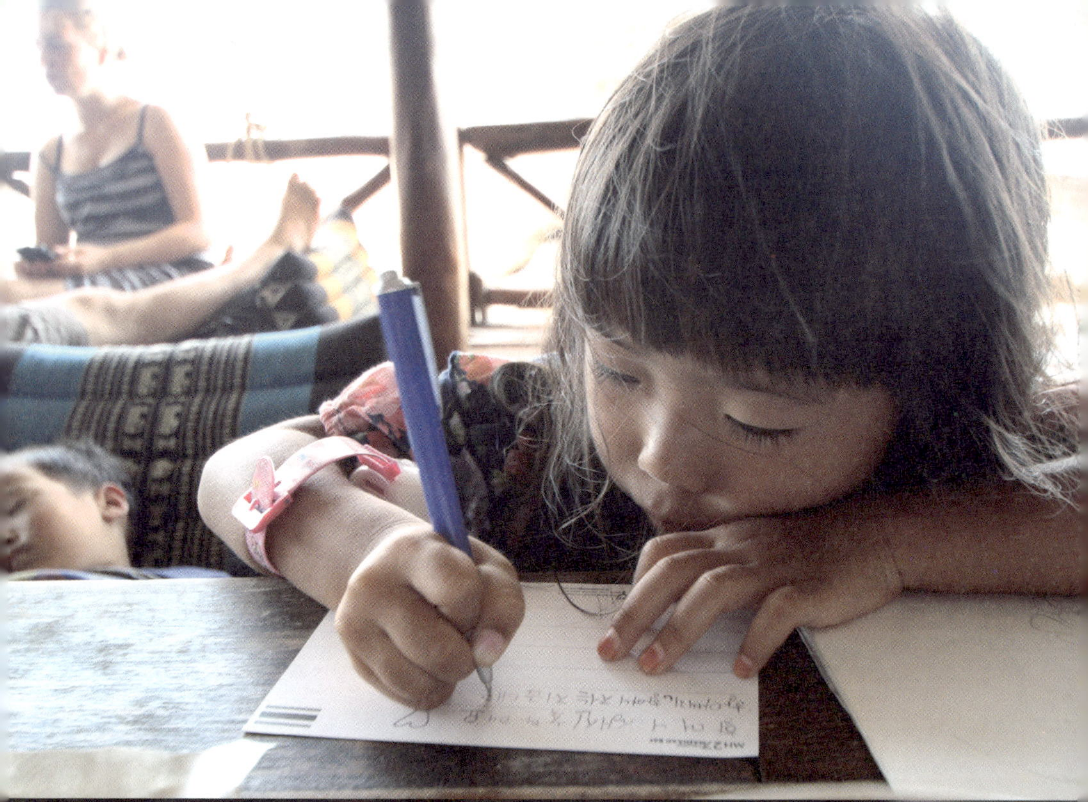

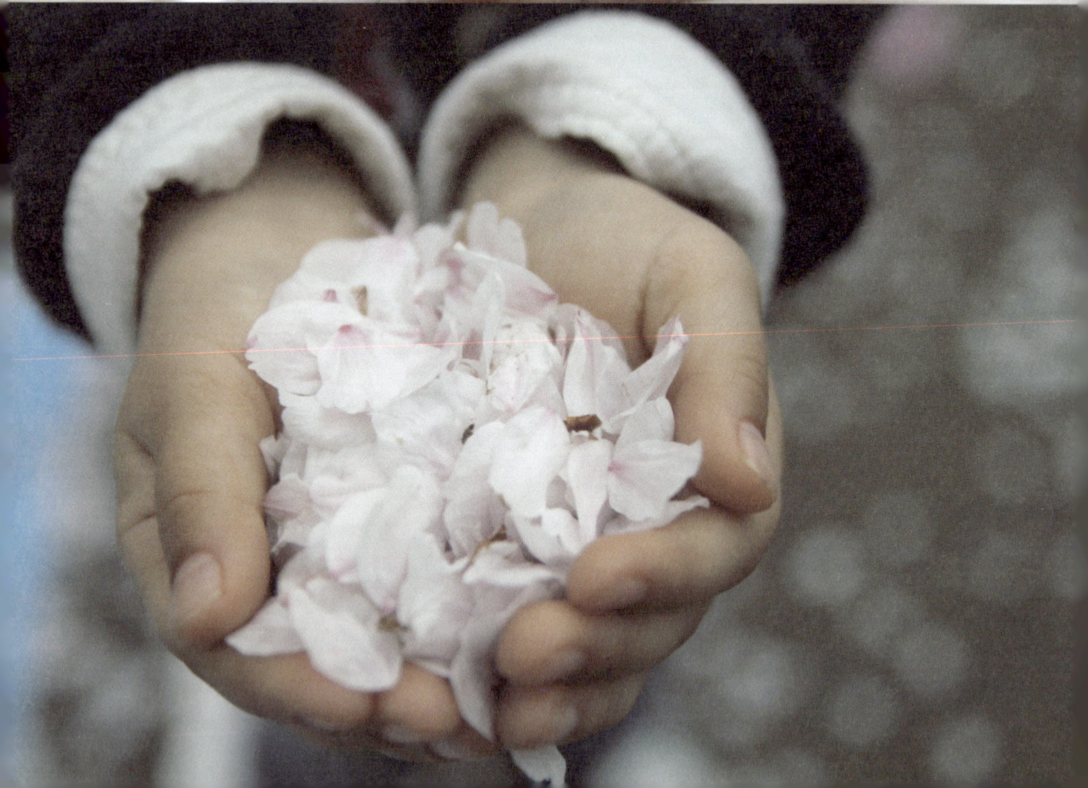

우리아이 첫 해외여행

초판 1쇄 | 2015년 1월 29일
초판 2쇄 | 2015년 5월 13일

지은이 | 전혜원

발행인 | 양원석
사업단장 | 김경만
본부장 | 김재현
편집장 | 고현진
책임편집 | 백혜성
디자인 | 디박스
교정교열 | 조진숙
일러스트 | 문수민
해외저작권 | 황지현, 지소연
제작 | 문태일, 김수진
영업마케팅 | 정상희, 임우열, 우지연, 김민수, 장현기, 이영인, 정미진, 송기현, 이선미

펴낸 곳 | (주)알에이치코리아
주소 | 서울시 금천구 가산디지털2로 53 한라시그마밸리 20층
편집 문의 | 02-6443-8932 **구입 문의** | 02-6443-8838
홈페이지 | http://rhk.co.kr
등록 | 2004년 1월 15일 제 2-3726호

ⓒ 전혜원 2015

ISBN 978-89-255-5513-3 (13980)

※ 이 책은 (주)알에이치코리아가 저작권자와의 계약에 따라 발행한 것이므로
  본사의 서면 동의 없이는 어떠한 형태나 수단으로도 이 책의 내용을 이용하지 못합니다.
※ 잘못된 책은 구입하신 서점에서 바꾸어 드립니다.
※ 책값은 뒤표지에 있습니다.

RHK 는 랜덤하우스코리아의 새 이름입니다.